Centenary
Elite of
Peking University

北大百年讲堂精华

北大
心理课
精讲

黄晓林　编著

一本书轻轻松松读懂心理学
深入理解和灵活运用心理学知识，进而学会如何
理性、舒适、精彩地生活

PSYCHOLOGY

浙江工商大学出版社
ZHEJIANG GONGSHANG UNIVERSITY PRESS

图书在版编目（CIP）数据

北大心理课 / 黄晓林编著 . — 杭州：浙江工商大
学出版社，2018.6
（北大百年讲堂精华 / 耿文茹主编）
ISBN 978-7-5178-2274-5

Ⅰ . ①北… Ⅱ . ①黄… Ⅲ . ①心理交往—社会心理学
—基本知识 Ⅳ . ① C912.1

中国版本图书馆 CIP 数据核字（2017）第 161565 号

北大心理课

黄晓林 编著

责任编辑	周栩宇　沈明珠	
封面设计	思梵星尚	
责任印制	包建辉	
出版发行	浙江工商大学出版社	
	（杭州市教工路 198 号　邮政编码 310012）	
	（E-mail: zjgsupress@163.com）	
	（网址：http: //www.zjgsupress.com）	
	电话：0571-88904980，88831806（传真）	
排　　版	北京东方视点数据技术有限公司	
印　　刷	北京彩虹伟业印刷有限公司	
开　　本	710mm×1000mm　1/16	
印　　张	20	
字　　数	300 千	
版 印 次	2018 年 6 月第 1 版　2018 年 6 月第 1 次印刷	
书　　号	ISBN 978-7-5178-2274-5	
定　　价	59.00 元	

前言

　　北京大学是我国科学心理学的发源地。1902 年，京师大学堂日籍教员服部宇之吉讲授心理学，拉开了在北大传播科学心理学的帷幕。1917 年北京创立中国第一个心理学实验室，这是中国现代科学心理学的开端，是由著名教育家、北京大学校长蔡元培先生倡导的，他曾在德国莱比锡大学修习科学心理学之父冯特教授的心理学课程。此后，不少教授在北大讲授和研究心理学，如陈大奇、孙国华等，北大让越来越多的人了解到心理学，受益于心理学。

　　生活中，你是否有过这样的疑惑：记忆中为什么偶尔会出现前世的画面？做了决定为什么常常会后悔？微笑为什么能让人感觉到美好的存在？打扮漂亮的人为什么更受欢迎？对跌势股为什么还紧抓不放？"墙头草"为什么能见风使舵？拍马屁的人为什么更得人喜欢？为什么有人会见死不救……

　　在这个纷繁复杂的世界，很多类似的事情我们习以为常，很多想法或疑惑萦绕心头，但我们并不了解真相。大多时候，我们不是命运的囚犯，而是心灵的囚犯。因为我们没有意识到操控着人类的神奇力量——我们的心理！

　　每个人都希望了解自己，了解他人，拥有幸福，走向成功，但是这并不容易做到。心理学的出现让这一切都变得简单起来，它可以帮助人们认识自己，看透别人，破解生活中的许多难题，从而更好地驾驭自己的人生。可见，人生中不能不懂心理学，更不能没有心理学。

　　关于我们的心理世界，有很多神奇而有趣的现象，正是这些有趣而神秘的事情揭示了世界、人类运行的逻辑规律，推演命运发展的因果关系，而这些就是北大心理课所要专注的主要内容。

　　《北大心理课》囊括了认知心理学、性格心理学、情绪心理学、行为心理学、成功心理学、人际关系心理学等多个心理学分支，无论是生活、工作还是人际交往、情绪等，都有所涉及。课程采用通俗易懂的语言，结合具体事例，同时介绍一些非常实用的方法，并在开篇引用名人名言。这些方法无需你细细揣测，完全可以拿来就用，帮你轻松掌握心理学的智慧与奥秘，教你从生活、工作、情感、人际关系等各个方面提升自己，应对各种突如其来的困难和麻烦，帮助你更好地树立自己的形象，处理和朋友的关系，说服别人，从而更好地了解自己、读懂他人、认识社会，拥有融洽的人际关系、良好的心态和幸福的生活。

　　美国心理学家马斯洛曾说过："人生虽不完美，却是可以令人感到满意和快乐的。"在这场不断破译人生密码的旅程中，你可能会因为错过一些东西而遗憾，但也会因为收获一些东西而满足，这就是本书对你的最大意义。

　　相信这本书一定能够为您解决生活中的很多问题。轻轻松松学习心理学，我们的目标不是成为心理学专家，而是要理解和运用心理学知识，进而学会如何更理性、更舒适、更精彩地生活。

目录

看懂行为背后的性格密码

个人性格的问题，不是别人管得着的。我常常以为性格不是优点，也不是缺点，是特点。不同的性格互见短长，各有代价，有百害而无一利是少见的。

——郑也夫

每个人都有不同的性格

性格又称个性，源于古希腊语 Persona。它原是古希腊时代的戏剧演员在舞台上戴的面具，它代表剧中人物的角色和身份，面具随人物角色的不同而变换，体现了角色的特点和人物性格，犹如中国传统京剧中的脸谱。

在今天的心理学范畴里，性格是人的个性心理特征之一，它是指在人的认识、情感、言语、行动中，心理活动发生时力量的强弱、变化的快慢和均衡程度等稳定的动力特征。主要表现在情绪体验的快慢、强弱，表现的隐显以及动作的灵敏或迟钝方面，因而它为人的全部心理活动表现染上了一层浓厚的色彩。它与日常生活中人们所说的"脾气""气质""性情"等含义相近。

性格是在人的生理素质的基础上，通过生活实践，在后天条件影响下形成的，并受到人的世界观、人生观等价值观的影响。它的特点一般是通过人们处理问题、人与人之间的相互交往显示出来的，并表现出个人典型的、稳定的心理特点。

公元前202年12月寒冬，项羽率10万楚军，被70万汉军围困在垓下。这时候，楚军断炊绝粮，饥寒交迫，外无援兵，已成孤军。夜间，项羽听到垓下四面楚歌，他大惊："汉军难道都占领了楚地？"

在慌乱之下，项羽作诗送给随行的虞姬："力拔山兮气盖世，时不利兮骓不逝。骓不逝兮可奈何，虞兮虞兮奈若何！"虞姬感到项羽气数已尽，于是壮烈自刎。项羽性格的敏感程度太高，四面楚歌，虞姬自刎，都让他身心大受刺激。

后来，经过激战，项羽到达乌江边，乌江亭长停船岸边，对项羽说："江东地方小，可也有千里土地，数十万人口，割据一方，足以称王，愿大王赶快渡江，现在有臣有船，定能突出重围。"

项羽闻听此语，说道："天要亡我，我还渡江干什么呢？当年我带江东子弟八千人渡江向西，今天，无一人生还，纵然江东父老可怜我，尊我为王，难道我就不觉得愧疚么？"项羽内心的悲伤感愈盛，后来又将跟随自己多年的战马送给了亭长。

当心爱的女人虞姬、曾经出生入死的兄弟、战马等都离开自己了，项羽感到了无比绝望、悲怆……

到了最后，项羽对认出他的汉军将领说："我听说汉王悬赏千金，封邑万户要我的头，我就为你做件好事吧！"说完就自刎了。

项羽认为自己愧对虞姬，愧对江东父老，不忍心杀马，还为别人"做件好事"，这种狭隘的性格让他过度顾及他人和环境的感受，最后死在自己的手中。

历史人物中，项羽的性格很典型。虽然各种历史版本对项羽的描写各有不同，褒贬不一，但作为心理学的案例来说，项羽历史中的故事发展属于敏感人格的表现。

这个世界上的人形形色色，没有任何两个人的人格特征完全相同。比如在日常生活中我们常看到，有的人谦虚好学，有的人狂妄自大；有的人公而忘私，有的人自私自利；有的人喜怒形于外，有的人则遇事不动声色；有的人和蔼可亲，有的人蛮横无理。但是性格不同是不是一定意味着矛盾和争执呢？

其实不一定，我们既然理解了人和人本来就不同，就应该放开心胸，不必强求别人和自己一样。在一些非原则性的小事上强求别人，其实是在自寻烦恼。只从自身的角度出发看问题，固执己见，强人所难，我们的生活将不得安宁。和不同性格的人求同存异，和睦共处，其实是一种处世艺术。

性格是在人的社会化过程中形成的，因此它总是受一定社会环境的影响，性格是个体的先天素质与其所遭遇的复杂多变的社会关系所构成的矛盾的统一，从而产生了一系列的内外部的行为。人的性格形成一半来自先天的遗传基因，一半来自后天的环境。每个人性格的不同决定其把握机遇的能力也不同。后天的可塑性对于人的性格成长非常重要，尤其是幼儿时期的生长环境，对一个人性格有终身的影响。

人的性格并不是一朝一夕形成的，但一经形成就比较稳定，并且贯穿在他的全部行为之中。因此，个体一时性的偶然表现不能被认为是他的性格特征，只有经常性、习惯性的表现才是他真正的性格特征。性格是稳定的，但又不是一成不变的。性格是一个人在主体与客体的相互作用过程中形成的，同时，又在主体与客体的相互作用过程中发生缓慢的变化。

恩格斯说过：人的性格不仅表现在他在做什么，而且表现在他怎样做。"做什么"表明一个人追求什么、拒绝什么，反映了人的行为动机及对现实的态度。"怎样做"表明一个人如何去追求想要的东西、如何去拒绝想避免的事情，反映了人的活动方式。在古希腊德而菲神庙上有句古老格言："认识你自己。"只要人类存在，人们对自己的探索就不会停止，人之所以探索性格的问题，是因为人们希望自己能更好地把握世界。人们在自然和社会中寻求发展的同时，不断反思，反躬自问，探索着行为与人性、性格的关系，以求更好地掌握自己的人生。

性格是如何形成的

性格的形成是一个过程，随着年龄的增长和阅历的丰富，性格会慢慢地走向成熟。根据心理学家的观察和研究，人的性格在形成过程中，大致要经历三个阶段。

1. 性格的雏形阶段

在一个人的幼年和童年期，儿童本身所固有的生理特征（气质类型），经过家庭的早期教育和周围环境的影响，个人性格开始出现雏形。

2. 性格的成型阶段

随着年龄的增长，儿童变成少年以至青年，开始从事积极的独立活动，并在活动过程中不断受到各种外界影响，性格开始形成个人所特有的风格，并以区别于他人的、基本稳定的性格类型表现出来。

3. 性格的完善阶段

一个人进入成年，积累了丰富的生活经验，认识了外在世界和主观世界发展的规律性，有了评判性格优劣的能力。或者，当一个人形成了世界观和理想，并开始按照这个世界观和理想来塑造自己的时候，对性格进行自我调节、自我改进的愿望就会产生，性格也就会通过这种自我调节、自我改进逐渐变得成熟。

我们已经了解到，性格对人的一生有决定性的影响，因此，我们有必要不断地完善自己的性格，使它日益成熟。性格的修炼与完善是一辈子的事，任何人都不敢说自己的性格已经完美无缺，不需要完善了，性格修炼与完善是贯穿人的一生的。但与其他阶段相比，青年时期的性格修炼与完善更为重要。

青年时期正是性格开始成型还未定型的过渡时期，这时期的性格具有很强的可塑性。在这一时期，青年各方面都在迅速成长起来，可是各方面又都没有成熟，身体各部位还在继续发育和生长，各种器官和机能处在逐渐成熟的过程。在心理上，思维、记忆、情感、兴趣、能力和性格，都处在发展和形成的旺盛期。一切都还未定型，变动性大，可塑性也强。这个时候，正是进行自我修炼，把自己引向正确方向的最好时期。如果在这个时期不能完成塑造自己性格的任务，那么以后就很难完成了。生活实践告诉我们：青年时期的改变是比较容易的，年轻人在自然生长的过程中不断改变着，而成年人却几乎没有什么改变，就是有也很困难。

我们知道，人的发展是以前一阶段向后一阶段过渡的形式进行的，向下一阶段的过渡是以本阶段的发展为前提的。如果在前一发展阶段形成的准备很成熟，那么，向下一阶段的过渡就能顺利地进行。青年时期乃是一个人由孩童向成人过渡的最重要阶段，是人发展的重要时期。这个时候如果基础没有打好，将会影响到今后一辈子的发展。成年之后，不得不回过头来纠正青年时期形成的不良性格时，将需要多付出几倍乃至十几倍的努力才行。所以，我们一定要十分重视青年时期的性格养成，认真进行自我完善，尽最大努力在这个时期为今后一生性格的发展，打下良好的基础。

从心理上看，青年往往一方面更加迫切要求认识周围的世界，另一方面也开始饶有兴趣地研究其自身，研究自己的能力和性格，研究怎样为人处世。这个时候青年已进入自我意识阶段，开始意识到自己，并且想把自己塑造成受人尊敬的人。因此，这时青年往往有着自我完善的强烈愿望。

从思想发展来看，青年此时正在或已经受过中学教育，形成了一定的知识体系，对人生、社会有了自己的认识，并且开始以一定的方式对待人和社会事件，对自己的职责也有了一定的认识，对自己的未来有了一定的规划。青年人一方面为理想将要变为现实而跃跃欲试；另一方面，又为自己缺乏实践经验而感到焦虑不安。在这行将独立走上生活道路的时候，青年的成人感、责任感和自尊感迅速地增强，他们渴望重新认识自己，迫切要求改善自己，并开始努力学习掌握、控制和改造自己。这样，青年不但获得了自我修养的内在动力，而且在知识、信念、人生观等方面也都具备了自我修养的基础。

从生理上看，青年的身体发育已接近成人的水平，神经系统，特别是大脑皮质的结构和机能也已经发育完全，兴奋过程和抑制过程趋于稳定，基本上具备了自我掌握和自我控制的能力。青年时期抽象逻辑思维的发展，对情感、意志和自我意识等也都有很大影响，比如能使情感更加丰富而深刻，意志更具有果断性和批判性，理智更加明晰，行为更具有目的性、计划性，等等。总之，一个人进入青年期后，在各个方面都已具备了按一个成人的样子塑造自己的条件。青年应该充分利用这个条件，抓住有利时机，及早进行性格的自我修炼和塑造，为以后的人生之路打好基础。

人的本性难移

俗话说：江山易改，本性难移。这里的"本性"是就人格而言的。人格是一个心理学术语，类似于我们平常说的个性，是指一个人与社会环境相互作用表现出的一种独特的行为模式、思维模式和情绪反应的特征，也是一个人区别于他人的特征之一。因此人格就表现在思维能力、认识能力、行为能力、情绪反应、人际关系、态度、信仰、道德价值观念等方面。人格的形成与生物遗传因素有关，但是人格是在一定的社会文化背景下产生的，所以也是社会文化的产物。

从心理学角度讲，人格包括两部分，即性格与气质。性格是人稳定个性的心理特征，表现在人对现实的态度和相应的行为方式上。从好的方面讲，人对现实的态度包括热爱生活、对荣誉的追求、对友谊和爱情的忠诚、对他人的礼让关怀和帮助、对邪恶的仇恨等；人对现实的行为方式比如举止端庄、态度温和、情感豪放、谈吐幽默等。人们对现实的态度和行为模式的结合就构成了一个人区别于他人的独特的性格。

性格从本质上表现了人的特征，而气质就好像是给人格打上了一种色彩、一个标记。气质是指人的心理活动和行为模式方面的特点，赋予性格光泽。同样是热爱劳动的人，可是气质不同的人表现就不同：有的人表现为动作迅速，但粗糙一些，这可能是胆汁质的人；有的人很细致，但动作缓慢，可能是黏液质的人。

人格很复杂，它是由身心的多方面特征综合组成。人格就像一个多面的立方体，每一方面均为人格的一部分，但又不各自独立。人格还具有持久性。人格特质的构成是一个相互联系的、稳定的有机系统。张三无论何时何地都表现出他是张三；李四无论何时何地也都表现出他是李四。一个人不可能今天是张三，明天又变成李四。

有一个地方住着一只蝎子和一只青蛙。一天，蝎子想过一条大河，但不会游泳，于是它就央求青蛙道："亲爱的青蛙先生，你能载我过河吗？"

"当然可以。"青蛙回答道，"但是，我怕你会在途中蜇我，所以，我拒绝载你过河。"

"不会的。"蝎子说，"我为什么要蜇你呢，蜇你对我没有任何好处，你死了我也会被淹死。"

虽然青蛙知道蝎子有蜇人的习惯，但又觉得它的话有道理，它想，也许这一次它不会蜇我。于是，青蛙答应载蝎子过河。青蛙将蝎子驮到背上，开始横渡大河。就在青蛙游到大河中央的时候，蝎子实在忍不住了，突然弯起尾巴蜇了青蛙一下。青蛙开始往下沉，他大声质问蝎子："你为什么要蜇我呢？蜇我对你没有任何好处，我死了你也会沉到河底。"

"我知道，"蝎子一面下沉一面说，"但我是蝎子，蜇人是我的天性，所以我必须蜇你。"说完，蝎子沉到了河底。

人格具有稳定性。在行为中偶然发生的、一时性的心理特征，不能称为人格。例如，一位性格内向的大学生，在各种不同的场合都会表现出沉默寡言的特点，这种特点从入学到毕业不会有很大的变化。这就是人格的稳定性。

人格的稳定性表现为两个方面：一是人格的跨时间的持续性。在人生的不同时期，人格持续性首先表现为"自我"的持久性。每个人的自我，即这一个的"我"，在世界上不会存在于其他地方，也不会变成其他东西。昨天的我是今天的我，也是明天的我。一个人可以失去一部分肉体，改变自己的职业，变穷或变富，幸福或不幸，但是他仍然认为自己是同一个人。这就是自我的持续性。持续的自我是人格稳定性的一个重要方面。二是人格的跨情境的一致性。所谓人格特征是指一个人经常表现出来的稳定的心理和行为特征，那些暂时的、偶尔表现出来的行为则不属于人格特征。例如，一个外向的学生不仅在学校里善于交往，喜欢结识朋友，在校外活动中也喜欢交际，喜欢聚会，虽然他偶尔也会表现出安静，与他人保持一定距离。

人格的稳定性源于孕育期，它经历出生、婴儿期、童年期、青少年期、成人以至老年期。随着年龄的增长，儿童时代的人格特征变得愈益巩固。一般而言，人在 20 岁时人格的"模子"就开始定型，到了 30 岁时便十分稳定。由于人格的持续性，因而我们可以从一个人在儿童时期的人格特征来推测其成人时的人格特征以及将来的适应情况。同样也可以从成人的人格表现中来推论其早年的人格特征。

人格的稳定性并不排除其发展和变化，人格的稳定性并不意味着人格是一成不变的。人格变化有两种情况：第一，人格特征随着年龄增长，其表现方式也有所不同。同是焦虑特质，在少年时代表现为对即将参加的考试或即将考入的新学校心神不定，忧心忡忡；在成年时表现为对即将从事的一项新工作忧虑烦恼，缺乏信心；在老年时则表现为对死亡的极度恐惧。也就是说，人格特性以不同行为方式表现出来的内在秉性的持续性是有其年龄特点的。第二，对个人有重大影响的环境因素和机体因素，例如移民异地、严重疾病等，都有可能造成人格的某些特征，如自我观念、价值观、信仰等的改变。不过要注意，人格改变与行为改变是有区别的。行为改变往往是表面的变化，是由不同情境引起的，不一定都是人格改变的表现。人格的改变则是比行为更深层的内在特质的改变。一个人如果想改造另一个人，应该明白，这种改变是有限的，因为一个人的人格具有稳定性，正所谓"江山易改，本性难移"。

你属于哪种性格

人的性格各不相同。自古以来，人们就对人的性格类型做了无数的划分，但是由于性格的复杂性，至今还没有对性格的类型有一个公认的分类方法。

一户人家有一对双胞胎儿子，十分可爱，但两人性格大相径庭，一个很乐观，一个却非常悲观。双胞胎的父亲对儿子们的表现甚为担忧。

这天是两个孩子的生日，父亲为了帮他们进行"性格改造"，便分别为他们准备了不同的生日礼物。父亲把那个乐观的孩子锁进了一间堆满杂物的屋子里，把悲观的孩子锁进了一间放满漂亮玩具的屋子里。

一个小时后，父亲走进悲观孩子的屋子里，发现他坐在一个角落里，正一把鼻涕一把眼泪地哭泣。父亲看到悲观的孩子泣不成声，便问："你怎么不玩那些玩具呢？""玩了就会坏的。"孩子仍在哭泣。

当父亲走进乐观孩子的屋子时，发现孩子正在兴奋地用杂物和废纸堆一个模型。看到父亲来了，乐观的孩子高兴地叫道："爸爸，这是我的新房间吗，我以后可以天天在这个房间玩吗？"

这位无奈的父亲很忧虑，自己的双胞胎儿子怎么这么的不同呢？

从某种程度上来说，双胞胎的性格是最相近的，但孪生兄弟何以会有如此大的差别呢？根据公元前 5 世纪古希腊医生希波克拉底的看法，人体内有四种体液，而这四种体液造就了人们的四种气质，分别是多血质、黏液质、胆汁质、抑郁质。不同的气质，导致了不同的表现。这种分析方法一度是心理学上判断人们特质的依据，人们在情绪反应、活动水平、注意力和情绪控制方面表现出的个体差异是区别于他人的特征之一。

人的气质是先天形成的，孩子一出生，最先表现出来的差异就是气质差异。气质是人的天性，它只给人们的言行涂上某种色彩，但不能决定人的社会价值，也不直接具有社会道德评价含义。气质不能决定一个人的成就，不同气质的人经过自己的努力可能在不同实践领域中取得成就，也可能成为平庸无为的人。

气质本身并没有好坏之分，因为任何一种气质类型都有其积极的一面和消极的一面。例如，多血质的人灵活、亲切，但是轻浮、情绪多变；黏液质的人沉着、冷静、坚毅，但是缺乏活力、冷淡；胆汁质的人积极、生气勃勃，但是暴躁、任性、感情用事；抑郁质的人情感深刻稳定，但是孤僻、羞怯。因而，我们要注意发扬气质中积极的方面，克服消极的方面，这样才能完善自我。

气质	特　点
多血质	灵活性高，善于交际，却有些投机取巧，易骄傲，受不了一成不变的生活。
黏液质	反应较慢，能克制冲动，严格恪守既定的工作制度和生活秩序；情绪不易激动，也不易流露感情；自制力强，不爱显露自己的才能；固定性有余而灵活性不足。
胆汁质	情绪易激动，不能自制；不善于考虑能否做到，工作有明显的周期性，当精力消耗殆尽时，便失去信心，情绪顿时转为沮丧而一事无成。
抑郁质	高度的情绪易感性，主观上把很弱的刺激当作强作用来感受，常为微不足道的原因动感情，且持久；行动表现上迟缓，有些孤僻；遇到困难时优柔寡断，面临危险时极度恐惧。

这四种性格类型及其特点是：

（1）敏感型。这类人精神饱满，好动不好静，办事爱速战速决，但是行为常有盲目性。与人交往中，往往会拿出全部热情，但受挫折时又容易消沉失望。这类人最多，约占 40%，在运动员、行政人员和其他职业的人中均有。

（2）感情型。这类人感情丰富，喜怒哀乐溢于言表。别人很容易了解其经历和困难，这类人不喜欢单调的生活，爱感情用事。讲话写信热情洋溢。在生活中喜欢鲜明的色彩，对新事物很有兴趣。在与人交往中，容易冲动，有时易反复无常，傲慢无礼，所以与其他类型人有时不易相处。这类人占 25%，在演员、活动家和护理人员中较多。

（3）思考型。这类人善于思考，逻辑思维强，有较成熟的观点，一切以事实为依据，一经做出决定，能够持之以恒。生活、工作有规律，爱整洁，时间观念强。重视调查研究和精确性。但这类人有时思想僵化、教条，纠缠细节，缺乏灵活性。这类人约占 25％，在工程师、教师、财务人员和数据处理人员中较多。

（4）想象型。这类人想象力丰富，喜欢憧憬未来，在生活中不太注重小节。对那些不能立即了解其想法的人往往很不耐烦。有时行为刻板、不易合群，难以相处。这类人不多，大约只占 10％，在科学家、发明家、研究人员、艺术家和作家中居多。

影响性格形成的力量

每个人的任何性格特征都不是一朝一夕形成的，而是由遗传因素、家庭环境、社会环境、教育和自身的实践共同、长期塑造而成的。一个人的社会环境，包括他的家庭、学校、工作岗位、所属社会集团以及各种社会关系等。其中的各种社会关系与生活条件，以及人对它们的反应，也对性格的形成有一定影响。

1. 遗传因素

生活中常常会有这样的现象：父母和孩子在举手投足、一颦一笑之间有着惊人的相似，像是在一个模子中铸出来的。有句俗话概括了这种颇为常见的奇特现象："龙生龙，凤生凤，老鼠的儿子会打洞。"其实，这种现象说奇特也并不奇特，它只不过是说明了遗传和环境对性格形成的特别作用。

事实上，不仅父母与子女之间存在着这种奇妙的相似，就是同一父母所生的兄弟姐妹之间，在言谈举止之中也会有或多或少的相似之处，自己不觉得，外人却能一下子发现。这也说明了遗传对性格的影响。

关于遗传对于孩子性格形成的作用，有所谓的"先天生成说"或"遗传决定说"。它指的是一个人的性格在出生时就已被决定了，终其一生都不会改变或只是有很小的改变，遗传在孩子性格的形成过程中起到了关键性的作用。

支持"先天生成说"或"遗传决定说"的最有力的证据，是家庭系统研究即"家系研究"。它通过观察某家族所有成员是否具有某种共同的特征，来考察遗传对性格形成的影响的程度。这方面的研究结果表明：有些家庭成员普遍有某方面的特殊才能，如德国著名作曲家巴赫家族在连续五代中出现过 13 个创作能力极强的作曲家，17 世纪瑞士著名数学家贝努利家族出了 8 个极其优秀的数学家。

家族系统研究还表明，不仅一些特殊才能可以由上辈遗传给下辈，一些不良性格也可能被下辈再现出来，如某些家庭中出现罪犯的比例较高，这是由于他们的犯罪性格由上一代遗传给了下一代。

日常生活中，我们有可能发生这样的现象，有些双胞胎在外貌上很相似，让人几乎不可辨认，在外人看来他们的性格竟然也有某种相似性。这更增加了区分的难度，恐怕除了至亲好友，别人是不能轻易确定站在自己面前的是哥哥还是弟弟，是姐姐还是妹妹的。

我们还发现，在一家之中，如果父母成天乐呵呵的，对人总是笑脸相迎，其孩子也必然是笑口常开的人。相反，如果父母成天阴着一张脸，孩子也很少会用好脸色示人，这也是遗传对一个人性格形成的作用。有关遗传对人的性格形成的影响的研究还表明，有的人很善解人意，很体贴他人，善于为他人着想，有的人却满脑子自私思想，一门心思只想自己，时时处处以自我为中心，这种个性上的分歧在很大程度上也是缘于遗传。

2. 家庭环境

"龙生龙，凤生凤"，这是强调遗传因素对孩子性格的形成有很大的影响，但是这并不绝对。孩子有可能在个性方面酷似父母，但也有可能不像父母，这就要谈到父母个性对孩子个性的间接影响——通过家庭环境的影响来实现。

家庭环境对孩子个性的影响又可分为积极影响和消极影响。这就要涉及父母两人个性的相互影响、配合问题。首先，父母个性的相映成趣对孩子个性的形成、发展和丰富具有积极的促进作用。比如父母中有一位是胆汁质气质，另一位是黏液质气质，这样两种个性刚好形成互补，这样的父母一唱一和，张弛有度，孩子就能从父母的言行举止中感受到家庭的魅力、生活的乐趣、人生的幽默感。生活在这类家庭中的孩子往往会形成乐观、开朗的个性。相反，若是父母的气质类型相同（多血质还好点），要发脾气两人大动干戈，要温柔起来，两人情意绵绵，家庭环境也形成夏日型环境：一会儿狂风暴雨，一会儿晴空万里。这样的个性组合对孩子个性的形成往往具有消极影响。他们往往对父母的行为感到不知所措，再开朗、乐观的孩子也会变得脾气坏，沉默、抑郁、苦恼、少年老成。

此外，父母对孩子个性的影响还表现在父母本身的个性影响力上。一般说来，多血质和胆汁质气质的父母比较能吸引孩子的注意力，这两种"外向型"的气质，极大地影响了孩子的说话方式和行为方式，从而使他们很容易形成类似父母的个性。如果父母性格比较沉郁，孩子在沉寂的家庭环境找不到多少快乐就会把目光投向外界，从周围的环境中寻找欢乐，从而丰富自己的个性内涵，使孩子在未来形成与父母相差甚远的个性。或者孩子在父母的影响下也形成了郁郁寡欢的性格，这对孩子的发展极为不利。

在人生的过程中，家庭是孩子最早接触的教育环境，父母是子女最早接触的教师，因此父母的性格对孩子最具潜移默化的影响。

3. 社会环境

性格的形成与一个人生活的周围环境有很大的关系，孟母三迁的故事是这方面很好的例子。

孟子是我国著名的教育家和思想家，是儒家学派的代表人物。孟子小的时候非常调皮，他的母亲为了让他受好的教育，花了很多的心血。起初，孟子和母亲居住在墓地旁边。孟子就和邻居的小孩一起学着大人跪拜、哭嚎的样子，玩办理丧事的游戏。孟子的母亲看到了，心里想："不行！这个地方不适宜孩子居住，我不能让我的孩子再住在这里了！"于是就将家搬到了市集旁边。到了市集，孟子又和邻居的小孩学起商人做生意的样子，一会儿鞠躬欢迎客人，一会儿招待客人，一会儿和客人讨价还价，表演得像极了。孟母知道了，就想："这个地方也不适合我的孩子居住！"于是，他们又搬家了。这一次，孟母将家搬到了学校附近。夏历每月初一这一天，官员进入文庙，行礼跪拜，揖让进退，孟子见了，一一记住。他开始变得守秩序、懂礼貌、喜欢读书。这个时候，孟母才高兴地点着头说："这才是我儿子应该住的地方呀！"于是就在这里定居下来了。

生活中我们发现，贫苦人家的孩子懂事早，比别的同龄孩子早成熟，这是由于"穷人的孩子早当家"。生活中我们还发现，某些才能卓越的孩子，是由于他们自小就生活在一个有助于他们发展特殊才能的家庭环境中。这些都是环境带来的影响。

在那些一个家族同时产生很多音乐家的例子中，虽说音乐天赋的遗传在其中占了很大的比重，但我们也绝不能否认来自音乐环境的熏陶。一个具有很高音乐天赋的小孩，如果生长在一个与音乐完全绝缘的环境中，恐怕也很难在音乐方面有所作为。

生活中，我们可能还有这样的经验，那就是一个从小生活在优裕环境中的人，由于他从来不为一些日常小事发愁，所以很容易形成一种大度豁达的性格，不会斤斤计较，什么事都放得开，且有一种包容的气度。在书香门第中长大的孩子，举手投足之间都会透出一种温雅的气质。农村来的孩子其性格中的朴实与憨厚也是掩盖不住的。有良好家教的孩子待人接物有节有礼，对待老人尊爱有加。相反，从小娇生惯养的孩子则可能显得骄横跋扈，让人难以接近。这些都是环境对人的性格发生作用的有力实证。

环境对性格形成的影响还有更多的例子：常与他人交往的孩子在处理人际关系方面有很强的能力，在众人面前显得落落大方。相反，与人交往较少的小孩子多会形成文静内向的性格，拙于与人交往，一说话就脸红，显得忸忸怩怩，不知所措。

4. 教育因素

除了遗传因素、环境因素会对人的性格产生巨大的影响外，教育也是其中一个不容忽视的因素。

达尔文在童年时代曾被学校认定"是一个很平庸的孩子，远在普通的智力水平以下"。达尔文家中有一座不小的花园，他和兄弟姐妹整天在花丛中玩耍。儿时的生活环境，使达尔文对生物学产生了兴趣。达尔文很爱看书，科学书和文学书都爱看，尤其是《世界奇观》之类，这些书引起了他的幻想，他想去远游，认识世界。为此，学校校长责骂他是"二流子"，父亲教训他："除了打猎、养狗、捉老鼠以外，你什么都不操心，将来会玷辱你自己，也会玷辱你的整个家庭。"在这些不良教育的影响下，达尔文逐渐地形成了孤僻、不合群、胆小等性格特点。

幸好他的母亲及时对他进行积极的教育，使他终成大师。达尔文的成才要归功于他母亲苏姆娜早年的引导。她的母亲掌握了儿子喜欢自然生物这一心理特点，并且巧妙地运用了它。"比一下吧，孩子，看谁从花瓣上先认出这是什么花？"达尔文比哥哥姐姐认得快，妈妈就吻他一下。这对孩子来说，可以说是一种心理奖赏。而当发现一只彩蝶飞来时，他母亲不仅逗引孩子去捉住它，还诱导孩子数出彩蝶翅膀上的各种颜色和斑点，然后又进一步去启发孩子去比较蝴蝶之间的异同，一步一步地把达尔文带进丰富多彩的"生物王国"。

正确的教育是引导孩子走上成功之路的关键。许多家长的不正确做法妨碍了孩子才能的发挥。如孩子还很小的时候，就为他们的一生做好了设计。而大多的家长则更偏重于子女文化知识的学习（智育），而忽视对子女兴趣、爱好的广泛培养。孩子在学习之外表现出来的兴趣和爱好，被认为不务正业，学校则以学习为主题剥夺了学生课外活动时间。父母不根据孩子本身所具有的特长，让孩子自然地朝着符合自己实际的方向发展，而是按照家长的设想，很早就把孩子放进了一个模型中。这样做的结果只能使孩子的创造性与丰富的才能夭折。同时，生活在这样环境中的孩子，容易形成狭隘、孤僻、自闭等不良性格，对孩子的成长极为不利。

怎样看穿一个人的性格

有些人对星座特别着迷，总是会追问别人的生日，然后经过一番仔细的研究比对后再神秘兮兮地告诉对方："原来你是天秤座，那你的性格应该是……""你是白羊座的，你的性格应该是……"听的人有时会觉得自己的性格确实是这样的，从星座看性格还挺准的，有的人则会感觉压根就不是这么回事，简直在胡言乱语。不管信与不信，星座与性格的关系还是有一大批人在关注、在研究，并且分析得越来越细。除了星座性格学，还有人非常着迷从血型看性格、从生肖看性格等。网上也有五花八门、各式各样的性格分析。甚至现在网上还出现了透过宠物看主人性格的测试，你养了什么宠物，就能知道你是什么性格的人。还有通过作息时间来看性格。养什么样的宠物和作息时间真的能看出一个人的性格吗？人们为何有探究别人性格的心理呢？

无论相信星座还是血型甚至生辰八字，抑或宠物和作息时间，大家的目的都是想弄清楚别人的性格。性格体现了人们对现实世界的看法，并通过其行为举止表现出来。性格是在后天的社会生活中逐渐形成的，诸如害羞、暴躁、果断、英勇、刚强等，性格和先天所形成的本性如虚荣、懒惰、贪婪不同。

理查德·怀斯曼是英国赫特福德大学的教授，他曾经利用网络对两千多名养宠物的人进行调查，调查内容包括社交能力、情感稳定性和幽默感。通过研究结果，我们能看出，养鱼的人最快乐，更加满足于现状，养狗的人更易于相处，而养猫的人情感纤细敏感，有依赖感，最独立的是养爬虫类宠物的人。

调查还表明饲养宠物的人和其宠物在性格上基本趋向一致。主人与宠物的性格会随着时间的增加而越来越相近。有20%的宠物主人声称自己和宠物的性格有相似的特点，如果饲养宠物的时间超过7年，将会达到40%的比例。怀斯曼说："这就像夫妻一样，在一起生活得越久，他们的外貌和性格就会越来越相近，主人和宠物在一起的时间越长，两者之间就会越相似。宠物的性格可以在一定的程度上反映主人的性格。"

怀斯曼教授是用统计学的方法来研究心理学的原理。心理学中有"相似性效应"，即人们从心理上更愿意接受与自己相似的人或物。就像"物以类聚，人以群分"一样，人们总爱和志同道合的人在一起探讨问题、处理事情。无论是将人的性格分为"开放""尽责""外向""令人愉快""神经质"5类，还是分为"现实型""探索型""艺术型""社会型""管理型""常规性"6类，以及用血型分出的四类和星座分出的更多类，都是在实验的基础上统计出来的，所以具有一定的科学道理。

怀斯曼教授对作息时间与人性格的关系同样做过研究。他对近400人做过问卷调查，调查结果显示，早睡早起的人不喜欢抽象的概念而喜欢具体的信息，他们的判断来自逻辑推理而非直觉，他们一般拥有内向的性格，具有很强的自制力，希望能够把好印象留给别人；晚睡晚起的人比较独立，喜欢冒险和不守规则，他们对人生的思考充满创意。

为什么一些人有着窥探别人性格的心理？其实他们是想通过了解别人的性格，更容易与别人相处，来赢得别人对自己的信任。性格有好有坏，它受一个人的人生观、价值观、世界观的影响，能够直接地反映一个人的处事方式和道德风貌。所以，在警察办案中，也会运用性格分析来探求犯罪人的性格，找寻其作案的动机。

当你晚上在外散步时，你会很容易和遛狗的人交谈起来，因为你知道养狗的人性格比较外向，容易与之相处，而你一定不会走向抱着猫的人。你在追求女孩子时，也可以通过她养的宠物来推断她的性格，进而去想怎样取悦她。试想一下，如果你是一个大人物，你更愿意亲近养着狗的奥巴马还是养着老虎的车臣共和国总统卡德罗夫？如果你不知道你的老板是云雀还是夜莺，那你肯定没有知道老板性格的同事更能获得老板的喜欢和提拔。

虽然说物似主人形，心理学家也通过统计认为从宠物性格可以看出主人的性格，但是，这样的性格分析与从作息时间看人的性格以及星座性格学、血型性格学还有其他的性格分析一样，都是从调查统计中获得的结论。当然，这些结论有一定的道理，但这毕竟只是一种靠归纳获得的一般原理。正所谓："龙生九子，子子不同。"大千社会，芸芸众生，根本找不到两个性格完全一样的人。所以，在与人的社会交往中，不能迷信性格分析，把它当作放之四海而皆准的真理。

　　几年前，世界各国领导人在瑞士的经济论坛上共同探讨全球的重大问题。在会后，人们找到了一位重要的与会者不小心留下的纸条，媒体对此很感兴趣。笔迹专家通过上面的笔迹分析了这个人的性格，最终认定这是英国首相布莱尔在开会时信笔涂鸦留下的。但是，事实是这张纸条并不是布莱尔的，而是微软的创始人比尔·盖茨的。

　　从一个人的笔迹中看出这个人的性格，是许多人推崇的，不是有人从崇祯皇帝的书法中看出这个人心胸狭隘吗？虽然说从一个人的笔迹中不能准确地看出此人的智力、健康甚至犯罪倾向，但还是能大概推测出此人的一些性格。那为什么笔迹专家都失误了呢？这是因为从笔迹看性格也是用归纳的方法得到的一般原理，并不一定适合每个个体，这和从宠物性格和作息时间看一个人的性格是一样的，性格分析有时是能大概看出一个人的性格的，但并不适用于所有时候、所有人。

　　可见，在社会中与人交往时，性格分析只是一个参考，我们应该做的是尽量真诚地与人交往，这样才能在交往中游刃有余。

第二章

做情绪的主人

走运时，要想到倒霉，不要得意得过了头；倒霉时，要想到走运，不必垂头丧气。心态始终保持平衡，情绪始终保持稳定，此亦长寿之道。

——季羡林

学会驾驭你的情绪

人非草木，孰能无情？人生活在社会中，为了自身的生存和发展，就要不断地认识和改造客观世界，创造人类文明、进步和发展的条件。人们在变革现实的过程中，必然要遇到得失、顺逆、荣辱、美丑等各种情境，因而有时感到高兴和喜悦，有时感到气愤和憎恶，有时感到悲伤和忧虑，有时感到爱慕和钦佩等。

那么，究竟什么是情绪呢？从 19 世纪以来，心理学家对此进行了长期而深入的研究，对情绪的实质提出了各种不同的看法，但是，由于情绪具有极端复杂性，至今还没有得到一致的结论。当前比较流行的一种看法是，情绪是人对客观事物的态度体验及相应的行为反应。这种看法说明，情绪是以个体的愿望和需要为中介的一种心理活动。当客观事物或情况符合主体的需要和愿望时，就能引起积极的、肯定的情绪。如：渴求知识的人得到了一本好书会感到满意；生活中遇到知己会感到欣慰；看到助人为乐的行为会产生敬慕；找到了志同道合的情侣会感到幸福等。当客观事物或情境不符合主体的需要和愿望时，就会产生消极、否定的情绪，如失去亲人会引起悲痛，无端遭到攻击会产生愤怒，工作失误会感到内疚和苦恼等。由此可见，情绪是个体与环境间某种关系的维持或改变。

情绪是人对外界刺激所产生的一种心理反应。人作为主体，客观事物或事件对他总是具有某种意义的，客观事件或情境符合主体的需要或者愿望，人就会比较平静，情绪也就不会出来作乱。但是，当客观条件或情况不符合主体的需要或愿望时，人就势必会产生一种改造使之适合自己需要的冲动，这种冲动在某种程度上促使了行为的产生。

另外，情绪是一种短暂爆发的力量，在情绪激烈的时候，人会迷失自己的方向，他的脑海里只会有一个念头，再也容不下别的想法。有一些在情绪的左右下做出冲动行为的人往往在事后非常懊恼，或者是百思不得其解：我为什么会做出那样的事情呢？

情绪的表现可分为几方面：生理变化，如血流加速、心跳加快、呼吸加快；主观感觉，如感觉不舒服；表情变化，如眉头紧皱、嘴角下垂、拳头紧握、肌肉紧绷；行为冲动，如打人、摔东西。

情绪的主要特征有：无所谓对错，常常是短暂的，会推动行为，易夸大其词，可以累积，也可以经疏导而迅速消散。

人类拥有数百种情绪，它们或泾渭分明，如爱恨对立；或相互渗透，如悲愤、悲痛中有愤恨或愤怒夹杂；或大同小异的情绪彼此混杂，十分微妙，往往只可意会难以言传。在纷繁复杂、波谲云诡的情绪面前，语言实在是有点苍白无力。

人的基本情绪有以下几种：

（1）快乐。快乐是一种愉快的情绪，是人的需要得到满足时产生的喜悦体验。

（2）愤怒。愤怒与快乐是相对的两极，怒是由于事与愿违，期望不仅未能如愿，反而出现根本不愿意见到的东西，从而使原有的紧张不仅未能解除，反而更加重心理的压力体验，或突然遭到意外，瞬间引起的心理感受。

（3）悲哀。悲哀产生于所热爱和所盼望的事物突然消失或泯灭，是心理感受到的失落、空虚、渺茫、不知所措，是心理上另一种刺痛的体验。

（4）恐惧。恐惧是一种极度紧张的心理状态，极端严重时可有濒死感、失控感、大祸临头感，伴有明显的生理变化，如面色苍白、呼吸急促、小便失禁、冒虚汗等。

我们认识、了解情绪的目的是了解、学会控制坏情绪，维持好情绪。虽然好情绪对健康有利，坏情绪对健康不利，但两者不能截然分开，物极必反及乐极生悲就是这个道理。

《说岳全传》中有一则笑死牛皋、气死金兀术的故事，说的是金兀术被岳家军中一员有勇无谋的猛将牛皋所擒获，金兀术是岳家军中的头号强敌，因此牛皋欣喜无比，内心高兴到了极点，狂笑不止。最终，由于这种情感突然爆发，超出了应激反应的极限，对机体生理功能的损害也达到顶点，牛皋猝死。金兀术之死，也是同理，他一向自恃强大无比，根本不把牛皋放在眼里，如今却被牛皋所擒，其不服、激愤的心理无以复加，心中的郁积也达到极限，这种激烈爆发的应激反应，超过了机体所能承受的极限，促使心血管、神经功能发生极度紊乱、衰竭而致死。这两个一喜一怒的极端事例形象地描述了无论何种情绪，过之即伤身甚至致命。

所以，为了健康，不论是愉快的或不愉快的情绪都应控制在适度的范围内。受到挫折时不要气馁，事业有成就时不要目空一切，忘乎所以。

预防和控制自己的怒气

很多人会在生气后"小宇宙爆发"，似乎无法自控，一招"天马流星拳"，再一招"庐山升龙霸"，恨不得毁了一切。于是，心跳急速、胆汁增多、呼吸加快、鼻孔扩张、血压升高、全身发抖。再看脸上，双眉倒竖、两眼圆睁、咬牙切齿，进而伸拳捋袖、怒打怒骂。人在不愉快时不一定会发泄，但若在愤怒时就一定会发泄。

2011 年，某烧烤园发生一宗人命案，被害者是年仅 15 岁的叶某，他被一群小青年殴打致重伤，之后送往医院抢救无效死亡。谁曾想，这样一个花样年华的少年，竟是因为一个手机号码就送了性命。原来，当时，被害人叶某只因为被女生讨要手机号码，之后被其男友陈某发现，陈某醋意加上怒气，气势汹汹地质问叶某，最后，竟然和同行的姐夫、表哥将叶某打成重伤，致其死亡。

每个人都有情绪不好的时候，每个人也都有过满怀怒气的经历，生气并不可怕，也不值得责备，这本来就是我们的一种情绪宣泄方式。但是，我们要注意的是宣泄怒气的方式，不要过分激烈，最后害人害己。

怒气真的是很"伤身"——无论自己的，还是别人的。陈某因为自己的愤怒锒铛入狱了，而无辜的叶某也因为陈某的愤怒丢掉了年轻的生命。其实，有的时候，我们可以明白地体验到生气时我们身体和情绪上的变化，我们就像是什么都不知道了，只想马上将自己的怒气找个出口宣泄出来，于是，这样的急迫感就容易造成我们的失控。常有人在怒气发过后说，我都不知道自己当时在干吗！脑子里嗡嗡的，就想好好地大吼大叫一番。

那么，我们为什么会生气呢？生气之后为什么又会容易做那么冲动的事情呢？

1. 怒气的控制也与我们的修养有关

需要不能满足，财物受到损失，人格受到侮辱，即使具有高度的精神文明修养的人也会有不快之感，但不一定会动怒，要发怒则怒于内心，不怒形于色。对于缺乏精神文明修养的人，有时候自以为利益受到了侵犯，那就不是不愉快的问题，于是勃然大怒，大打出手。

2. 与自尊心受损害有关

当人受到批评、嘲笑、奚落、讥讽时，就容易垂头丧气或者勃然大怒。没有自尊心的人唾其面而待其自干，但这样的人很少见。都说"人有脸，树有皮"，所以许多人就易暴怒，"既然我皮都被撕了，那我还给你什么脸"。

3. 与自身的需要没有得到满足有关

人的需要满足了，就会产生快乐的、积极的情感，没得到满足就会产生不快、消极的情感。人有物质和精神的需要，考不上大学、长期待业，或工作不理想、找不到合适的对象、要结婚没有住房，等等，如果这些问题不能得到合理解决或不能正确对待，就会产生苦闷、埋怨甚至是愤怒的情绪。

怒气不可取，那么，我们如何才能预防和控制怒气呢？

首先，转移注意力。当某种不平之事使我们心潮起伏气难消的时候，可以转移自己的注意力。当然，这种办法同减少刺激一样，是临时措施，不是根本之法，但是，它能立刻收到效果，化怒为喜，转忧为乐，有益身心，何乐而不为呢？例如当我们遇到一件倒霉的事，越想越气，不如丢开它，不再去想它，转而寻些开心快乐的事干，诸如听音乐、看戏、看电影、旅行，看些有意义、有趣的书等。但不要寻求酗酒、打扑克这一类的消极办法。有人认为"一醉"可以解"千愁"，其实喝醉过的人都知道，这并不是一个好办法，既花了钱又伤了身体，非但不能消愁，还会给我们添愁，殊不知"借酒消愁愁更愁"。

其次，减少刺激。整个社会的问题是躲避不了的，这里说的是在我们的狭小天地里，某种常令我们不快的刺激，可以避开或减少它。例如对性格古怪、是非较多的公婆，对简单粗暴、委屈了自己的领导，对一时误解自己的朋友等，若跟他争个水落石出，闹个你输我赢，没有什么必要。可是，一看见他，心里又冒火，不如暂时先躲一躲，让自己消消气，也让对方冷静一下，再寻个适当机会谈谈心，互相谅解。

克服自己的自卑心理

在现实生活中，很多人会觉得自己在外形、事业、爱情、学习等方面都不如别人，他们经常对自己说的一句话是："我怎么不是××，人家的命怎么就那么好！"这样的抱怨使他们产生"己不如人"的主观意识，严重者甚至把悲观失望当成了人生的主题。

2005 年 12 月底发生了一起案件。恩施市一中高一学生杨某对三名同宿舍同学下了毒手，用刀割破三人的喉部，导致一死二伤。杨某事后企图自杀，但是被救。

事后杨某供述，自己因腿部有残疾，十分自卑，平时经常感觉受同学们歧视，他平时忍气吞声，尽量想要忽视那些轻视的言语，但是自卑在他的心中扎根得更深了，同时，心中的愤恨似乎也蠢蠢欲动着。之后，他在学习上出现了障碍，这让他备感压抑，而同学的歧视却一直没有间断。终于，种种矛盾在同学某天的嘲笑中爆发了！

固然，这种悲剧的发生不只是杨某一个人的过错，群体的冷漠与嘲讽的确可以成为一柄刮骨钢刀，让人痛不欲生。但是，遇到这样的情况，有人会更加地奋发图强，而有人却走上了另外一条不归路。这是为什么呢？

心理学家阿德勒认为，每个人都有先天的生理或心理欠缺，这就决定了每个人的潜意识中都有自卑感存在。处理得好，会使自己超越自卑而寻求优越感，但处理不好就将演化成各种各样的心理障碍或心理疾病。另外，自卑容易销蚀人的斗志，就像一把潮湿的火柴，再也燃不起兴奋的火花。长期被自卑笼罩的人，不仅心理失去平衡，而且也会诱发生理失调和精神病变。

大家都知道，在众人的冷言冷语中要有所建树，该需要多大的勇气和力量。我们得不到赞美，得不到认同，甚至在困苦时得不到安慰。但是，越是遇到这样的情况，我们越是应该扛下来，当然，这很难，可能会有人抱怨说，这样的话是"站着说话不腰疼"。但是，我们反过来思考一下，如果连我们自己都放弃了、绝望了、悲情了，纵使这个时候出现一位"天使"来治疗我们的伤口，我们也会认为那是张牙舞爪的猛兽。

自卑就像是吞噬自己人格的毒药。所以，自卑的人必须明白一个道理，与其白白祈求别人的理解和同情，不如奋发向上建立自己的功勋，这个道理就是"被救不如自救"！

我们应该怎么克服自卑心呢？

1. 要能够正确评价自己

如实看待自己的短处，也要看到自己的长处。切不可只看到自己不如人之处，而看不到自己优于他人之处。同时，我们不妨多做一些力所能及、把握较大的事情，即使很小，也不放弃取得成功的机会。任何大的成功都蓄积于小的成功之中，在成功中能不断增强自信心。

2. 要善于扬长避短

"金无足赤，人无完人""尺有所短，寸有所长"，每个人都有自己的优点和缺点，要全面正确地评价自己，既不对自己的长处沾沾自喜，也不要盯住自己的短处顾影自怜。要善于发现和挖掘自己的优势，以弥补自己的不足。

3. 要学会关注他人

容易自卑的人，主要是缺乏集体情感。集体或群体的荣辱得失引不起他们的任何情绪变动，只有个人的失败才是他们关注的焦点。但现实总是不尽如人意的，总有某些方面你是不如别人的，如果总是过分关注自我，期待自己事事都比别人强，我们总会发现自己的不足，从而感到自卑。但当我们将目光多投向到别人时，就会变得理智、客观、忘我，为集体的成功而欢笑，为他人的幸福而欣慰，那我们的快乐就会成倍增加，我们的自信会增强。

不要活在抑郁的世界里

生活中，大多数人是很容易与抑郁邂逅的，而抑郁也逐渐扩大着它在人群中的浸染度。据世界卫生组织统计，全球抑郁症的发病率约为11％，目前全球抑郁人口多达1.2亿人，抑郁症已经成为威胁人类健康的第四大疾病之一。

而在中国，心理卫生协会的有关统计显示：我国抑郁症发病率约为3％～5％，目前已经有超过2600万人患有抑郁症，而我国每年大约有25万人死于自杀，自杀未遂者有200万～250万。2011年4月18日晚，韩国著名模特金宥利在首尔三星洞住所服毒自杀，经抢救无效死亡，年仅22岁。金宥利自杀前曾在个人主页上留下了暗示自杀的文章，她写道：

"不管怎么想，不管想多少次，这世界上我都是孤独一人。"这个自杀案件再度引起了娱乐圈的轰动。有人猜测金宥利是因为工作压力过大、爱情不顺，患上了抑郁症而自杀。

无论是明星还是我们普通人，不可能随时或者总是在生活中快乐无比、无忧无虑，我们有时也会感到无能为力和莫名的忧伤，就好像血液被无形的污物堵住，我们疏通不了，所以焦急难耐。从病理的角度来看，抑郁是一种感到无力应付外界压力而产生的消极情绪，常常伴有厌恶、痛苦、羞愧、自卑等情绪。对大多数人来说，抑郁只是偶尔出现，历时很短，很快就会消失。但有些人，则会经常地、迅速地陷入抑郁的状态而不能自拔。当抑郁一直持续下去，愈来愈严重，以致无法过正常的生活，就会变成抑郁症。

虽然抑郁症在现代生活中比较普遍，但并不是没有办法医治，下面就介绍 4 种有效的疗法：

1. 把我们的抑郁喊出来

目前流行的喊叫疗法能从我国的传统气功疗法中找到源头，中医里有个功法是属于喊叫疗法的，叫"哼哈吐纳法"。其步骤是：找一个空旷处，放松站立。首先，深深吸入一口气，在吸气的同时，左、右手握拳，右拳抬起，高过头顶，虎口向自己。然后，呼气，瞪眼发出"哼"的声音，尽量延长，同时紧握拳。待气出尽以后，再用最后的力发出"哈"音，同时两手尽量张开。之后，再进行第二次呼吸。在吸气同时，手势同上；呼气时，瞪眼，两手尽量张开，同时发"哈"音。气出尽时，再用最后的力发"哼"音，同时紧握拳。

2. 听音乐解抑郁

音乐能直接进入潜意识领域，所以它是驱除心理疾病的最佳治疗手段。大量研究表明，音乐的旋律、节奏和音色通过大脑的感应，可以引发情绪反应，松弛神经，从而对心理状态产生影响。

当我们感到孤独无助，得不到别人的理解，缺乏主动性，对任何事、人、物均提不起兴趣时，最好的宽心方法是：每天听 3 遍贝多芬的音乐，如贝多芬的《第二交响曲》。其他作曲家的作品也有医疗功效，如拉赫玛尼诺夫、柴可夫斯基的作品能使我们恢复信心，而且音乐疗法没有任何副作用。

3. 沐浴阳光，活动身体

多接受阳光与运动对于抑郁的人非常有利。多活动活动身体，可使心情得到放松，阳光中的紫外线也可或多或少改善人的心情。

4. 放松地生活

抑郁的人缺乏摆脱警戒状态而安静下来的能力。如果是这样，我们可以这样做：首先，选择一句话或祷告词，作为入静的口诀。然后，选择一个舒服的姿势安静地坐下或躺下。闭上眼睛，肌肉放松，缓慢而自然地呼吸，呼气时默念我们选择的口诀。如果我们思想走神，想法回到口诀上来。这样的方法最好每天做 1～2 次，每次 10～20 分钟。

不以物喜，不以己悲

很少人能真正做到"不以物喜，不以己悲"。的确，控制情绪不是一件容易的事。情绪不可能被完全消灭，但可以进行有效疏导、有效管理、适度控制。美国哈佛大学心理学教授戈尔曼认为，情绪意指情感及其独特的思想、心理和生理状态，以及一系列行动的倾向。

在现实生活中，很多事情都会影响到我们的心情。当遇到开心的事，我们就高兴；当遇到倒霉的事，我们就伤心。也就是说，我们的心情有时候完全被外界环境所掌控。

在我们的潜意识里，我们希望任何事物都按自己的意愿发展，否则会很糟糕。当你失去了某件最心爱的物品；当你的考试失利了；当恋人抛弃了你……当你付出足够的努力还是没能得到期待的结果，你很可能会变得郁郁寡欢，甚至会自艾自怨，从此一蹶不振，甚至丧失了对工作和生活的信心。

其实，你只是从事情发生的角度去想问题，而没有全面地考虑这些事情的发生究竟给你带来了什么。任何事情都有得有失，如果你能换个角度看待这件事，也许就不会如此痛苦不堪了。

有一个年轻人失恋了，一直摆脱不了现实的打击，情绪低落，已经影响到了他的正常生活，他没办法专心工作，因为无法集中精力，头脑中想到的就是前女友的薄情寡义。他认为自己在感情上付出了，却没有收到回报，自己很傻很不幸。于是，他找到了心理医生。

心理医生告诉他，其实他的处境并没有那么糟，只是他把自己想象得太糟糕了。在给他做了放松训练，缓解了他的紧张情绪之后，心理医生给他举了个例子。

"假如有一天，你到公园的长凳上休息，把你最心爱的一本书放在长凳上，这时候走来一个人，径直走过来，坐在椅子上，把你的书压坏了。这时，你会怎么想？""我一定很气愤，他怎么可以这样随便损坏别人的东西呢！太没有礼貌了！"年轻人说。

"那我现在告诉你，他是个盲人，你又会怎么想呢？"心理医生接着耐心地继续问。"哦！原来是个盲人。他肯定不知道长凳上放有东西。"年轻人摸摸头，想了一下，接着说，"谢天谢地，好在只是放了一本书，要是油漆或是什么尖锐的东西，他就惨了！""那你还会对他感到愤怒吗？"心理医生问。"当然不会，他是不小心才压坏的嘛，盲人也很不容易的。我甚至有些同情他了。"

心理医生会心一笑："同样的一件事情——他压坏了你的书，但是前后你的情绪反应却截然不同。你知道是为什么吗？""可能是因为我对事情的看法不同了吧！"

对事情不同的看法，能引起自身不同的情绪。很显然，让我们难过和痛苦的，不是事件本身，而是对事情的不正确的解释和评价。这就是心理学上的情绪 ABC 理论的观点。

情绪 ABC 理论的创始者埃利认为，正是由于我们常有的一些不合理的信念，才使我们产生情绪困扰，如果这些不合理的信念日积月累，还会引起情绪障碍。

在情绪 ABC 理论中，A 表示诱发事件；B 表示个体针对此诱发事件产生的一些信念，即对这件事的看法和解释；C 表示个体产生的情绪和行为结果。通常人们会认为诱发事件 A 直接导致了人的情绪和行为结果 C，发生了什么事就引起了什么情绪体验。然而，同一件事，人们的看法不同，情绪体验也不同。

两个人同样都刚刚失恋，有的人放得下，认为失去一个不爱自己的人是一件好事，失恋才能有机会寻找到一个爱自己的人；而有的人却伤心欲绝，埋怨对方无情，自己把所有的心思都投入这场情感中，甚至认为自己今生可能都不会再恋爱了。这两类人面对同一件事情的态度不同，就是因为看待事情的角度不同，他们的情绪体验当然不同。

对于上面这个失恋的年轻人来说，失恋只是一个诱发事件 A，结果 C 是他情绪低落，生活受到影响，无法专心工作；而导致这个结果的，正是他的认知 B——他认为自己付出了就一定要收到对方的回报，自己太傻了，太不幸了。假如他换个想法——她这样不懂爱的女孩不值得自己去珍惜，现在她离开可能避免了以后她对自己造成更大的伤害，那么他的情绪体验显然就不会像现在这么糟糕。

因此，当我们情绪不好的时候，我们要学会疏导自己的情绪，从而调节心情。比如，问问自己，为什么这么不开心，告诉自己，其实事情没有自己想象的那么严重，不如换个角度看待这个事情，郁闷的心情就会释然不少。

坏情绪是会转移的

生活中，我们的坏心情就像流感一样，如果不加以控制，就会不断蔓延。下面这个故事就是很好的证明。

王先生是某私企的总经理，对公司管理非常严格，而且以身作则，每天都早来晚去。但是，有一天早晨，王先生看报太入迷，出门晚了。他匆匆忙忙地开车，闯了一个红灯，正巧被警察逮到，还罚款了。

本来上班就迟到了，没想到还被罚款了，王先生气急败坏。刚到办公室，正好碰到项目经理向他汇报工作，他没好气地问："上周那个项目敲定没有？"项目经理告诉他还没有。他大吼道："我已经付给你七年薪水了，现在我们终于有一次机会做笔大生意，你却把它弄吹了！如果你不把那个项目争回来，你就别想再踏进公司半步！"

项目经理怀着一肚子不满回到自己的办公室，心想："我为公司卖了七年力，你王经理不过是个傀儡。现在，就因为我丢掉了一个项目，就恐吓要解雇我，太过分了！"正巧秘书来找他签字，他马上问秘书："今天早上我给你的那五封信打好了没有？"秘书回答说："还没，我……"他立刻冒起火来，指责说："不要找任何借口，我要你赶快打好这些信件。虽然你在这儿干了三年，但不表示你会一直被雇佣！"

秘书愤怒地回到自己的座位上，心想："三年来，我一直很努力工作，经常超时加班，现在就因为我无法同时做两件事，就恐吓要辞退我，太欺负人了！"

秘书下班回家，看到九岁的儿子正悠闲地打着游戏，立刻叫起来："我告诉你多少次，要好好学习，赶快给我回到房里去看书！"

儿子回到自己房间，心想："妈妈刚到家就冲我发这么大的火，真过分！"这时，平时他最喜欢的小狗走了过来，他二话没说就狠狠地踢了小狗一脚："给我滚出去！"

小狗疼得乱窜，发疯似的冲出门乱咬，还咬了一个人——那个人正好是从这里路过的王总经理。

王先生的消极情绪通过漫长的链条，经过不同人的传导，最后报应在自己身上。虽然这个故事的恶性循环的结果有些可笑，但是这种情绪转移现象在生活中却并不少见。一个人的不良情绪一旦无法正常发泄和排解，往往会找一个出气筒，把情绪转移到别人的身上，有时甚至是无意识的，自己也很难控制。

我们是否有过这样的经历：遇到塞车时，如果有一个司机不耐烦地按喇叭，那么这种烦躁的情绪便会传染开来，后面的司机也会不停地跟着按喇叭。同时，喇叭那刺耳的声音又会使更多的乘客和司机烦躁不安。其实，这种现象在心理学上被称为"坏情绪的转移"。

情绪转移定律，指人的不好情绪如果没有得到适当的宣泄，就会转移到其他人和事上，是一种情绪的蔓延现象。这个心理也可以很好地解释什么是"迁怒"了。

要知道，快乐的钥匙不是掌握在别人手中，而是掌握在自己手中。我们郁闷也好，快乐也好，其实都不是由外界原因造成的，而是由我们自己的情绪造成的。我们的幸福通俗来讲，就是一种愉悦感，而这种愉悦感很大程度上来源于我们的好心情。所以，我们要做情绪的主人，而不能被情绪所左右。正如心理学家所证明的，人不仅是消极情绪的放大镜，而且也是积极情绪的制造者，生气郁闷只能是折磨自己。我们应该学会调整自己的情绪，经常保持积极情绪。

保持积极情绪的方法有很多种，包括宽容别人，保持积极乐观的心态，能接纳自己的情绪变化，及时调整自己的不良心态，掌握有效的自我调节的方法等。如果我们不慎掉进了河沟里，不妨想想正好衣服该洗了；当我们参加一些重要的考试或活动，感到非常紧张，可以在心里暗暗提醒自己"沉住气，别紧张，胜利一定是属于自己的"，这样自然就会冷静下来，信心百倍；当遭遇困难和逆境时，想想"失败乃成功之母"，振作精神，那么，下一步或许就会走向成功。

努力驱逐负面情绪

每天都这么奔波忙碌，觉得自己活得像个机器。重复的生活让你觉得疲惫，小时候因为一颗糖果、一根雪糕带来的小幸福已经不复存在了，你觉得自己的幸福感荡然无存，甚至因此而消沉和失望，觉得自己不可能再幸福了。日复一日，这种负面情绪引领着你的思维，你总是否定自己的想法，长此以往，你怎么可能会幸福，怎么可能拥有健康的生活？

如果幸福与否是由我们的思想所决定的，那么赶紧把脑子里那些负面情绪进行彻底的大扫除吧，驱除心中负面的想法，我们才能走进健康的、充满希望的生活。

我们心中要有一个信念，时刻驱除负面的想法，并下定决心地去做，即可达到你的目的。那么究竟如何去做呢？我们不妨来看看这个故事，也许你能从中轻易地发现秘诀。

安森一直在研究有关内心想法与幸福的联系，他认为幸福与否和人的内心想法有着很大关系，可以说这点直接影响到幸福感的存在。

在一次聚会上，安森遇到了一位优秀的青年企业家，他的事业一度风生水起，按理说他是最应该感到幸福的那一类人。可是经过一番交谈，安森发现被亮丽光环笼罩下的青年企业家内心竟是如此消沉，听他讲的那些话，愈发觉得他不仅内心消沉而且正朝着毁灭自己的方向前进着。他的心灵就像一节干枯的树枝，没有一丝生机，仿佛沉寂在一片沉沦的世界中，渴望脱离苦海。这种急欲脱离的情绪反而带动着他往相反的方向前进，物极必反，问题接二连三地产生无情地浇灭了这位青年企业家的希望之火。

耳畔回荡着青年企业家的叹息，安森忍不住告诉他，如果想拥有幸福，也不是那么难的事情，他倒是有一个解决之道。

"你能有什么方法呢？除非你能制造奇迹。"青年企业家疑惑地问道。

"不，虽然我不能制造奇迹，但我可以把你介绍给能够制造奇迹的人。这个人将改变你内心的想法，让你的内心变得积极开朗。更重要的是，这个人能让你感受到什么是真正的幸福。好了，我的话说完了。"安森和青年企业家告别，就此离开了会场。

很显然，青年企业家对安森的话有着强烈的好奇心，于是从那时开始，他就经常主动与安森联系，就这样他们一直持续交往着。有一天，安森送给了青年企业家一本适合放在口袋里的袖珍型小书，并且告诉他这是一本"魔法书"，能教会他如何产生健康和幸福，一定要随身携带着它，且在一个月之内把书中的建议都一一牢记在心。

青年企业家满脸的不可思议，问道："安森，这本书真的这么神奇吗？它能驱除我心中那些否定的想法，真的能给我带来幸福吗？"

安森神秘地说道："当然可以！只要你能切实按照书上的建议一一照做，那些消极的、有损快乐、有损心灵健康的想法势必会一扫而空，消失殆尽。虽然这些对你来说，似乎有些过于奇妙，但是你照做了就会发现它的妙不可言。"

青年企业家听了之后，虽然心中满怀疑惑，但仍按照安森的指示一一照做。一个月之后，安森接到了青年企业家的电话，电话那头是又惊喜又激动的声音："安森，这本书真的有魔法，真是不可思议，我已经得到了我想要的，这真是做梦都想不到事情，只要能改变内心消极的想法，幸福原来触手可及……"

这位曾经内心消沉的青年企业家已经抓住了幸福。有些时候，我们对幸福的理解太空泛和表面化了，觉得表面的光鲜亮丽、腰缠万贯就是幸福，可幸福是来源于内心的，从青年企业家的故事中我们就不难看出，虽然他看上去很风光，可是他却不幸福，因为他的内心消极苦闷。

真正的幸福是来源于内心的，即使生活困苦，但仍有一颗积极向上的心，那就会获得积极健康的生活。这种来源于内心的肯定、积极的想法才是获得幸福的正能量。还是拿那位青年企业家的故事来说，在他学会如何掌握幸福的方法后，即使再次陷入困境、遭遇到不幸，他也不会跟随这些消极的情绪继续否定自己，一味地去自责与自怜了，而会全力以赴地去扭转这种困境。

可见，我们的思想决定着幸福，思想改变了，世界就不一样了，对幸福的感知也会变得不同。消极和否定只会让事情越来越糟，而不断地积极向上，肯定自己才能获得幸福，这是幸福的秘诀所在。

努力地去驱除心中负面的情绪吧，摒弃消沉或失望的思想，做个彻彻底底积极强大的人。如此一来，你会发现自己的人生轨道是健康而充满希望的。

请不要总是保持冷漠

冷漠一旦注入一个人的身体，其痛苦让人难以忍受。伴随着冷漠的疯长，一个人就会感到孤独无助，甚至觉得自己和整个社会格格不入。一个拥有冷漠心理的人，会对什么事情都不感兴趣，做什么都会觉得无味，而且他们的内心会很脆弱，总是觉得世间很大，却没有自己的容身之所。

卡耐基曾经说过，如果你想要别人喜欢你，也就是说你想要改善你糟糕的人际关系；如果你想帮助自己也帮助他人，那么，就请你牢牢记住一个原则：真诚地去关心别人，彻底查杀冷漠这个病毒。

有一个著名的心理学家曾说过，在所有能够破坏友谊的因素中，冷漠是来自人灵魂深处的丑恶。人人都想生活在爱的包围中，一个内心冷漠的人，怎么可能懂得去爱别人，不懂得爱人，又如何能被人所爱呢？一位哲人曾经说过，我们需要被爱，但更需要爱人的能力。的确是这样，人与人之间存在一种爱的"交易"，所谓不行春风难得春雨就是这个意思。如果你对别人冷漠，对别人的事情一点都不关心，别人怎么可能关心你？怎么可能爱你？在没有关爱的世界里，你又如何能生活得开心？所以，唯有丢掉自己的冷漠，释放心中的爱，才能彻底医好你的心灵创伤。

那么，我们该怎样才能消除冷漠呢？以下是一些很实用的建议，希望通过这些建议，可以帮助你战胜冷漠。

1. 不要对热情抱有任何怀疑

有人问战胜冷漠最快速的办法是什么？答案是热情。任何时候都不要对热情产生怀疑。如果你能时时保持着一颗热情之心，那么，你心中的冷漠自能消融。

2. 三步走培养热情

消融冷漠需要培养热情。培养热情可以具体遵循以下三个步骤：
第一，深入了解每个问题。问题也是机遇。因此，对待任何事情，哪怕是困难，我们也要抱着热情去解决。

第二，学习更多你目前尚不热爱的知识，接触更多目前尚不热爱的事情，了解得越多，我们就越容易培养自己的兴趣。有兴趣自然就有热情，做到驱赶冷漠就水到渠成了。

第三，你的谈话要真挚热情。说话热情的人都会受到欢迎。当你话语充满热情时，你自己也会变得很有热情。你必须时时刻刻活泼热情，这样才能消除冷漠。

3. 尽可能多地去满足他人的愿望

就像上面所说的，一个人不仅要求被爱，更重要的是要有爱人的权利。我们尽可能地去满足别人的愿望，别人才会觉得我们的重要，我们也会因为成为别人需要的人而更加热爱生活。

尽可能满足他人的愿望，一方面可以更好地发挥我们的人生价值；另一方面可以让我们的人际关系更加顺畅，让我们的工作和生活更加便利。

4. 将热情付诸行动

只有将好的思想或者情绪付诸行动，我们积极的情绪才能起作用。当一个人以饱满的热情去应对生活、工作或者人际关系的时候，一个人心中的冷漠才能从根源上消失。

5. 尽可能多地与别人交流

尽可能多地与别人交流不仅是克服冷漠的一剂良方，也是我们攻克情感障碍的武器。

6. 语言鼓励

老板用语言鼓励自己的员工，老师用语言鼓励自己的学生，教练用语言来鼓舞球队……语言的激励作用是巨大的，很多人把语言比喻成团体奋进的助力器。同样，我们自己对自己进行语言鼓励，也有着重要的作用，其效果就像老师鼓励学生那样。在做任何事前，给自己一些语言方面的精神鼓励，以鼓舞自己，消除冷漠，必定会收到奇效。

7. 欣赏艺术

无论是音乐、美术还是文学，好的艺术作品都蕴涵着让人不得不折服的魔力。就像有人说的，真正热爱艺术的人对生活也会充满热爱，如果你爱上了这些无言的美，你就能从中体会到巨大的精神力量，也就不会再一味沉寂于冷漠了。

8. 接触大自然

大自然是烦恼情绪的最好排解器，当我们孤独、冷漠时，我们不妨跨上自行车去郊外转一圈，呼吸一下新鲜空气，让大自然消解我们心中的郁闷和烦恼。

改变浮躁的心态

要想处处得力、事事顺心自然很难。但我们要降低自己的失意程度，却有一个十分有效的方法，那就是苦练内功，切忌浮躁。

小吴是某事业单位的普通干部，他近一年来一直心神不定，老想出去闯荡一番。看着别人房子、车子、票子都有了，他心里发慌。炒股赔多赚少就去摸彩票，一心想摸个 500 万，可结果花几千元连个响都没听着，心里就更慌！后来小吴跳了几家单位，不是嫌这个单位离家太远，就是嫌那个单位专业不对口，再就是待遇不好，反正找个合适的工作对小吴来说真是难啊！后来听说某人很有钱，小吴于是写了信去，说自己很困难，想求助些款项，可他连信也没回，气得小吴又去信大骂了一顿。为此小吴心里也确实感到失衡，但这种恶作剧让小吴解恨呀！总之，小吴就是感到心里闷得慌，做什么都不踏实。

小吴表现出来的这种"不踏实""闷得慌"的状态正是一种典型的浮躁情绪。

浮躁心理是指做任何事情都没有恒心、见异思迁，喜欢投机取巧，讲究急功近利，强调短、平、快，立竿见影，平时则无所事事，乱发脾气，一刻也不能安稳地工作。浮躁是当前非常普遍的一种负面情绪。

浮躁从表现上看有躯体性亚健康的症状特点，如心神不宁、焦躁不安、喜欢冲动，甚至铤而走险等。实际上这种躯体的表现是在心理的作用下完成的，症状来得快去得快，受外界环境的影响很大。

浮躁会使人们失去准确定位，让人随波逐流、盲目行动、不计后果，与脚踏实地、艰苦创业、励精图治、公平竞争的社会准则相抵触，对国家、社会的整体运转非常有害。

作为一种心理现象来说，浮躁的内核是人朴素的、本能的生命冲动和物质欲望。浮躁的深层特点，是重外延轻内涵、重数量轻质量、重表面轻实际、重短期轻长远。在现代社会，浮躁心理对社会和个人的发展都十分有害，必须想方设法减少和消除这一不健康的心理。

自我暗示是控制情绪的一个简捷而实用的好方法。例如你可这样暗示自己：无论面对怎样的处境，总会有一种最好的选择，我要用理智来控制自己，绝不让情绪来主导我的行动。只要我善于控制自己的情绪，我就是一个战无不胜、快乐的人。

在攀比时要知己知彼。比较是人获得自我认识的主要方式，比较要得法，要"知己知彼"，否则就无法去比，得出的结论也会是虚假的。知己知彼才能知道是否具有可比性，才不会出现人的心理失衡现象，产生心神不定、无所适从的感觉。

人们应该正确地认识到：每个人的成功，都付出了别人难以想象的努力和智慧。要保持一颗平常心，不要期待"天上掉馅饼"的事会在自己身上发生。还要正确地看待别人的缺点和错误，不要凭一时的情绪或偏见对人和事下结论。

学会调节不良情绪

人的不良情绪主要有两种：一是过度的情绪反应，指情绪反应过分强烈，如狂喜、暴怒、悲痛欲绝、激动不已等，超过了一定的限度；二是持久的消极情绪，指人在引起悲、忧、恐、惊、怒等消极情绪的因素消失后，仍长时间沉浸在消极状态中不能自拔。

大量的研究和临床观察表明，不良的情绪会危害人的身心健康。一方面，不良情绪的出现可能会使人的心理活动失去平衡；另一方面，不良情绪会造成人的生理机制紊乱，导致各种疾病的发生。

既然不良情绪会危害人的身心健康，我们就要克服不良情绪，培养良好的情绪。那么，如何调节不良情绪呢？

1. 转换认识角度

现实中，人们的许多情绪困扰并不一定是由诱发事件直接引起的，而是由经历者对事件的非理性认识和评价所引起的。如有的人在遇到一些不顺心的事情后，往往会以偏概全，或把事情想象得糟糕透顶，过分夸大后果。因此，主动调整认知，换一个角度去重新看待发生的事情，纠正认识上的偏差，就可减弱或消除不良情绪。比如，你被小偷掏了钱包，你很愤怒，"发泄"是解决不了问题的，这时你应该换个角度想："破财免灾""塞翁失马，焉知非福"。这是自觉地、比较积极地从另一个角度重新思考，这是消除不良情绪的一个有效的方法。

2. 积极的自我暗示

自我暗示是运用内部语言或书面语言的形式来自我调节情绪的方法。暗示对人的情绪乃至行为有奇妙的影响，既可用来松弛过分紧张的情绪，也可用来激励自己。如在学习成绩落后、恋爱失败、生理上有缺陷，或交往技巧缺乏等情况下，要使自己振作起来，就要克服消极的心理定式，进行积极的自我调整和改变。此时积极的心理暗示是很有必要的，如在心中经常默念："别人能行，我也一定能行""我能考好，我有信心""别人不怕，我也不怕"。要努力挖掘自己的长处及优点，在很多情况下此法能驱散忧郁和怯懦，使自己恢复快乐和自信。

3. 合理宣泄

情绪的宣泄是平衡心理、保持和增进心理健康的重要方法。不良情绪来临时，我们不应一味控制与压抑，还要懂得适当地宣泄。

当生气和愤怒时，可以到空旷的地方去大喊几声，或者像屠格涅夫一样"在开口前把舌头在嘴里转上十圈，怒气也就减了一半"，或者进行比较剧烈的体育活动，如跑步、扔铅球等。

当过度痛苦和悲伤时，放声痛哭比强忍眼泪要好。研究证明，情绪性的眼泪和别的眼泪不同，它含有一种有毒生物化学物质，会引起血压升高、心跳加快和消化不良等不良症状。通过流泪，把这些物质排出体外，对身体有利。尤其是在亲人和挚友面前痛哭流涕，这是一种真实感情的宣泄，哭过之后痛苦和悲伤就会减轻许多。

4. 言语暗示

语言是人类独有的高级心理功能，是人们交流思想和彼此影响的工具。语言的暗示对人的心理乃至行为会产生奇妙的作用。在被不良情绪所压抑的时候，可以通过语言的暗示作用，来调整和放松心理上的紧张状态，使不良情绪得以缓解。比如，在发怒的时候，就重述一下达尔文的名言："人要是发脾气就等于在人类进步的阶梯上倒退了一步。愤怒是以愚蠢开始，以后悔告终。"或者用自编的语言暗示自己，如"不要发怒""别做蠢事，发怒是无能的表现""发怒会把事情办坏的""发怒既伤自己，又伤别人，还于事无补"。还可以在家中或单位悬挂字幅暗示自己。例如，禁烟英雄林则徐，为了控制自己的暴躁脾气，便在中堂挂了上书"制怒"的大字幅，在怒气满腹时，则可以提醒自己，"暴躁没有用，要面对现实，想出解决办法"等。在平静、排除杂念、专心致志的情况下，进行这种言语暗示，往往对情绪的好转有明显的作用。

5. 学会幽默

幽默是精神的消毒剂，是消除不良情绪的有效工具。当你遇到某些无关大局的不良刺激时，要避免使自己陷入被动局面或激怒状态，最好的办法就是以超然洒脱的态度去应付。此时，一句得体的幽默话，往往可以使你摆脱窘迫，使愤怒、不安的情绪得以缓解。不要针尖对麦芒，以牙还牙，激化矛盾。幽默是智慧和成熟的象征。学会幽默，乐观地面对生活，才能使自己快活起来，成为真正的强者。

6. 升华

将不为社会认可的情绪反应方式或欲望需求导向正确的方向，将情绪、情感激起的能量引导到对人、对己、对社会都有利的方面。安徒生、贝多芬等人都曾在失恋之后，以更大的热情投入到文学艺术的创作之中，为人类社会创造出精美的传世作品。居里夫人在其丈夫因车祸不幸身亡之后，忍受着巨大的悲痛，把自己的情感升华到对科学的忘我追求之中，终于第二次获得了诺贝尔奖。

7. 求助他人

培根说过："如果把你的苦恼与朋友分担，你就剩下一半的苦恼了。"不良情绪仅靠自己调节是不够的，还需要他人的疏导。人的情绪受到压抑时，应把心中的苦恼倾诉出来，如果长时间地强行压抑不良情绪的外露，就会给人的身心健康带来伤害。特别是性格内向的人，光靠自我控制、自我调节还远远不够，可以找一个亲人、好友或可以信赖的人倾诉自己的苦恼，求得别人的帮助和指点。在很多情况下，一个人对问题的认识往往是有限的，甚至是模糊的，旁人点拨几句，会使你茅塞顿开。这时人家即使不发表意见，仅仅是静静地听你说，也会使你得到很大的满足。别人的理解、关怀、同情和鼓励，更是心理上的极大安慰，尤其是遇到人生的不幸或严重的疾病，更需要别人的开导和安慰。将自己的忧愁和烦恼倾诉出来，不但会保持愉快的情绪，而且会增进人际交往，令你感觉到自己生活在爱的怀抱中。

保持良好情绪的途径

人类之所以会产生种种的情绪，是与人的需要满足与否紧密相连的。那么只要给予满足就可保持良好的情绪吗？表面上看是这样，然而，现实生活中不满足之事十有八九，很多时候连基本需要都难以满足。那么，良好的情绪如何得以产生和保持呢？况且，还有许多人类不需要的东西无时无刻不在侵扰着我们的生活，如生活事件、自然灾害、环境污染、战争等。凡此种种都将对人类产生心理压力，影响人类的身心健康，威胁人类的生命。

然而，面对困难所引起的同样的心理刺激，有的人致病，有的人却顽强地挺了过来，究其原因，不外乎两个字：情绪。一般说来，乐观、幽默、兴趣广泛、视野开阔的人，抵抗不良心理刺激的能力较强。这个道理看上去很简单，似乎人人皆知，但真正做起来却很难。

首先，人的行为容易控制而心理、情绪却不易控制。饿了吃，困了睡，累了休息，不是自己的东西不能拿等这些都容易做到。然而，失去亲人谁能不悲伤？遭到打击、陷害谁能不愤怒？面临重大抉择谁能不焦虑？面对战争谁又不恐惧？其次，情绪是人的心理活动，是一种内心体验。它摸不着，抓不住，不可称，无法量，没有具体明确的标准。况且暂时心情不好，很难看出其潜在危害，疾病大多是日积月累的量变过程，难以及时察觉，因而不易引起重视。那么，在现代生活中人们应该怎样保持良好的情绪，做情绪的主人呢？

1. 培养幽默感

幽默感常常可以使一个原来比较紧张的气氛变得轻松。研究发现，在问题面前，那些经常运用幽默作为应对机制的人，健康问题较少，而那些经常运用哭喊作为应对机制的人，健康问题就较多。

2. 增加愉快的生活体验

我们要设法增加生活的情趣，增加愉快的生活体验。这样，即使偶尔遇到不愉快的事情，也不至于发生过于强烈的情绪反应。研究发现，增加令人愉快的体验，可以因此减弱消极情绪状态。

3. 加强道德修养

在日常的生活实践和心理活动中，逐步认识和理解社会道德情感，形成正确成熟的道德观。心胸豁达，视野开阔，积极乐观，对待个人得失，能做到不贪求、不妄想，把握正直做人的准则，碰到不顺心的事，能以唯物辩证的观点剖析事物不利和有利的方面，做到思想通、情绪平、随遇而安、知足常乐。

4. 培养业余爱好

业余爱好会把人的心绪引导到一个令人十分舒畅、欢愉的精神境界，琴棋书画、花鸟虫鱼、散步打拳、走亲访友、阅读书报……各种爱好可培养愉快平静的情绪和积极向上的精神，既可调剂生活，避免单调、枯燥，又可陶冶性情，还能起到使消极心态及时得到疏导的作用，有益身心健康。可以想象，当一个人把注意力全部倾注到自己所爱好的活动中去的时候，一切忧愁烦恼，自然会抛至九霄云外，此时，心理上的平衡，自然会很容易获得。

二战时期的美国总统富兰克林·罗斯福喜欢用集邮来调节自己紧张的情绪。他每天挤出一个小时把自己关在一幢房子里，摆弄各种邮票，借此摆脱周围的一切。去的时候，满脸阴沉，心情忧郁，疲惫不堪；离开的时候，精神状态完全变了，似乎整个世界都变得明亮了。

5. 积极参与社会交往

保持良好情绪和身心健康的最佳途径，就是积极参与社会活动，多与人交往，为社会贡献力量的同时体现自我价值。研究证明，社会交往能使人产生积极的情绪体验，积极的情绪体验又会使人们更积极地与人交往，更好地适应环境与应对应激事件，从而形成一个良性循环。

不良情绪固然可以伤身，而喜乐之情，若过于强烈，也同样会对身体有害。"物极必反""乐极生悲"都辩证地说明了这一规律。所以，悲伤喜乐均应适度，要时刻保持冷静。遇悲伤之事，不可过于悲痛；惊恐面前，善于保持冷静；生忧思之情，切勿深陷而不能自拔，要针对现实，冷静、实际而恰当地处理问题。防止感情过分激动，保持情绪平和与心理平衡。

宣泄情绪的方法很多，有些人会痛哭一场，有些人找三五好友诉苦一番，另一些人会逛街、听音乐、散步或逼自己做别的事情以免老想起不愉快，比较糟糕的方式是喝酒、飙车甚至自杀。要提醒大家的是，宣泄情绪的目的在于给自己一个理清想法的机会，让自己好过一点，也让自己更有能量去面对未来。如果宣泄情绪的方式只是暂时逃避痛苦，尔后需承受更多的痛苦，这便不是一个适宜的方式。有了不舒服的感觉，要勇敢地面对，仔细想想，为什么这么难过、生气？我应该怎么做，将来才不会再重蹈覆辙？怎么做可以减少我的不愉快？这么做会不会带来更大的伤害？根据这几个角度去选择适合自己且能有效缓解情绪的方式，你就能够控制情绪，而不是让情绪来控制你。

人生路途上，曲折、磨难和逆境多于坦途、顺利和成功。为了摆脱精神枷锁，不妨试一试"舒心七法"：

（1）想一想。换个角度来讲，挫折和失败是对人的意志、决心和勇气的锻炼。人是在经过了千锤百炼才成熟起来的，重要的是吸取教训，不犯或少犯重复性的错误。

（2）走一走。到野外去郊游，到深山大川走走，散散心，极目绿野，回归自然，荡涤一下心中的烦恼，清理一下浑浊的思绪，净化一下心灵的尘埃，唤回失去的理智和信心。

（3）比一比。与同事、同乡、同学、好友相比，虽说比上不足，但也会比下有余。及时调整心态，以保持心理平衡。不因失败而失去信心，不因受挫而挫伤锐气。

（4）放一放。如果不是急事大事，索性放下不去管它，过几天再说，那时或许会有个更清晰的认识，有更合理、周密的打算。

（5）乐一乐。想想开心的事、可笑的事，或拿本有趣的书，读几段令人开怀大笑或幽默风趣的章节。

（6）唱一唱。唱首优美动听的抒情歌，一曲欢快轻松的舞曲或许会唤起你对美好过去的回忆，引发你对灿烂未来的憧憬。

（7）让一让。人生如狭路行车，该让步时姿态低些，眼光远点，不在一时一事上论长短。正所谓退一步海阔天空。

第三章

潜意识的奥秘和力量

只要发挥出自身的全部潜力，你甚至能超越自身的体能极限，最终创造出别人无法创造的辉煌，这点对于每个运动员都十分关键。

——李 宁

潜意识影响你的生活

虽然每个人都拥有它，但是并不是每个人都能够自如地使用它，因为它是一个"魔鬼"，拥有魔力。人们的生活就是被这种奇妙的魔力所围绕着，它会带领你走出痛苦和失败，让你摆脱束缚，获得幸福、自由和辉煌，同时它也会让你走向相反的方向，这就是它的魔力所在。

潜意识的魔力已经存在很长时间了，它是生命和心灵的真理，比任何文化都历史悠久。鉴于这个原因，你应该深入地了解它，让它引导你改变你的人生，改变你的命运。所以，你要做的就是敞开你的心扉，让愿望和情感相结合，让潜意识做出回应。

潜意识一点一滴地影响你，慢慢地叠加在你的生活里，最后将现实生活中的你塑造成你潜意识中的那个你，它保持着中立的立场，你的一切行为，不管好坏，它都会接受，潜意识这样长期累积，就会让你模糊了好与坏、对与错。所以要想改变你的生活，必须先改变你的内心，也就是要开发、改变你的潜意识。

只要你接受了潜意识理论，你就会发现改变现实并不是什么难事，这样你就会积极乐观地面对人生。

如何开发潜意识？

第一，培养潜意识的记忆功能。

利用潜意识积累更多的知识和信息，不断地学习新的东西，这样才能让你更加聪明，充满智慧。

为了让记忆更加深刻，你可以采取一些辅助手段，比如不断地学习，多看书、看报纸，拓展创造性思维，协助潜意识为你服务。

第二，训练潜意识的辨别能力。

让它为你的成功服务，而不是引导你走向失败的深渊。

这么做是因为潜意识本身不会分辨对错，但同时又直接支配着人的行为，所以，一个人的成与败都取决于他的潜意识。

因此，要严格地训练自己，多发现和输入有利的信息，让成功的因素占据潜意识的统治地位以支配你的生活；控制可能导致失败的、消极的因素，不要让它们随意地进入你的大脑，它一出现就立即制止，慢慢遗忘，或者对它进行批判、改造，化腐朽为神奇。

第三，利用潜意识的智慧，帮助你解决问题。

潜意识蕴藏着丰富的信息，而且能够创造出新的概念。很多人冥思苦想不得答案的某个问题，结果可能在梦中、走路时突然被解决了，因此要随时记录灵感，不要让它消失，让它帮助我们走向成功。

第四，不断地进行自我暗示和想象。

如果你想要取得成功，就要暗示自己"我会成功，一定能够成功"；想要提高学习成绩，就暗示自己"我学习很好，一定能够取得好成绩"；想要身体健康，就要暗示自己"我身体很强壮，我没有病"。

这样不断反复地确认，你的潜意识就会接受这个指令，你所有的行动和想法就会自动地配合它，朝着这个目标前进，直到实现为止。

如果你重复的次数不够，或者不够坚定，也许就不会有效果，所以一定要不断地重复，这是影响潜意识最关键的一点。因此，想要实现目标，一定要记得重复。

大部分的人只注重外部世界，只有得到启发的人才会更多地关注内心世界。其实内心世界是极其重要的，它是人们的思想、感情，是它们造就了人们的外部世界。因此说，内心世界是人的创造力。所以，想要改变生活的外部世界，必须先改变内心。很多人盲目地在外部找原因，却没有弄清楚，真正的问题就在他们的内心。

生活在一个丰富多彩的世界里，人们的潜意识是非常敏感的，每个人都应该知道怎样使用它，它深深影响着你的思维和习惯，是一切创造的动力，拥有无穷的智慧和财富。

潜意识是情感和思想的根源

潜意识是人们情感的根源。如果想的是好事情，好事就会来找你；如果是坏事情，坏事就会找你的麻烦。这就是潜意识，一旦接受了一个指令，它就会执行，无论好坏，这关键就取决于你自己了，你要是积极地使用它，你收获的就是成功和美好；你要是消极地使用它，那么你得到的指定是失败和不幸。这就是你的潜意识给你的必然结果。心理学家和精神病专家都指出：当思想传递给潜意识时，在大脑的细胞中会留下痕迹，它会立刻去执行这些想法。

人们所遭遇的不幸，都是他们曾在内心设想过的，随之印在潜意识里的结果。如果你和潜意识进行了错误的交流，那么就赶快纠正它吧。给你的潜意识一个全新的、积极的、健康的习惯，让它帮助你改变现实世界。

要知道，人们的内心世界是有无穷智慧的，只要你知道你想要的是什么，坚信它是属于你的，就会慢慢得到它。想象一下，如果你想要的都变成你的，你会变成什么样。

人们每分每秒都在建造着自己的内心世界，这是生命最基本的活动，虽然它可能不被别人所知，也不被别人所见，但它却真实地存在着。

放暑假了，李明约朋友一起去划船游玩，但是这个朋友告诉李明自己晕船。一路上李明给朋友讲了好多笑话和故事，逗得他兴致勃勃，到了青岛码头，依旧意犹未尽。李明问："你怎么没晕船呢？"谁知话音未落，他"哇"的一声吐了出来。

这也正说明，心态消沉的人，其自身对自己身体和心理上的抑制力是相当弱的，而暂时的良好外界环境，也能激发他潜意识中最原始的乐观思绪，使他能够忽视心理和身体上的不适。但是一旦他没有把控好，让消极的心态占了上风，那么他的乐观情绪也将灰飞烟灭，身体上的不适也会接踵而来。看来，阻碍积极情绪的最大敌人，不是别人，正是自己的内心。人的内心说强大也强大，说弱小也弱小，关键是不要让消极的心态占上风。人应该学会乐观，从乐观的角度去看待自己和周围的事物。

古人说："不以物喜，不以己悲。"说的就是潜意识中要学会控制自己，不要让小事左右自己的情绪。

在生活中，潜意识有时就像个爱捉弄人的魔鬼，有时它能发挥积极的能量，有时它起的是消极的作用，关键是要意识到它的存在，并且尽量让它发挥积极的力量，抵制消极的影响。潜意识能够帮助人们走向成功，也能使人陷入消沉，关键看你怎么运用它。

要想实现你所希望的，最有效的方法就是借助潜意识之力。因此正确认识潜意识是通往成功的必经之路。在潜意识中注入期望，在现实中就会得到回报。只要你的内心一直肯定自己，就会逐步实现你的期望。

潜意识的力量是巨大的，当你有意识地去培养自己的潜意识时，它就会日益增强，就像一个拥有魔力的"魔鬼"。潜意识可以让原本弱小的人，在它的支配下，变成心理异常强大的人。

让潜意识帮你自信

在生活中，成功者总是能够克服困难，在成功的道路上前进一步又一步。每个人都有成功的权利，别人能做到的你也能做到，只要有信心去追求，就一定可以得到自己想要的。当你足够自信的时候，你的潜意识也很容易被激发出来。

王兴现在是学术界知名的教授、学者和演讲家，人们不仅为他渊博的学识所倾倒，也为他演讲时的魅力和挥洒自如所折服。但是他第一次登台演讲的时候，却十分紧张，想到要面对台下那么多的人，手脚直哆嗦冒汗，心想："要是到时候紧张了，忘词了怎么办？"越想越害怕、越紧张，甚至想就此逃跑。

正当王兴手足无措的时候，他的指导老师走过来，将一张纸塞到他的手里，轻声说道："这上面写着你的演讲稿，如果你一会儿上台时忘了词，就打开看看。"他握着这张纸，就像手中握着一根救命的稻草，上了台，开始了自己的演讲。

心里有了底，王兴就不慌了，他顺利地完成了此次演讲，获得了观众热烈的掌声。王兴去向老师道谢，老师却笑着说："其实我给你的，只是一张白纸，上面根本没有写什么稿子，是你自己战胜了自己，找回了自信心。"王兴打开纸一看，上面果然什么也没写。他感到很惊讶，手里的一张白纸，竟然在危急时刻给了自己力量，使自己最终获得了成功。原来自己握住的并不是什么白纸，而是自己的信心。也正是这次演讲让他读懂了自信的力量，并且这种力量一直激发着他在以后的路上前进。

当人对自己的能力自信时，这种自信就变成了人的一种潜意识，并且在一些日常的工作、生活中有意识地鼓励着自我，给自己以信心。久而久之，这种自信的意念会深深地根植到你的潜意识里，当人们再面临一些紧急时刻时，潜意识就会发挥能量，出于对自己能力的自信，潜意识里会觉得没有什么大不了，自己完全可以应付得来。

有些人十分害羞，不好意思跟别人说话，甚至也不敢直视别人的眼睛，所以给人的印象是冷淡、说话闪烁其词。其实这种身体语言传递的是一种害怕、胆怯。有时候，你的身体语言传达的意思会给人一些不好的印象，也许你自己并不是想要传达这样的信息，但是你的身体语言却出卖了你。

美国心理学家阿瑟·沃默斯认为，只要将身体语言做些调整，就能产生令人吃惊的直接效果。他使用了面带微笑、坦率开通、身体前倾、友善性的握手、眼睛对视、点头等来表现外在印象的亲切、随和。他宣称这将获得友好的回报，陌生人也不再那么可怕了。当然，要想变得胆大、自信则是一个长期努力的过程，特别对于一个胆小害羞的人来说，要使自己成为一个敢于尝试新领域、勇于迎接挑战的自信、乐观的人，还需要勇气和恒心！

一个人能够成功，首先是因为他自信，如果能够经常保持这种自信，那么自信也就变成了属于人的一种本能反应，也就是我们所谓的潜意识。

当你想做一件事情时，你会发现"好事多磨""一波三折""人生不如意事十之八九"等古话是多么有道理——确实，这个世界上没有容易的事情，总会有各种各样的困难和波折。完成一件事的难度总是会比我们一开始想象得要大。当你遭遇挫折和打击时，你会变得很脆弱，你会很想放弃，想"下次吧""这次算了吧"，其中最可怕的一种潜意识就是："算了，我做不到。我果然是做不成的。我没戏了……"这种消极的潜意识一旦出现，并且占了上风，人们的心理防线就会溃不成军。

这是非常可惜的。如果在这种时刻，能够自信起来，用积极的潜意识对自己进行鼓励："是挺难的，不过人生不就是这样吗，谁是容易的呢。这件事的确挺难做的，好好努力就成了啊。再试试吧。失败了也没什么，最后能做成功就可以。我看我这个人挺厉害，这件事其实也不过如此。我一定能做成。"这样往往能力挽狂澜。

如果一个人在潜意识中充满自信，对自己的能力和未来充满良好的想象，那么这个人成功的可能性就非常大。一个人的能力，往往是受自己潜意识中的"能力的尽头"所限制的。当一个人抛弃这种"限制"潜意识，他就能发挥出比以往更强的实力。这种"限制"潜意识，不仅是对自己潜意识的限制，更多是对自己能力的限制，它使人对自我的认知维持在一个界限内，使人的能力局限在这个限制内。打破限制意味着获得自信，也意味着"永无止境"。

Luck身高1.88米，双腿修长，弹跳出色，在16岁的时候被教练发现带入了跳高训练队。教练对他进行精心的培养，安排了一整套训练计划，从体能到爆发力、从理论课到过竿技术无不细心指点。

Luck进步神速，3个月的训练下来，他已经能够越过1.89米，成绩足足提高了20多厘米。教练非常高兴，因为再提高一厘米，自己的弟子就可以破市纪录了。可就是这一厘米，却成了无法逾越的障碍。教练想了各种各样的办法，诸如增强弹力、技术更新、补充营养。甚至物质刺激、精神鼓励等，但是两个月下来，Luck的成绩正常状况下只能维持在1.85～1.89米之间。这可把教练急坏了。

这天Luck又开始训练了，跳过1.86米后，教练直接将横竿升至1.90米。按照平时的习惯，横竿总是两厘米两厘米地往上升。此时，Luck并不清楚横竿的实际高度。第一次试跳失败时，教练大声呵斥："怎么连1.88米也跳不过去？"Luck第二次居然一跃而过！教练心中暗喜：原来心理作用有时大于生理和体能本身。他严守着秘密，直到Luck在这种特殊培训下越过1.92米时，才将一切告诉他。最终，Luck打破了比赛纪录。

很多事情，不是自己能力达不到，就像这个跳高男孩，其实他有足够的能力取得更好的成绩，但是他的不自信害了他，并且这种不自信长时间在他的心里渲染，变成了一种消极的情绪，进而进入自己的潜意识，在关键的时刻，潜意识就会告诉他：你不行，放弃吧！正是这样，人们事先就给自己埋下了"我不行"的种子，低估了自己的水平。

自信是相信自己能够成功，并坦然面对一切艰难险阻的心理状态，是一种健康、积极的个人品质。自信对每个人都非常重要，无论是面临生活的压力，还是生命的挑战，无论身处顺境还是逆境，自信都可以产生神奇的力量。拿破仑说："如果你想让一个胆小的士兵变得勇敢，只要告诉他，你信赖他，并且相信他是勇敢的，他就会变成一个勇敢的人。"给予他人信心，使他人自信，就可以发挥出他内心的能量。正是因为自信如此重要，所以更需要给自己内心植入这种自信的力量，刻意地锻炼自己，让这种自信转化为一种潜意识，只有这样，你才能够真正变得自信，无论何时何地。

人在人生的路上需要走很多路，过很多桥，攀登很多山峰，想要走得更远，就要对自己充满信心，这样才能在成功的道路上看到更多美好的事物或风景。

梦想不断引导潜意识

成功离不开梦想，它会引领你走向未来的发展旅途，它有着惊人的力量，会慢慢地强大起来，它会像变魔术一样，改变你的生活、你的世界。但是梦想的这种力量不是瞬间爆发的，而是需要从小愿望开始，一点点地升华，当你的体内集聚了强大的愿望时，你才能拥有实现这种愿望的强烈欲望和自信。

当回忆自己的童年时你会惊奇地发现，童年时期的信仰和行为习惯，现在依然存在于内心之中，影响着自己，它会时常浮现，深深地影响着现在的生活。每个人都有童年时代的梦想，有些人的童年梦想可能已经变为泡影，而有些人的童年梦想却开花结果，变成了现实，为什么同样是童年梦想，会有截然相反的两种结果呢？

小威廉姆斯在儿时就说下了大话，她要超越姐姐，事实证明她兑现了自己的大话。20年前，当威廉姆斯一家还居住在洛杉矶南部的坎普顿贫民区时，经济拮据的父母只能将他们的五个女儿塞进只有四张床的一间房里。这也就意味着，年纪最小的小威廉姆斯每晚不得不和她四个姐姐中的一位挤在一张床上。小威廉姆斯最喜欢和维纳斯在一起，从小，这位年长她仅仅15个月的姐姐就是她的最爱。

2007年，小威廉姆斯夺得了澳网赛上的第八个大满贯女单冠军。小威廉姆斯说："从我小时候开始，即便在我成为职业球员之后，人们总在不停地谈论维纳斯、维纳斯、维纳斯，人们认为我永远也不可能超越她。

事实证明人们的预想是错的，但却是我这辈子的最大动力。超越姐姐就是我努力的动力。"

小威廉姆斯的成功不是靠瞬间的能力爆发，她能够实现自己儿时的豪言壮语，可以看出是通过努力一步步靠近自己的愿望，并最终走向成功的结果。这说明愿望不分大小，也不分时间的早与晚，只要不断地去实现自己的每个小愿望来积累自己的经验和斗志，那么，这种坚持将会变成一种强烈实现自己愿望的潜能。

生活因为有了梦想而变得不同，因为梦想可以让我们不断地拥有更高的目标，不断地向上努力，正如别人所说的，"梦想有多大，舞台就有多大"。但是如果把梦想当成幻想，只想而不去做，那么它将永远只会飘在空中。

爱迪生为人类做出的伟大发明，还跟他小时候有着千丝万缕的联系。他小时候只上了几个月的学，就被辱骂为"蠢钝糊涂"的"低能儿"惨遭退学了。他眼泪汪汪地回到家，要妈妈教他读书，并下决心：长大了，要在世界上做一番事业。爱迪生在家里喜欢捣鼓一些奇奇怪怪的小实验，有时免不了要闹点笑话，出点小乱子。父亲就不许他再搞小实验，爱迪生急得直说："我要不做实验，怎么能研究学问？怎么能做出一番事业来呢？"爸爸、妈妈听了他的话，感动得只好收回"禁令"。

后来，爱迪生果然做出了一番事业，他把小时候的愿望变为了现实，实现了自己定下的一个个人生目标。

你认为爱迪生能够实现自己愿望的力量来自何处呢？当然也是来自于对实现自己儿时愿望的强烈渴望。但是这种力量不是偶然出现的，是他从小就在自己心里埋下的一颗种子。时刻告诉自己，你能行，只有朝着自己期望的方向努力，最后才能够走向成功，千万不要放弃。这样的一种声音时刻警告自己，久而久之，如果你的潜意识里存在着这种愿望，那么这种愿望就会投射到外部世界。

潜意识有一个很奇特的特点，它没有自己的主观想法，只是负责接收信息，不会帮你整理和挑选。所以，如果你认为自己是一个笨蛋，那么你就是一个笨蛋；但是如果你认为自己很优秀，那么潜意识就会接收你所发出的这个信息，让它在你的头脑中形成一个具体的概念，逐渐地你就会认为自己越来越优秀。简单地说，就是你选择什么，它就接受什么。给潜意识正确的信息，你就会取得成功；相反的，你就会失败，所以千万不要有"我不行"的这种想法，这种信息是非常可怕的，它会让你一事无成，甚至跌入失败的深渊，因为潜意识不会分辨真假，无所谓对错。

约瑟夫·墨菲是潜意识心理学的专家，他曾经这样说："如果能灵活地运用潜意识的力量朝正确的方向努力，就能够如你所愿地去操纵命运、愿望、财富及健康，并能步向幸福，我多年来都如此提倡着。"

如果想实现自己的愿望，那么，从小愿望就要开始，让自己实现愿望的意识逐渐强大起来。

既然潜意识的力量如此强大，那么在实现自己的愿望过程中，就要充分调动自己潜意识的作用，从点滴的小愿望开始。今天想把工作做好，得到老板的夸奖，那么就认真地去完成；最近喜欢上一个女孩，希望她能够成为自己的女朋友，不要退缩，勇敢地去追求和表白；希望自己可以成为一个有钱人，当然，只要你有了明确的规划，这个愿望也不难实现。通过一系列日常小愿望的积累，你慢慢会发现自己根本不用惧怕什么，很多愿望经过努力都可以实现。因此愿望其实不难实现，重要的是你能够在实现大的愿望前给自己集聚足够的力量，只有前期的努力，才能够换来大愿望的实现。

不过，需要注意的是，明确自己的愿望很重要。只有符合自己实际情况的愿望才能够有助于自己的发展，如果定的目标或者愿望过大，难以实现，反而会伤害到自己的信心。因此，如果希望培养自己在实现愿望方面的潜在意识，就需要一步步脚踏实地地去努力，而不是白日做梦。

不要灌输"不行"的暗示

在生活中，由于碰过壁，或者由于被别人不断灌输过某种"你不行"的理念，本来颇有能力的人，也容易产生"我不如人"的自卑感，最终干脆自暴自弃。应该警惕的是：所谓"事实证明我不行"，不过是几次偶然的挫折和失败，并不能代表人生的全部，更不能证明你会永远失败。通过摒弃消极情绪、壮大自己的内心，从而用自己的力量来改变外在条件，否定"事实证明我不行"，多试几次，你最终会得到自己想要的肯定答案。

在成长的环境中，很多人用一些肉眼看不到的链条系住了自己，甚至经常将这些铁链当成习惯，视为理所当然。就这样，独特的创意被自己抹杀，一幅好的作品也许被当成了垃圾，一个完美的表演让自己惭愧自责。紧接着，开始向环境低头，甚至开始认命、怨天尤人。其实，这一切都是自己心中那条链条在作祟罢了。既然如此，就要敢于当机立断，运用自己心中那股自信的力量去对抗消极和自卑的情绪，不让这种消极的幻觉刺激到自己的神经，进而麻痹整个大脑，让自己的好情绪一落千丈。

欧·亨利在《最后一片叶子》中，讲述了两个女画家去华盛顿写生的故事，其中一个叫琼西，在写生的时候不小心得了肺炎。她躺在旅馆的床上，忽然注意到窗外常春藤上的最后一片叶子，从此便认定这片叶子是她的生命的象征，叶子一落，她就要死了。有一天晚上，暴风骤雨突然来临，她想那片叶子一定保不住了，于是哭得很伤心。但是，第二天拉开窗户一看，那片叶子依然如故。于是，她十分高兴，病也暂时有所好转。其实原本的那片叶子早就掉了，她看到的是一个画家给她画在墙上的，但是正是这样，这片画出的叶子挽救了她。

通过这个故事我们可以明白，消极的暗示对人的影响力是很大的，如果人们暗示自己不舒服，身体不好，那么真的会觉得身体健康每况愈下。所以在日常的工作和学习中，要注意不要受到消极的环境暗示、言语暗示和他人的行为暗示，而应当用积极的自我暗示让自己产生勇气、产生自信，帮助自己更好地做事。

事在人为，运气、环境等外在因素某种程度上只是起了客观辅助的作用，但是强大的主观能动性仍然占主要的地位。例如一个乞丐，他觉得自己没有什么本事，只希望每天能够要到足够的饭，可以让自己饿不死，那么也许他一辈子就只能沿街乞讨；如果这个乞丐换种思考，虽然自己没啥本事，但是可以做些小生意，比如利用对当地交通的熟悉，通过给别人带路挣点钱，那么说不定这个乞丐10年后会成为旅游公司的老板。

一个人在山上救起一只幼小的山鹰。他把小鹰带回家，关在鸡笼里。渐渐地，这只鹰羽翼丰满了。那人把它抛向空中，可是山鹰却怎么也飞不起来，原来山鹰早把自己当成一只鸡了。最后，他想了一个办法，站在山顶上把它扔出去，为了保命，山鹰拼命扑打翅膀，终于飞了起来！

在生命的危急时刻，你最应做的，也是唯一能做到的，就是立刻调整自己的人生目标，要么生，要么死。就算是毫无希望了，也要积极笑对人生，与命运抗争到底，给自己画个圆满句号。

经常听朋友说："我这个人真笨。"本来是用来自嘲的一句话，但潜意识却认为自己就是愚笨的，接到这一指令，大脑就会自然地让你说一些笨话，办一些笨事，让你莫名其妙，不可思议。

小品《卖拐》中的卖拐者以行家里手自居，用一些貌似科学术语的语言就更有欺骗性。买者说自己"脸有点大"，言外之意是说自己的腿没有问题。卖者则说："那是腿部神经末梢坏死，把脸憋大了。""神经末梢坏死"可不是小事，放在谁身上心里也得"咯噔"一下。买者说：自己左腿没有毛病，只是小时候右腿摔过。卖者便说"那是转移了"。"转移了"这三个字是癌症晚期常出现的字眼，很有煽动性。让你把腿跺麻之后走一圈儿，肯定会有不适之感，因此买者对自己的腿有病就深信不疑。医学上证实人们对自己的健康方面的消极暗示，往往会带来近乎神奇的负面效果，如果觉得自己身体某个部位不舒服，经常这么暗示自己，那么久而久之，这个身体部位也许真的会发生病变。

有时遇到了一件不顺心的事，你心想"我怎么这么倒霉"，也许只不过是随便说说，可是倒霉这个信号，反复次数多了，就会进入你的潜意识，让你认为自己不是倒霉这么简单，而是自己命该如此，这就是"祸不单行"的原因所在。

知道这一点，就要注意自己的言行了，不要随便地把自己的消极幻想释放出来，让它来危害自己。有了好事，人们往往心情快乐，总想着发生更多的好事；而有些人碰到不开心的事，就会给自己运气不好的暗示，所以就有了这样的俚语："好事成双，厄运连连。"

某中年妇女为了休病假，就去医院开假诊断，说自己得了肾病。没想到她刚说自己得了肾病，她母亲就不舒服，带去医院一查，竟然是真的得了肾病。从此以后，她每天疑神疑鬼，一方面怀疑母亲的病是"自己咒的"，另一方面又觉得自己说自己得肾病，不是个好兆头。是不是暗示了什么呢？会不会是对自己的警告和预示呢？于是她逢人就说此事，每天都把这件事挂在嘴边，总是怀疑自己身体要垮了。上厕所也在想自己有没有可能真的得肾病了。渐渐地，她的身体真的开始不舒服，慢慢显示出了肾病的症状。但是去看医生，并没有实质问题。她没有因此而放松，反而变本加厉地怀疑。一年以后体检，她真的得了肾病。这时她反而放松了，逢人就说："我就知道！千万不要说自己有病啊，千万别自己咒自己，真的灵的！"

真的是这样吗？潜意识既然无法分辨是非对错，假如输入的都是一些恐惧、贫困或否定性的负面想法，潜意识就会认定你所要的愿望是你输入的负面想法，如果你总认为自己有病，潜意识就会认为你希望自己有病，那么它就会尽它所有的能力达成你想要的结果。所以，一定不要给自己进行消极暗示才是上策。

抵制消极的心理暗示

其实所有的消极情绪都是人们自己幻想出来的，假如你去超市买东西碰巧你要买的东西没有了，你会认为自己运气不好；长时间相处因为合不来女朋友跟自己分手了，你自卑觉得自己不适合恋爱；因为工作出了小差错被老板训了一顿，你甚至会认为自己不能胜任这个做了10年的工作。试想一下，如果你买的东西有货，是不是就是自己运气好呢？女朋友跟自己分手了，也许是女朋友觉得配不上自己？被老板挨训了，可能是老板太看重自己，对自己的期望高些？所有的事情都可能是因为客观原因而出现的，但是如果你内心不够强大，不够自信，你可能就把这种偶然的失败归结为自己的无能，从而产生一种叫作"消极"的不良情绪。这种情绪轻则会让自己一错再错，重则会让自己自暴自弃，耽误一生。所以一定要积极地抵制自己心里产生的消极情绪，以诱发自己的积极情绪，潜意识会告诉你，其实你是最棒的。

有时候听到别人夸奖你能力强，人踏实，你会感到信心十足，而且往往也会变得更加能干，别人对你的肯定增加了你行动的动力和期望，你的行为也会尽力去回报这一期望。

拿破仑·希尔说过："自我暗示是意识与潜意识之间互相沟通的桥梁。"也就是说，经常地进行自我暗示，可以将自己的意识转化为潜意识。并且可以通过有意识的自我暗示，将有益于成功的积极思想和感觉，深深植入到自己的潜意识当中，使其能在成功过程中减少因考虑不周和疏忽大意等招致的破坏性后果。通过自我成功的暗示，可以使自己具有成功力量的意识慢慢转化到自己的潜意识中，成为潜意识的一部分。所以，成功会有潜意识来辅助，自然变得更加顺利了。

可见心理暗示有好有坏，合理利用心理暗示，可以帮助自己成功，让自己实现原本实现不了的事情。如果别人的消极暗示影响到了你，你可以用自己的意愿去化解它。因为坏的暗示并不比难闻的气味可怕，只要你愿意，它们就可以迅速消除。但是如果你不能够进行自我控制，不能有意识地去抵消和制止这种暗示，它带来的危险有时是致命的。

在一次大雨过后，由于雨水的冲刷，泥土变得很松软，一处矿井受不了大雨的冲击而坍塌，把矿井的出口堵住了，6名矿工被困在里面。大家你看看我，我看看你，一言不发。凭借经验，他们知道自己面临的最大问题就是缺乏氧气，最终会导致死亡，在这个矿井里氧气最多能坚持4个小时。他们要尽可能在获救以前节省氧气，减少体力消耗。他们关掉了随身携带的照明灯，全部平躺在地上。

这时四周一片漆黑，很难估计时间，矿工当中只有一个人戴着手表。

因此所有的人都问他："现在几点了？过了多长时间了？还有多少时间？"

戴表的矿工就不断回答时间。滴滴答答，时间一分一秒地过去了，刚刚过去半个小时，大家已经问了十来次了。并且矿工们每问一次时间，就绝望一次，戴表的矿工想：这样下去不是办法，于是他说他每半个小时报一次，其他人一律不许再问。

又半小时过去的时候，矿工说："半个小时过去了。还有3个小时。"这时周围异常的安静。

戴表的矿工想：不行，不能让他们知道时间，这样大家没有被憋死，也要被自己吓死了。于是他隔了一个多小时才说："半个小时过去了。"实际已经过了一个半小时了。

第三次报时的时候，已经接近4个小时了。他说："2小时过去了。"

矿工们虽然焦急，但是毕竟还有2个小时，倒不至于绝望。剩下的人都在心里暗自计算距离出去的时间差。

但是戴表的人越来越感到窒息，他知道已经接近4个小时了。他很难受，害怕自己第一个死去。他偷偷把表向前调了2个小时。他说："我困了，我睡一会儿。你们谁帮我看着表报时。"

一个矿工接过了表。没有了表的矿工慢慢地睡着了。

当救援人员找到他们的时候，矿工们的表刚过去3个半小时。但是救援的人都不敢相信，居然只有一个矿工死去了，剩下的全活着——因为实际的时间已经过去5个半小时了——那个死去的矿工，就是睡着了的戴表的人。

当你对自己进行积极的暗示时，就能带来积极的影响，你就能发挥出超越平时的水平和能力。同理，当你对自己进行消极暗示时，你的身体就会服从这种暗示，这不仅会使你的内心变得弱小，也会使你的身体遵从内心的暗示衰弱下去。戴表的矿工谎报时间，给其他队友带来了积极的心理暗示，更重要的是他带给大家的是信心和力量，这种信心和力量使人们坚信：没事，不会死，时间还没到呢。反正现在是肯定没事的。当大家不知道真相，对自己和未来有信心的时候，潜意识认为自己现在不会死的时候，身体也就坚持下去了。积极的心理暗示可以成为一种内心的力量，这需要人们经常培养自己的自信心，只有在日常的事情中经常让自己得到锻炼，自我鼓励，学会不断对自己进行积极暗示，让自己一点一点地变得自信起来，那么在临危时刻，才能抵制消极的心理暗示，不让自己陷入绝望的泥沼，并且才能利用内心的力量，利用自我暗示的积极能量去渡过难关。

积极的心理暗示可以让一个人养成自信、乐观的意识，并且充分地发挥这些有用的意识，久而久之积极的自我暗示便能自动进入潜意识。但是具体该如何做呢？

要想将树立成功心理、发展积极心态这个总原则变成可以具体操作的方式和手段，就要通过心理暗示的作用来实现。因为心理暗示是人的自我意识中"有意识"和潜意识之间的沟通媒介。因此要经常通过积极暗示，让自信主动的电流与潜意识接通。

心理暗示的内容是具体的、实际的，要通过选择正确的目标来培养自己的潜意识，例如树立正确的学习目标，这样主要的目标将渗透在潜意识中，作为一种模型或蓝图支配你的生活和工作。

在生活与工作中，懂得使用积极的暗示，可以让事情更美好。所以我们经常要用积极的暗示提醒自己：我是最好的，我能做好这件事情，我一定可以成功，这样才能不断追求更高的境界，获得成功。

让潜意识执行你的愿望

潜意识存在于每个人的心里，你给它什么样的暗示，它就会去执行，不会辨别，也不会转变，所以说它是你愿望的最真实的执行者。潜意识藏在每个人的身体内，它很不容易被发现。它是个固定而活跃的心理程序的"发电厂"，人们通常意识不到，但是当在特定的情况下，它又会被激发出来，并且发出巨大的力量。

当你吃饭的时候，对于比较烫的食物你会本能地吹一吹再放进嘴里，当你看到高空坠落杂物的时候，你会本能地抱起头躲避，当你看到恐怖画面时会因为害怕自然地闭起眼睛，等你清醒后发现，为什么这些动作自然而然地就发生了，看着自己抱着头的双手，是否觉得自己很可笑？这就是潜意识的作用，是与生俱来的，是人出自自我保护的一种本能。但是也有一种潜意识是可以通过后天培养或者锻炼来改变和强化的，这类潜意识如果能够合理利用，会让你受益无穷，例如，你的潜意识很重要的一个作用——真实地执行你的愿望。它影响我们职业的选择、结婚对象的选择、健康状况的判断以及我们生活之中的每件事情，它在我们的一生中发挥着作用。一般人若没有得到特殊专业的协助，根本不可能完全认识自己的这一部分。

经常地偷懒和放纵自己，那么潜意识里会滋生一种叫作惰性的东西；经常地严格要求自己并坚持不懈，潜意识里就会滋生一种叫作勤奋的东西；经常地给自己鼓励和打气，潜意识里就会形成一种叫作自信的东西；经常自怨自艾、临阵脱逃，潜意识里就会形成一种叫作自卑的东西；经常地坚持实现自己的愿望，即使是一个个的小愿望，那么久而久之，当你再次需要通过自身的努力去实现自己的愿望时，潜意识会毫不犹豫地帮助你，因为在前几次的时候你都下发了立马行动的指令，那么它就像电脑一样，已经默认了这套程序，会毫无保留地支配你认真地去实现自己的愿望。

韩红的《天亮了》这首歌讲述了一个感人的故事：

一对父母在面对缆车失事的时候，靠两个人的力量举起了自己的孩子。最终他们都死了，却救了自己的孩子。为什么他们可以在如此危急的时候想到这样的方式救下自己的孩子呢？其实这其中正是潜意识发挥了作用。缆车下降的时候，对于他们而言，最担心的不是自己的存亡，而是年仅几岁的孩子，当这种人类最伟大的本能——父母之爱被激发出来，潜意识就会毫不迟疑地去执行，最终最真实地执行了一对充满了爱的父母的愿望。

相反，人类有时候一些邪恶的想法或者愿望，依然也会被潜意识真实地执行。但是这些邪恶的念头和愿望平时会被深深地埋藏在潜意识里，因此一般人并不知道自己的身上居然会有这些不道德的观念和欲望。如果有人自告奋勇地去告诉他这件事，得来的若不是不相信的嘲笑，也必定是最愤怒的眼神。根据精神分析学派的研究，每个人的潜意识都保有这个秘密，就是："为什么我是我现在这个样子？"是愿望就总会有要去实现它的欲望，当欲望达到一定的程度，就会激发自己的潜意识去执行，这也是为什么一些看似正义凛然的人，却做着见不得人的勾当。也许有时候这些做坏事的人冷静下来也会后悔，正如经常看到被公安机关抓获的犯人在狱中的悔过自新，但是因为他们的恶念在心中集聚太久，当看到时机成熟的时候，潜意识就真实地去执行了，也许是不经过主人大脑思考的，很多犯罪行为也都是这样酿成的。

　　两个刚初中毕业的少年，不求学业，专门替人"教训"他人，随意殴打学生。无知的他们不知道自己的"江湖义气"和所谓的"打抱不平"已经构成了犯罪，最终被依法判处。

　　这种青少年犯罪的案件屡禁不止，很大程度上都是由于个人没有树立起正确的人生观和价值观。这也跟父母和老师的教育有关系，当小时候父母不告诉孩子要乐于助人、拾金不昧，孩子偷了邻居的一个苹果父母说"好"时，那么这个孩子也许日后就会偷别人的汽车，因为他会认为，这样的做法是正确的，等到长大后，有了自己的是非观时，这种不良的潜意识已经形成了，因此一旦经过不好的引导，悲剧就发生了。

　　所以日常生活中，要经常给自己灌输一些优秀的思想，培养高尚的情操，树立正确的价值观。这样才会让潜意识认识到你的愿望是正面的，因此也会执行这些好的愿望。

为什么会产生心理错觉

比如说著名的两根线段，看上去不相等，但实际上它们是相等的。另外一个错觉图形会给人带来图片在动的错觉。即使我们强迫自己相信错觉是不存在的，也很难不感觉到视错觉给我们带来的震撼。

——于荣军

各种各样的心理错觉

有时候人们会产生各种各样的错觉，即我们的知觉不能正确地表达外界事物的特性，而出现种种歪曲。例如，太阳在天边和天顶时，它和观察者的距离是不一样的，在天边时远，而在天顶时近。按照物体在视网膜成像的规律，天边的太阳看上去应该小，而天顶的太阳看上去应该大。而人们的知觉经验正与此相反，天边的太阳看上去比天顶的太阳大得多。

我国古书《列子》中曾有记载：孔子东游，见两儿斗辩，问其故。一儿曰："日初出时大如车盖，及日中则为盘盂。此不远者小而近者大乎？"一儿曰："日初出苍苍凉凉，及日中如探汤，此不为近者热而远者凉乎？"孔子不能决也。两小儿笑曰："孰谓多知乎？"

这里所讲的近如"车盖"，远似"盘盂"的现象，就是错觉现象。

　　简单地说，错觉就是不符合刺激本身特征的错误的知觉经验。它与幻觉或想象不一样，因为它是对应于客观的和可靠的物理刺激的，只是似乎我们的感觉器官在捉弄我们自己，尽管这样的捉弄自有其道理。

　　在日常的生活中有着数不清的错觉。除了上例中的几何图形错觉外，还比如一斤棉花与一斤铁哪个更重？许多人会脱口而出，是铁更重，因为人们总是倾向于认为体积小的物体比体积大的物体更重一些，这就是所谓的形重错误。再如，听报告时，报告人的声音是从扩音器的侧面传来的，但我们却把它感知为从报告人的正面传来。又如，在海上飞行时，海天一色，找不到地标，海上飞行经验不够丰富的飞行员因分不清上下方位，往往产生"倒飞错觉"，造成飞入海中的事故。另外，在一定心理状态下也会产生错觉，如惶恐不安时的"杯弓蛇影"，惊慌失措时的"草木皆兵"，等等。

　　关于错觉产生的原因虽有多种解释，但迄今都不能完全令人满意。这是一个相当复杂的问题。客观上，错觉的产生大多是在知觉对象所处的客观环境有了某种变化的情况下发生的；主观上，错觉的产生可能与过去经验、情绪以及各种感觉相互作用等因素有关。

　　比较多的解释是从人本身的生理、心理角度出发，比如把错觉归因于是同一感觉分析器内部的相互作用不协调或多种分析器的协同活动受到限制，提供的信号不一致。但是，外在因素同样也会引起我们的错觉。曾有一个实验，分别从富裕家庭和贫困家庭挑选 10 个孩子，让他们估计从 1 分到 50 分（美元）硬币的大小。实验发现，来自贫困家庭的孩子比来自富裕家庭的孩子要高估钱币的大小，尤其是 5 分、10 分和 25 分值硬币。而当钱币不在眼前只靠记忆估测或者把钱币换成相同大小的硬纸板时，则高估情况会急速降低。这个实验形象地证实了在不同家庭环境中形成的态度和价值观对知觉有不可忽略的影响力。

　　错觉虽然奇怪，但不神秘，研究错觉的成因有助于揭示人们正常客观世界的规律。研究错觉，可以消除错觉对人类实践活动的不利影响。如前述的"倒飞错觉"，研究其成因，在训练飞行员时增加相关的训练，有助于消除错觉，避免事故的发生。此外，我们还可以利用某些错觉为人类服务。人们能够通过控制错觉来获得期望的效果。建筑师和室内设计师常利用人们的错觉来创造空间中比其自身看起来更大或更小的物体。例如一个较小的房间，如果墙壁涂上浅颜色，在屋中央使用一些较低的沙发、椅子和桌子，房间会看起来更宽敞。美国宇航局为航天项目工作的心理学家们设计太空舱内部的环境，使之在知觉上有一种愉快的感觉。电影院和剧场中的布景和光线方向也被有意地设计，以产生电影和舞台上的错觉。

错觉的产生是普遍存在的"正常现象"：一方面，只要产生错觉的条件具备，同一个人在任何情况下都会产生同样的错觉；另一方面，在一定的条件下，错觉的产生对任何人来说都是一视同仁的。

对一个人来说，产生错觉是一种正常的知觉。那么，是什么因素导致了错觉的产生呢？原因比较复杂，通常有以下几个方面：

首先，生活环境和条件会影响我们对同一事物的感觉。同样一餐饭，分别让一个来自贫困家庭的儿童和一个来自富裕家庭的儿童来吃，会吃出不同的感觉：在多数情况下，前者会觉得味道更好，而后者对这个味道的评价则会差许多。同样这俩儿童，因学习成绩较好分别获得100元的奖金时，前者会比后者感觉得到的更多。

其次，错觉的产生，与我们的生理构造息息相关。某些几何图形错觉，可能是视觉分析器内部的兴奋和抑制的诱导关系造成的。这种关系可能会造成视觉的某些错位现象。

再次，过去的经历，也会导致我们对当下的处境产生错觉。人们对事物的知觉是在自己过去经验的基础上形成的，当目前发生的情境与过去的经验相矛盾时，如果仍然按照经验习惯去知觉当前的事物，那么就容易发生错觉。

虽然，错觉的产生是不可避免的，但并不等于说人不能正确地认识客观事物，相反，利用错觉能够帮助我们更好地认识周围的世界。近年来，人们在对错觉现象进行理论研究的基础上，已经将视野转到利用错觉理论进行产品的研究开发上。目前，错觉已经在电影电视、广告制作、服装设计、商品装潢、军事工程等实际生活的各个领域得到了广泛应用。这些都将利用错觉的原理，为我们呈现一个更契合我们感官体验的世界。

时光飞逝与度日如年

不知道你是否留意过，当你做你喜欢的事情时，你觉得时间过得很快，可以说是时光飞逝；当做一件你不喜欢的事情时，你如坐针毡，觉得时间过得很慢，似乎都过了一个小时了，可实际上才过了 10 分钟。这是因为你对时间的知觉发生了错误，我们对时间长短的感觉，会因在这个时间内所做的事，而产生不同的错觉。

时间错觉是指对时间的不正确的知觉。由于受各种因素的影响，人们对时间的估计有时会不符合实际情况——有时估计得过长，有时估计得过短。

一般地，当活动内容丰富，引起我们的兴趣时，对时间估计容易偏短；当活动内容单调、令人厌倦时，对时间的估计容易偏长。当情绪愉快时，对时间的估计容易偏短；情绪不佳时，对时间的估计容易偏长。当期待愉快的事情时，往往觉得时间过得慢，时间估计偏长；当害怕不愉快的事情来临时，又觉得时间过得太快，时间估计偏短。

此外，人们的时间知觉还具有个体差异，最容易发生时间错觉现象的是儿童。

人们对时间的错觉容易使人想起爱因斯坦的相对论，关于相对论，爱因斯坦有一个精妙的譬喻，对它进行了简单而恰当的概括。他是这样说的："当你和一个美丽的姑娘坐上两小时，你会觉得好像只坐了一分钟；但是在炎炎夏日，如果让你坐在炽热的火炉旁，哪怕只坐上一分钟，你会感觉好像是坐了两小时。这就是相对论。"

和美丽的姑娘聊天，当然是甜蜜的体验，人人都希望它能长时间持续下去；相反，炎炎夏日，在炽热的火炉边烤着，分分秒秒都是煎熬，好像受刑，就希望它赶快结束。也许正是因为自己的主观愿望和实际情况的比较，我们才产生了这两种截然相反的时间错觉。我们平时所说的"欢乐嫌时短""寂寞恨更长""光阴似箭""度日如年"，也是这种情况的表现。

下面的这个故事会让你更加深刻地体会时间错觉，故事的主人翁叫罗勃·摩尔，他这样回忆：

1945年3月，我正在一艘潜水艇上。我们通过雷达发现一支日军舰队——一艘驱逐护航舰、一艘油轮和一艘布雷舰——朝我们这边开来。我们发射了3枚鱼雷，都没有击中。突然，那艘布雷舰直朝我们开来（一架日本飞机把我们的位置用无线电通知了它）。我们潜到150米深的地方，以免被它侦察到，同时做好了应付深水炸弹的准备，还关闭了整个冷却系统和所有的发电机器。

3分钟后，天崩地裂。6枚深水炸弹在四周炸开，把我们直压海底——276米深的地方。深水炸弹不停地投下，整整15个小时，有一二十个就在离我们50米左右的地方爆炸——若深水炸弹距离潜水艇不到17米的话，潜艇就会被炸出一个洞来。当时，我们奉命静躺在自己的床上，保持镇定。

我吓得无法呼吸，不停地对自己说："这下死定了……"

潜水艇里的温度几乎有40度，可我却怕得全身发冷，一阵阵冒冷汗。15个小时后攻击停止了，显然那艘布雷舰用光了所有的炸弹后开走了。

这15个小时，在我感觉好像有1500万年……

惊人的恐怖给人造成了巨大的时间错觉，恐怖的感觉给人带来的不只是"度日如年"。

在一个时间周期内，人们往往感觉到前慢后快。比如，一个星期，前几天相对于后几天感觉慢，过了星期三，一晃便到了星期天。一段假期，前半段时间相对后半段显得慢，当过了一半时间，便觉得越来越快。所以有人说："年怕中秋日怕午，星期就怕星期三。"这种现象的原因是：在一段时间的前期，你觉得后面的时间还很多，就不着急，就感到时间慢；越到后来，你越感到时间所剩不多，越感到着急，也就觉得时间过得快。

在人的一生中也有这个规律，人在童年时代感到时间过得慢，就像歌里唱的，"那时候天总是很蓝，日子总过得太慢"，因为你觉得以后的时间还有的是。等到老了，尤其过了30岁，就开始感到时间不那么多了，就开始着急，也就觉得时间过得快了。

其实，时间并不像我们想象的那样充裕。在任何时候，珍惜时间都是必要的。

第六感的神奇能力

所谓的第六感，就是除了视觉、听觉、嗅觉、触觉、味觉之外的第六感"心觉"。通常我们都是通过感官（五感）——眼（视觉）、耳（听觉）、鼻（嗅觉）、舌（味觉）、肌肤（触觉）来感知外在的世界。但也有一些人提到，我们拥有第六感，能够超感官地感知周围事物。

仔细留意一下我们的生活中，第六感或说是超能力是普遍存在的。比如，我们走进一个房间，会自觉地感受到哪些地方有问题，有差异，并且从细小的地方，我们就可以感受到一些东西，并能得到一个整体的印象，虽然我们并不能用语言表达出来。或者，我们准备做什么事情的时候，会预料到有什么事情发生，而在我们进行的时候，真的发生了！

许多人都认为这就是第六感或直觉，它超出了一般的视觉、听觉、触觉等的范围，是神秘的、无法解释的。事实上，直觉和第六感背后是有原因的。

首先，相对理性来说，我们身体的感性要敏锐得多。

其次，我们的潜意识时刻在帮我们搜集信息，可能在我们还没有察觉的时候，潜意识已经通过这些信息得出结论，并谨记在心。

但是，无论如何，在这些事情的背后，都有大脑无形的运作。我们得到的直觉，更多的是大脑从生活中进行推演的结果，这个过程是在大脑感知区域进行的，而不是认知区域，所以我们并不能理解为什么是这样，但我们却实实在在地觉得会是这样。

关于这个问题，17世纪的哲学家兼数学家帕斯卡说过这样一句话："心灵活动有其自身的原因，而理性却无从知晓。"经过4个世纪，这一观点得到了证实，并且得到了进一步的确认。要知道，在我们的思维中，自动的那部分要比主动的部分多很多，我们是难以把握这些自动的思维的。

而这些自动思维的外显，便构成了生活中的直觉。

同时，生活也为直觉提供了"土壤"。当我们面对一些危险事情的时候，大脑就会从那些已经得到的"生活"中给我们一些警告。比如，当我们害怕某个人的时候，身体就会在大脑的支配下，出现一系列不舒适的信号：起鸡皮疙瘩、手心出汗、胸口发冷、恶心等。相反，如果我们面对某个安全人物的时候，身体就表现得比较舒适，比如身体感到温暖、肩膀放松，整个身心都会比较轻松舒服。

由此看来，直觉并不是可以呼之即来，可以随时帮我们做出判断的。直觉需要我们积累一定的生活经验，才能对新情况迅速做出反应。毕竟所有的直觉都不是偶然获得的，是我们长期积累的结果。这就是为什么象棋大师一眼就可以看到什么是关键的棋子，而新手却要经过很长时间的磨炼，才会有这样的直觉。在这里心理学家给我们提供了一些锻炼和启发直觉的小窍门：

质疑日常的思维方式和对传统问题的处理方法。

回忆自己的经验。

有勇气去冒险。

随身携带一个小本子，捕捉自己瞬间的猜测，记下来。

让思维紧张。

与其他人交流。

详细地陈述问题。

总之，第六感或直觉也是感官功能的一种，如果我们能科学对待，努力训练，让自己的感知能力更全面、更敏锐，那么当我们处于两难之中，用知性和理智难以解决问题的时候，也许直觉可以派上用场，帮我们做出一个真正符合自己心理需求的选择。

幻听是耳朵出问题了吗

在手机没有设置振动功能的情况下，你能感受到你的手机在振动吗？那种"吱吱"的吵闹声，像虫子在叫一样，甚至你的身体也感受到了一种持续的轻微的震颤。正常人很难有这种体验，可是在心理咨询与治疗室，这样的诉说并不是稀罕事。

小张在半年前听力出现一些异常：有时明显听见手机在震动，拿起来一看，却什么也没有；有时埋头工作，突然听见旁边有人叫她，猛的一抬起头，却谁也没有。小张心想，可能是工作太繁忙，压力太大，才会出现这种情况，所以，也没有特别重视。谁知道，半年过去，这种幻听却变本加厉，最近，她常常听到一个人在肚子里骂她，这不仅引起小张心理的恐惧感，也让小张变得心神不宁，难以集中精神做其他事情。

是小张的耳朵出问题了，还是她身体的其他部分有毛病？我们先来了解一下幻听。

幻听就是现实环境中根本就没有这种声源，但患者却实实在在地感受到了某些声响，一般的幻听患者听到的声音主要是人的说话声。其次，幻听还伴随着身体其他的幻觉，比如该患者经常听到有人在旁边喊他的名字。通常，过度疲劳、精神极度紧张和惶恐等情况下，容易出现幻听。

当然，以上提到的怪现象只是幻听的部分症状。心理学家经过大量心理学和医学上的临床资料观察，总结出了幻听病人的一些症状：早期，幻听出现次数较少，幻听的虚幻程度较接近真实世界；随着病情的发展，幻听频率上升，内容也变得离奇古怪。在这种大量的虚幻刺激下，患者的精神能量逐渐耗竭，他们再也没有能力分辨出自己到底生活在一个什么样的世界了，感觉自己就像生活在一个梦幻的世界里。一般幻听病人听到的语言多是针对他们自己的，大部分是对他们的议论、批评、命令、攻击等。患者在这些声音的主导下可能去伤害别人或自己。这个时候，患者对于社会来说就成了危险人物，需要接受治疗才行。

幻听深入发展，还伴随着患者和虚幻中的声音的争吵，但在我们看来，他是在自言自语，并伴有脸部肌肉痉挛、精神起伏剧烈的症状。精神分裂症的幻听，往往是随疾病发展而发展，不经治疗很少能自动消失。经过治疗后，幻听随病情好转而逐渐减少，患者对幻听的态度逐渐淡漠，最后幻听消失。幻听的重新出现，往往预示着病情的波动与复发。

此外，幻听的临床表现还分为假幻听和真幻听。通常假幻听患者认为声音不是来自外部，而是来自他的身体内部，比如他的腹部、头部等，他会指着自己的肚子说："你听，他们在开会，商量如何杀死我呢！"而真幻听患者听到的，声音是真实的，他会说："你听，就在门口，那个男人又开始骂我了。"门口确实有个男人在说话，但是并没有骂他。精神分裂症患者的幻听大多为真幻听，也有一些假幻听。

看到各种幻听的怪现象之后，我们不禁要问，幻听是怎样产生的呢？为什么会出现这些奇怪的声音，混淆我们的听觉呢？

心理学家认为，幻听是大脑听觉中枢对信号错误加工的结果。我们生活在一个满是声音刺激的世界，正常人对不同的声音都能给予合理的加工，而幻听患者却错误地加工和解释了这些声音。幻听者是对声音世界进行了主观改造与加工，是加工系统混乱造成的，比如声音刺激和过去的记忆会产生混淆，导致患者的时间感混乱，内外世界混乱，导致对声音来源的判断错误，从而表现出离奇的行为。

如果我们常常感觉手机在震动，实际却什么也没发生时，可不要轻易一笑了之，而应慎重对待。如果还伴随有其他的幻听现象，应尽快去心理咨询中心或精神治疗场所进行诊断，将症状遏制在初始阶段，不要让事实上并不存在的声音打乱了我们原本正常的生活。

直觉的来源依据

我们在观察和认知事物的过程中，通常会受颜色和形状的影响。一般情况下，我们会凭直觉进行判断，选出自己中意的商品。不过，每个人的直觉"依据"都有所不同，有人受形状的影响比较大，有人则受颜色的影响比较大。前者被称为"形型人"，后者被称为"色型人"。

小洋洋四五岁的时候，对色彩特别敏感，母亲给他买了一整套的涂色画册和各色彩笔，他十分高兴。每天他都在画册上涂涂抹抹，乐此不疲，甚至连家里干干净净的墙面也成了他色彩涂鸦的广阔天地。

但奇怪的是，随着小洋洋的逐渐长大，他的喜好也有了一百八十度的转变。他对彩色图画的兴趣正在慢慢变淡，而开始喜好上素描、漫画，也不太追求五颜六色，一根铅笔他也能画得不亦乐乎，并且，在他的涂鸦作品中，也出现了各种多样的图案。

小洋洋为什么会出现这种"成长的变化"呢？其实，这是正常的知觉变化发展过程。

根据现有的研究结果可知，人类的大脑在发育过程中，对颜色的认知要早于对形状的认知。一般来说，9岁以下的儿童大部分都属于色型人，他们对色彩相对敏感，能迅速地记住各种颜色，并试图将其表现出来。色彩，是这个阶段的儿童认识外部世界的最直观途径。但到了9岁左右，大多数儿童会转变为形型人，他们开始被形状吸引。形状取代色彩，成为他们观察世界的重点。这种转变将一直保持到成年后，因此，大多数成年人都属于形型人。

当然很多时候，对色彩或形状的"偏爱"也会因人而异。比如，选择一件商品时，如果功能、品质、价格完全相同，我们会根据什么做出选择？是颜色，还是形状？答案并不总是偏向形状。

有心理学家对此做了相关的调查研究，结果表明，男性中形型人略多，而女性中色型人稍多。从年龄段上进行分析，二三十岁的女性中色型人居多，尤其是30多岁的女性，色型人的比例达到70％。可见，成年人中女性色型人的比例较高。对此，心理学家的解释是，日常所见的事物对大脑的发展会产生刺激，而现代社会中，色彩比以前要丰富得多。身处色彩缤纷的世界中，人对颜色也会变得敏感，色型人也因此增加。

在实验调查过程中，心理学家还发现了一个有趣的现象：假如一个人的主要工作是绘制色彩丰富的图案，那他与颜色相关的细胞一定相对发达。而长年看某种特定形状的人，对该形状产生反应的细胞自然发展迅速。

可见生活环境和自身经历，也会影响我们大脑对色彩和形状的敏感度。其实，对环境做出反应的这种大脑系统，并非人类的专利。有实验表明，在正常环境中喂养动物，动物对各种光的刺激做出反应的细胞均得到发展。在竖条纹的房间中喂养动物，动物只有对竖条纹做出反应的细胞得到发展，而对横条纹做出反应的细胞几乎不存在。

这就是为什么生活环境相同的人，比如夫妻、兄弟姐妹、朋友同事，多属于同一类型。因为生活环境相同的人，常常看到的都是一样的颜色和形状，对颜色和形状产生反应的细胞发达程度也大体相当，从而产生了对色彩或形状相类似的偏好。

那么，我们的成长经历和生活环境影响了我们对色彩和形状的感知，那么反过来，对色彩或形状的感知又会对我们自身的成长产生什么样的影响呢？色型人和形型人之间又有什么差别呢？很多心理学家进一步研究了这两类人的性格差异。

德国精神病理学家恩斯特·克雷奇默在性格分析研究领域颇有建树，而他的学生们则对色型人和形型人的性格差异进行了研究，并搜集到大量有价值的数据。根据他们的研究成果可知，容易受形状影响的人不善言谈，社交是他们的弱项；而容易受颜色影响的人，性格开朗，善于交际。

但是，也有持相反意见的，认为色型人趋向内向，神经敏感，形型人则性格爽朗。对于这些认识上的差异，我们不必要深究。重要的是，了解其中的原理，并能在平时的生活中，有意义地去提高对色彩和形状的感知，尤其是在幼儿的培养和智力的开发过程中，多让孩子接触五颜六色的东西，多给孩子玩不同形状的玩具，这些都有利于刺激他们大脑对色彩和形状的感知，促进其智力的发育。

似曾相识的感觉因何而来

在我们的生活中，不管是看人、看事还是看景，经常会有"似曾相识"的感觉。也就是说，在现实环境中（相对于梦境），我们会突然感到自己曾经亲身经历过某种画面或某些事情。在心理学上，这种体验被称为

"既视感"。

　　看过《红楼梦》的人，应该都记得宝玉与黛玉第一次相见的场景：

　　宝玉看罢，笑道："这个妹妹我曾见过的。"

　　贾母笑道："可又是胡说，你又何曾见过他？"

　　宝玉笑道："虽然未曾见过他，然我看着面善，心里就算是旧相识，今日只作远别重逢，未为不可。"

　　宝玉在黛玉身上找到似曾相识的感觉，这种经历其实几乎在我们每个人身上都发生过。有些人即使第一次见面，却莫名地觉得亲切和熟悉，仿佛已经认识很久了。为什么会出现这种情况呢？是不是真如一些人所说的存在前生往世呢？

　　关于这种体验出现的原因，前生往世我们无法做考究，倒是医学家和心理学家们做出了下面一些解释。

　　首先，似曾相识源自大脑的错误储存。医学上对"似曾相识"有这样一种解释：每个人的大脑都会有一个记忆缓存区域，当你看到一些事情的时候，会把这些记忆先放到缓存区里面。但有的时候，大脑会把这些记忆储存到错误的地方——历史记忆区。于是当我们看着眼前的事情，就会感觉自己好像看到过一样。尤其当我们疲劳的时候，这种现象更容易发生。

　　其次，似曾相识是过去的记忆惹的祸。心理学家认为，似曾相识感的出现可能是因为我们接收到了太多的信息而没有注意到信息的来源。生活中，我们所经历的事情很多很多，有的我们会刻意记下来，但有的我们却不会在意，这些记忆就变成了无意识的记忆。而当我们面对新的事物和情景的时候，这些事物会刺激我们储藏在大脑里的一些记忆，让我们曾经经历的记忆与现状进行匹配，于是似曾相识的感觉便产生了。

　　再次，似曾相识是现实与虚拟信息的产物。有一些心理学家也认为，我们未必都真的经历过那些"相匹配"的事情。但是，我们做过相匹配的梦，看过相匹配的小说、电视、电影，它们通过各种虚拟的场景，给我们提供"相匹配"的信息。于是，当我们在面对一些与这些虚拟信息相符合的场景的时候，便会突然想起我们忘记的梦，或者是忘记的小说、电视、电影的情节。这样，便产生了似曾相识的错觉。

这也就是为什么那些经常在外旅游的人、喜欢电影小说的人和想象力丰富的人，似曾相识的感觉在生活中会来得更加频繁。因为他们的信息来源要远比其他人多。

除了以上这些人容易产生似曾相识的感觉，有关研究结果还发现有以下特点的人，也比其他人更容易出现似曾相识的情况。

一方面，情绪不稳定的人更容易出现似曾相识的现象。这是因为与情绪相关的记忆我们会更容易记住。所以，曾经的恋人在很多年后，还记得分手前说过的话、经历的事，甚至连一个动作也那么历历在目。

另一方面，青年人和更年期的人，相对于年幼和年老的人，更容易出现"似曾相识"的感觉。这和人体的内在状况有很大关系，由于内分泌剧烈变化，情绪不大稳定，记忆也就变得活跃起来，那些无意识的记忆，不需要去想，就可以深刻地映现在我们的大脑里。

但值得注意的是，过于强烈、过于频繁的"似曾相识"并不好，它意味着储存记忆的脑细胞正遭受着强烈刺激，而这很可能是癫痫的前期症状。所以，在我们的生活中，要细心体察自己的情绪和感觉，学习相关的心理学知识，当出现奇怪的感觉时，可以科学地给自己一个解释。就像对待似曾相识的感觉，既不要将其说得玄乎其玄，也不要忽略其存在，如果频繁出现这种感觉，及时地咨询有关心理专家是最安全的做法。

第一印象为什么很重要

有一个实验，心理学家设计了两段文字，描写一个叫吉姆的男孩一天的活动。其中，一段将吉姆描写成一个活泼外向的人，他与朋友一起上学，与熟人聊天，与刚认识不久的女孩打招呼等；另一段则将他描写成一个内向的人。

研究者让有的人先阅读描写吉姆外向的文字，再阅读描写他内向的文字；而让另一些人先阅读描写吉姆内向的文字，后阅读描写他外向的文字，然后请所有人评价吉姆的性格特征。

结果，先阅读外向文字的人中，有78％的人评价吉姆热情外向；而先阅读内向文字的人中，则只有18％的人认为吉姆热情外向。

在与人的接触中，我们给别人的第一印象——指与人第一次交往时给他人留下的印象，在对方的头脑中形成并占据着主导地位。而第一印象在7秒之内就可完成，这种印象会记忆得非常深刻，同时对整体的综合评价有着不可小觑的作用。

所以，人们对我们形成的第一印象，日后往往很难改变，而且人们会寻找更多的理由去支持这种印象。有的时候，尽管我们的表现并不符合原先留给别人的印象，但人们在很长一段时间里仍然会坚持对我们的最初评价。

我们既然了解了第一印象的重要性，那么，应该怎样做才能给人留下良好的第一印象呢？一般来说，想给他人留下良好的第一印象，要牢记以下5点：

1. 讲信用，守时间

现代社会，人们对时间愈来愈重视，所以，许多人往往把不守时和不守信用联系在一起。所以，我们最好避免第一次与人见面就迟到。

2. 显露自信和朝气蓬勃的精神面貌

自信是人们对自己的才干、能力、个人修养、文化水平、健康状况、相貌等的一种自我认同和自我肯定。一个人要是走路时步伐坚定，与人交谈时谈吐得体，说话双目有神、目光正视对方、善于运用眼神交流，就会给人以自信、可靠、积极向上的感觉。

3. 言行举止讲究文明礼貌

语言表达要简明扼要，不乱用词语；别人讲话时，要专心地倾听，态度谦虚，不随便打断；在听的过程中，要善于通过身体语言和话语给对方以必要的反馈；不追问自己不必知道或别人不想回答的事情，以免给人留下不好的印象。

4. 微笑待人，不卑不亢

第一次见面，热情地握手、微笑、点头问好，都是人们把友好的情意传递给对方的途径。在社会生活中，微笑有助于人与人之间的交往和友谊。

5. 仪表、举止得体

脱俗的仪表、高雅的举止、和蔼可亲的态度等是个人品格修养的重要部分。在一个新环境里，别人对我们还不完全了解，过分随便有可能引起误解，以致产生不良的第一印象。当然，仪表得体并不是非要用名牌服饰包装自己，更不是过分地修饰，而是给人一种清新爽朗的舒适感。

我们在与陌生人见面的时候，往往会精心打理一番，掩饰自己平时的性格或外形缺陷，突出自己的优势。这种行为看似平常，不过，现在看来，也是有心理规律可循的。

现在发生的是我过去梦到的

很多人可能有这样的经验，感觉在梦中获得了有关远处或隐藏在后或与此同时的事件的信息，这种超感知觉一般包括两种感应：一种是预言性的心灵感应，即做了梦，在后来的某时某地竟发现一种现实景象跟梦中出现的景象一模一样，这种现实景象就是预言性的心灵感应；另一种就是在时间上梦中的景象与现实某处发生的景象完全吻合的心灵感应。

莱因夫人的著作《生活中和实验室中的透视》中记录了一个有关梦的超感知觉的例子。这是杜克大学超心理学家实验室收到的一位来自明尼苏达州的女性的报告：

事情发生在 5 年前，当时我只有 18 岁。一天晚上我睡得很不安稳。早上醒来时，我清楚地记得自己在夜里做了一个梦。我醒来时常常记得自己做过的梦，但是这个梦使我特别烦恼。梦境是这样的：当时我母亲睡在起居室里的一张折叠床上，我则睡在毗邻的一间卧室里，后来，我们一起看着那张折叠床，床上躺着母亲的一位朋友。什么东西都很准确，我和母亲都以同样的姿势站立着，她呜咽着说了8个字："她是我最好的朋友。"

可是，在这个梦后的一个月，发生了一件截然相反的事，我的母亲因心脏病复发而在睡眠中去世。我被她的喘息声惊醒，立即通知了医生和她的那位朋友，医生先赶到，他告诉我母亲已逝世。而那位朋友这时走进了屋，当时，我俩站的位置恰如那晚的梦一样，只不过角色有了互换，躺在床上的是我的母亲，而她也用同样的语调说了同样的话。

古时，人们将梦视为异己的力量、神明的暗示，常常从梦中卜知未来的事件，以决定自己未来的行为。随着梦的研究越来越多，梦的价值也曾成为一个极具意义的话题。梦本身还有许多有待发掘的奥秘，但无论是过去的重演还是生活的警示，梦总是潜意识浮出水面的小舟，是一面展示人的内心世界的镜子。

这种情况下，很多人将梦看作是一种超感知觉。超感知觉又被人称之为"第六感"，埋藏于意识之下，是潜意识的东西，包含了人内心深处所有没有意识到的东西。超感知觉可以让人获得有关远处或隐藏着的事件的信息。其实，这种梦的预示作用，是在我们日常生活信息积累的前提之中，对我们生理活动或者心理活动的一种暗示，或者说是表现。我们常说日有所思夜有所梦，在对某一特定事件长时间的思考中，我们的大脑或许会以梦的形式来对这种思维活动做出反应。比如，我们梦到自己赤身裸体地走在校园或者家里，这其实是一种希望自己的能力、才华或者技术得到展示、发挥、重用的一种表现形式。同时，很多时候，当我们的生理机能出现了某种问题，我们的大脑也会用梦来提醒我们。

弗洛伊德认为："古老的信念认为梦可预示未来，也并非全然没有道理。"荣格也曾对梦的预示作用发表过这样的言论，"这种向前展望的功能……是在潜意识中对未来成就的预测和期待，是某种预演、某种蓝图或事先匆匆拟就的计划。它的象征性内容有时会勾画出某种冲突的解决……"

　　阿德勒认为，梦的预示作用，其实就是人们未来生活的预演，为人们以后的生活提出心理警示。非现实的或象征性的梦也不一定如实地反映客观事件。在这类梦中，梦者随意而自由地选择想象，结果是，梦的意义不能像现实想象中的那样一目了然。它能带来多么完善的观念取决于幻想离信息诸项本身有多远。

　　但是，梦作为一种思维活动，对于从事艺术或创意类职业的人或许会有一些帮助。梦境之中常常会出现现实生活中不可能出现的景象，梦中无边的想象力和创造性信息，可以作为一种发挥创意的小技巧。我们应学会利用梦境。这样的话听起来似乎有点玄乎，但是，现实生活中也的确可以行得通。当然，这只是一个取巧的技巧，不能作为解决生活问题的主要手段。

第五章

大多数人实际上并不理性

人生苦短，匆匆几十年，在这个世界上，没有什么是我一定要拥有的，也没有什么是我无法忘记的。我尽可以放开那些在我们生命中无法长久存留的，不去钻进欲望的沼泽。

——林语堂

源于好奇的潘多拉效应

无法知晓的事物，比能接触到的事物更有诱惑力，也更能强化人们渴望接近和了解的诉求，这是人们的好奇心和逆反心理在作怪。

古希腊神话中的普罗米修斯盗天火给人间后，主神宙斯为惩罚人类，想出了一个办法：他命令火神赫菲斯托斯制作了一个美丽的少女，让神使赫耳墨斯赠给她能够迷惑人心的语言技能，再让爱情女神赋予她无限的魅力。她被取名为潘多拉，在古希腊语中，"潘"是"一切"的意思，"多拉"是"礼物"的意思，她是一个被赐予一切礼物的女人。

宙斯把潘多拉许配给普罗米修斯的弟弟耶比米修斯为妻，并给潘多拉一个密封的盒子，并叮嘱她绝对不能打开。

然后，潘多拉来到人间。起初她还能记着宙斯的告诫，不打开盒子，但过了一段时间之后，潘多拉越发地想要知道盒子里面究竟装的是什么，在强烈的好奇心驱使下，她终于忍不住打开了那个盒子。于是，藏在里面的一大群灾害立刻飞了出来。从此，各种疾病和灾难就悄然降临世间。

宙斯用潘多拉无法压抑的好奇心成功地借潘多拉之手惩罚了人类。这就是所谓的"潘多拉效应"，即指由于被禁止而激发起欲望，导致出现"小禁不为，愈禁愈为"的现象。通俗地说，就是对越是得不到的东西，就越想得到；越是不好接触的东西，就越觉得有诱惑力；越是不让知道的东西，就越想知道。

心理学家普遍认为，好奇心是求新求异的内部动因，它一方面来源于思维上的敏感，另一方面来源于对所从事事业的至爱和专注。而逆反心理是客观环境与主体需要不相符合时产生的一种心理活动。逆反心理具有强烈的情绪色彩。形成逆反心理的原因比较复杂，既有生理发展的内在因素，又有社会环境的外在因素。一般地说，产生逆反心理要具备强烈的好奇心、企图标新立异或有特异的生活经历等条件。

"潘多拉效应"在现实生活中是普遍存在的。例如，收音机里播放的评书节目，每次都在最扣人心弦的地方停下，留下悬念，以使听众在第二天继续收听。再如，电视连续剧往往在剧情的关键处突然插播广告，这种做法除了能提高广告的收视率，更能吊足观众的胃口。

知道了这点，我们就可以变得更"聪明"一些：如果有人故意吊我们的胃口，我们要保持冷静、不为所动，避免受"潘多拉效应"的影响。例如，捂紧钱包，不被商家的"饥饿营销法"蛊惑。但是，如果对方是善意的，故意卖关子是为了给你一个惊喜，那么，你就要积极"配合"，否则会很扫兴的。

其实，在日常生活和工作中，我们除了被动地受"潘多拉效应"的影响，还可以主动地运用"潘多拉效应"来达到自己的目的，或是避开"潘多拉效应"，以免出现事与愿违的结果。

日本小提琴教育家铃木曾经创造过一种名为"饥饿教育"的教学法。他禁止初次到自己这里学琴的儿童拉琴，只允许他们在旁边观看其他孩子演奏，把他们学琴的兴趣极力地调动起来后，铃木才允许他们拉一两次空弦。这种教学法使得孩子们学琴的热情高涨，努力程度大增，进步也就非常迅速。

"潘多拉效应"在我们的生活中普遍存在，了解其原理后，可以带给我们更多的启示。

源自内心的满足感

我们做任何事情都需要有一个动机，比如，吃饭可能是因为你有了饥饿感。我们真心想要做一件事情的时候，是不会没有任何理由的。

对于我们来说，购物行为是经常发生的。那么，我们是否有想过人们为什么会购买物品？通常来说，购物动机的类型一般有几种：

需要型。这是因需要产生的动机。人的需要有多个层次，可以从不同角度加以分类。

求实型。这类动机的特征是"实惠""实用"。在选购商品时，这类顾客会特别注重商品的质量、性能等实用价值，不过分强调商品的款式、造型、颜色等，几乎不考虑商品的品牌等非实用价值的因素。

社会型。这是由人们所处的社会条件、经济条件和文化条件等因素而产生的动机。顾客的民族、职业、文化程度、支付能力等，都会引起其不同的购买动机。

惠顾型。这是基于情感或经验产生的动机。顾客对特定的服装及服务产生特殊的信任和爱好，使他们重复地、习惯地消费。

求美型。这是以追求美感为出发点的购买动机。这类顾客在选购商品时，首先注重的是款式、造型、颜色和外观美。

求廉型。这是注重价格的购买动机。

求名型。这类动机的特征是以品牌为出发点。这样的顾客在购买时几乎不考虑商品的价格、质量和售后服务，只是想通过购买名牌商品来显示自己的身份、地位，从中获得一种心理上的满足。

人们做某件事情或采取某种行动的最基本的内在动机，归根结底就是满足其内心的某种满足感。如果他所从事的这件事情，或者他采取的这种行动，不能给行动主体带来一定的满足感、愉悦感，就会使其感到厌烦、无聊，甚至觉得受到束缚，或感到痛苦。试想，有谁面对自己从内心就感到讨厌的事情，依然会充满激情地去做呢？无法获得内心的满足，就无法激发自身的动机，不想去做，或者即使做也是在敷衍、应付，这样怎么可能做好？

有一个烟瘾很大的人一直都想戒烟，但是不管使用什么方法，都不能起到很好的效果。总是过一段时间以后，他就不能够控制，又开始吸。很多时候，当再想吸烟时，他就会给自己找出若干的理由，说服自己没有必要这么折磨自己。结果戒烟戒了一年多，却没有一点效果。他的亲戚朋友对他也是苦口婆心地劝说，但最终还是无可奈何。

最后在一位心理学家的帮助下，这个人居然把烟给戒了。这位心理学家到底使用了什么方法呢？其实方法很简单，心理学家只给他看了两张照片，一张是不吸烟的健康人的肺，一张是因为吸烟而患有肺癌的人的肺。看着被厚厚的焦油覆盖和损坏的肺，有严重烟瘾的人被震撼了，他什么也没有说就离开了。从此以后，他再也没有吸过烟。吸烟这种不健康的行为，让他发自内心地感到厌恶，于是产生了强烈的戒烟动机。

因此，我们可以通过改变某种行为本身的意义，达到改变人们行为方式的目的。从理论上说，这是行得通的。当某种原本令人厌恶的行为，会给人带来某种满意的体验时，人们就会接受它；当某种原本会给人带来快感的行为，会对人造成某种伤害时，人们就会摒弃它。这就是内心满足感对人们的行为动机的激发作用。

占便宜心理和无功不受禄心理

打折促销之所以具有巨大的杀伤力，就在于它满足了消费者的"占便宜"心理。推销人群中也流传着这样一句话：顾客要的不是便宜，而是要感到占了便宜。顾客有了占便宜的感觉，就容易接受你推销的产品。

消费者在购物过程中，对所需商品有不同的要求，会出现不同的心理活动。用尽可能少的经济付出求得尽可能多的回报，这种消费心理活动支配着大多数人的购买行为。而顾客占便宜的心理也给了商家可乘之机。

怎么做才能让顾客觉得占了便宜呢？你可以去看看商场中最畅销的产品，它们通常不是知名度最高的名牌，也不是价格最低的商品，而是那些促销"周周变、天天有"的商品。促销的本质就是让顾客有一种占便宜的感觉。一旦某种以前很贵的商品开始促销，人们就觉得买了实惠。虽然每个顾客都有占便宜的心理，但是又都有一种"无功不受禄"的心理，所以精明的销售人员总是能利用人们的这两种心理，在未做生意或者生意刚刚开始的时候拉拢一下顾客，如送顾客一些精致的礼物，以此来提高双方合作的可能性。

占便宜是人们常见的一种心理。例如，某某超市打折了，某某厂家促销了，某某商店甩卖了，人们只要一听到这样的消息，就会争先恐后地向这些地方聚集，以便买到便宜的东西。

物美价廉永远是大多数顾客追求的目标，很少听见有人说"我就是喜欢花多倍的钱买同样的东西"，人们总是希望用最少的钱买最好的东西。这就是人们占便宜心理的一种表现。

另外，销售人员在推销自己的产品的时候，可以利用顾客占便宜的心理，使用价格的悬殊对比来促进销售。其实在很多世界顶尖的销售人员的成功法则中，利用价格的悬殊对比来俘获顾客的心是常用的一种方法。你可以先在顾客的心里设置一个较高的价位，或者在对方心里设置一个价格悬念，然后再以一个比原来低得多的价格做比较，让顾客通过比较，感觉有便宜可占，于是做出购买决定。利用价格悬殊来诱导顾客购买产品时，要掌握好分寸，避免方式过激给顾客被骗的感觉。同时，优惠政策是你抓住顾客心理的一种有效推销方式。大多数顾客只看你给出的优惠是多少，然后和你的竞争对手做比较，如果你没有让顾客觉得得到优惠，顾客可能就会离你而去。所以你不仅要保证商品的质量，还要注意满足顾客这种想要优惠的心理需求。有些顾客在面对打折产品时，会因为产品对自己来说可有可无而犹豫不决，但顾客的贪便宜心理会告诉自己：机不可失，失不再来，过了期限，商品恢复原价后就买不到。从心理学上讲，顾客会在这种外界压力下产生强烈的心理不平衡，同样的产品，我现在买就能省好多钱，以后再买多不值啊。于是在这种焦虑下，顾客就会积极行动，强迫自己在规定的时间内完成购买任务。所以说，商家所规定的优惠时限会给顾客制造一定的购买压力。

但是，优惠不过是一种手段，说到底是用一些小利益换来回报，不然商场里也不可能经常有"买就送""大酬宾"等活动。当然，在优惠的同时，你还要传达给顾客一种信息：优惠并不是天天有，你很走运。这样，顾客才会更满足，才会更愿意与你合作。

即使你推销的产品在某方面有些不足，你也可以通过某些优惠让他们满意而归。如果顾客对你的产品提出意见，你千万不要直接否定顾客，要正视产品的缺点，然后用产品的优点来弥补这个缺点，这样顾客就会觉得心里平衡，同时加快自己的购买速度。比如顾客说："你的产品质量不好。"作为销售人员的你可以这样告诉顾客："产品确实有点小问题，所以我们才优惠处理。不过虽然是有问题，但我们可以确保产品不会影响使用效果，而且以这个价格买这种产品很实惠。"这样一来，你的保证和产品的价格优势就会促使顾客产生购买欲望。

总之，利用人们占便宜的心理，从中可以获得许多商机。

为什么多数人都会随大流

在物质丰富的当今社会里，满足了温饱之后，各地依然会出现哄抢食盐、哄抢药材等现象。人们为什么要哄抢？哄抢中，人们的心理发生了怎样的变化？

哄抢者往往把自己的行为归结到社会和他人身上。当哄抢者在分析参与哄抢的原因时，总是喜欢说"随大流"和"法不责众"。这个过程在心理学上叫作"归因"，即归结行为的原因，"我为什么要做这件事情"。归因不仅是一个心理过程，也是人类的一种普遍需要。因而每一个人都可以被看成业余心理学家，每个人都有一套从其本身经验归纳出来的行为原因与其行为之间的联系的看法和观念。

从哄抢者个人角度来说，社会中的孤独的个人为了求生存的需要，自然而然地会形成一种依赖群体的心理，在这种心理的影响下，就会产生一种被称为"群集欲"的心理。当个人具有严重不安感和挫折感时，更容易受到不良信息的暗示。因此，个人不仅会以一种本能心态加入各种社会团体，而且很容易产生一种参加到聚集的群众中的意愿，与聚集的人群共同行动。

从众心理是人类的一个思维定式，是在群体压力下在认知、判断、信念与行为等方面与群体中多数人保持一致的现象。

从众行为有时虽然不是按照个体本意做出的，却是个体的自愿行为。内心具有安全感的个人一般不至于参加聚众而共同实施行为，只有那些具有严重不安感和挫折感的个人，才有这样的欲望，其目的就在于想在聚集的人群中寻求某种安全感和发泄心中的挫折感。

由于多数个人在聚众之中产生交互作用的关系，聚众后所体验的不安感与挫折感比单独的个人所体验的要大得多。在这种情况下，当有人向这种具有严重不安感和挫折感的个人提出某种指示时，他们最容易接受，并且把这种指示变成自身的目标，表现出带有激进色彩的情绪波动。

哄抢事件其实还反映出更深刻的社会心理原因。比如人们对生活的满意度与社会发展的现实并不一致，哄抢油的人并不缺油。整体说来，趋利避害是人类行为的基本原则，是人类普遍存在的心理。人们都本能地企图在交换中获取最大收益，减少代价，交换行为本身就变成了"得"与"失"的对照。如果收益与代价平衡，互动得以维持；相反，如二者不平衡则互动难以长期维持。

人们在衡量自身得与失之间的关系时，就形成了"满意度"。满意度的高低，跟现实中金钱名誉的得失并不一定是统一的，它更多的是一种自我体验。同样的处境，不同的人有不同的满意度。钱多的人不一定自我满意度高，穷人也有自己的幸福生活。也就是说，在日常生活中，人们并不是一直以物质作为交换的，也会顾及精神间的交换。

社会激烈变化和转型期间的特殊情况，对人们心理造成了巨大压力。当人们把所有问题的原因都归咎于社会和他人时，"趋利"心理就会让个体放大了不满意自我体验，感到自己获取利益少了，满意度开始下降。同时，个体在归因过程中，对有自我卷入的事情的解释，带有明显的自我价值保护倾向。"避害"心理让哄抢个体认为自己只是在捡洒落的人民币，对自己并不会有任何坏处。

因此，在明知一件事情是违法或犯罪的时候，一个人可能不会去做。但是如果一群人中有人已经做了，并且在当时只能看到获益而没有产生相应后果的时候，人们就会产生非理性思维，最终"捡拾个体"组成了"哄抢群体"，造成了社会的不和谐。

哄抢中，人群体现出来对物质的过度追求的嫉妒、敌对心理，体现出个体缺乏自身修养的程度正在上升，这个状况是非常令人担忧的；哄抢后，人们对"法不责众"的自我保护心理，如果处理不当，会给其他人产生不良的模仿、暗示和社会感染，具有消极的意义。有专业人士指出，人们心理卫生健康状况是构建和谐社会的关键，哄抢事件引发的讨论表明，对大众心理卫生健康辅导迫在眉睫。

给人"留面子"的背后

心理学家认为，在提出自己真正的要求之前，先向对方提出一个大要求，遭到拒绝以后，再提出自己真正的要求，对方答应的可能性就会大大增加。这便是心理学上所说的"留面子效应"，又被称作"欲得寸先进尺"。

有两家卖粥的小店，每天的顾客相差不多。然而晚上结账的时候，左

边的那家小店总比右边的那家多出两三百块钱，天天如此。细心的人发现，先进右边粥店时，服务小姐微笑着迎上前，盛了一碗粥，问道："加不加鸡蛋？"客人说"加"，于是小姐就给客人加了一个鸡蛋。每进来一个人，服务小姐都要问一句："加不加鸡蛋？"有说"加"的，也有说"不加"的，各占一半。走进左边粥店，服务小姐也是微笑着迎上前，盛上一碗粥，问道："加一个还是两个鸡蛋？"客人笑着说："加一个。"再进来一个顾客，服务小姐又问一句："加一个还是两个鸡蛋？"爱吃鸡蛋的说"加两个"，不爱吃的就说"加一个"，也有要求不加的，但是很少。一天下来，左边这个小店就总比右边那个卖出更多的鸡蛋。

心理学家认为，"留面子效应"的产生源于人们内心深处的内疚感。人们在拒绝别人的大要求时，感到自己没有能够帮助别人，辜负了别人对自己的期望，损害了自己富有同情心、乐于助人的形象，会感到非常内疚。这时，如果对方再次提出一个较小的要求，人们为了恢复在别人心目中的良好形象，也达到一种心理上的平衡，便会欣然接受。

美国心理学家查尔迪尼曾经进行过一项"导致顺从的互让过程"的研究实验。他将一批参加实验的大学生分为两个小组，首先，对第一个小组的实验者说，要他们花两年时间担任一个少年管教所的义务辅导员。这是一件劳神费力的工作，而且没有任何回报。结果，大学生们都以各种理由断然拒绝了。随后，他提出了另一个要求，让这些大学生带领少年们去动物园玩一次，需要耗时两个小时。结果有50％的大学生很爽快地答应下来。接下来，他向第二组大学生提出同样的要求时，却只有16.7％的人同意去动物园。

生活中，我们细心留意也能发现很多"留面子效应"的现象：你想要父母为你买数码相机，可以先提出要买一台电脑，父母以家中暂时紧张为由，拒绝了你，这时你再提出要买照相机，父母往往会考虑一番后答应你的要求；自己有一件棘手的事情需要朋友帮忙，先向对方提出了一个更大的要求，遭到拒绝后，再将真实的要求提出来，对方往往比较容易接受；

上司需要将一项复杂的工作交给下属完成，可以假装让员工完成另一件更为艰巨的工作，当他面露难色的时候，再将这件工作交付给他，他便会愉快地接受任务。

在人际交往中，恰当地运用"留面子效应"，能及时地消除对方的不满情绪。"留面子效应"也经常被一些精明的商人运用，他们把物品标出很高的价格，然后来个"大甩卖"，很多消费者都兴高采烈地购买该商品。在商场，时常有这样的情形。其实，精明的商家无论最后给出了多大的折扣，都暗暗地运用了"留面子效应"，让顾客心甘情愿地消费。

同样，在一些服务性的行业中，采用巧妙的方法，能够化解顾客抱怨、不满的情绪。在一架即将着陆的客机上，乘客们忽然听到话务员的通知："由于机场拥挤不堪，飞机暂时无法降落，着陆时间将推迟一小时。"顿时，机舱里响起了乘客们的抱怨声。他们不得不做好心理准备，在空中备受煎熬地等待一个小时。几分钟之后，话务员甜美的声音再度响起："旅客朋友们，晚点时间将缩短到半个小时。"听到这个消息，乘客们都欢喜雀跃。又过几分钟，乘客们再次听到广播："再过三分钟，本机即可着陆。"乘客们个个拍手称快，喜出望外。虽然飞机晚点了十几分钟，乘客们却感到格外的庆幸和满意。

当然，"留面子效应"是否会发生作用，关键在于双方关系的亲密程度以及你需求的合理程度。如果既无责任，又无义务，双方素昧平生，却想别人答应一些有损对方利益的事情，这时候该效应是无法发挥作用的。

炫耀心理为哪般

为什么有的时候标价越高，购买的人越多？"成本一二十元的东西，进口后却要卖个三四百，这就是目前进口红酒的经济学。"在法国经商多年的陈元这样说。

有人透露，一瓶价值 20 元的洋红酒，各种费用加起来，到岸成本也才 30 元左右，之后的仓储和本地运输、人工费用合计也才 2 元人民币，售前成本大约32元。但是，到了经销商那里，则以80～100元的价格卖出去，经销商有50％的毛利。而到了超市或商场之后，就会再加价10％到15％销售，到消费者手中就成100元左右了。而一旦进入西餐厅，则按经销商供货价的2～2.5倍卖给消费者，进入酒店的红酒，身价更陡增3～4倍，售价可达300元左右。现在的葡萄酒市场上，由于消费者对葡萄酒定价缺少概念，一些商贩基本上都是随口定价，一般都往高了定，最奇怪的是，葡萄酒反而越贵越好卖。

当我们在购物时，看到同一类产品，我们一般会选择相对昂贵的，因为从内心来讲，我们比较认可昂贵事物的质量和价值，即多数情况下，我们会认为贵的就是好的。所以，同样的东西，反而是越贵越好卖。其实，按理来说，便宜的东西不才是更让人有物美价廉的满足感和成就感吗，为什么许多人又要反其道而行之呢？这让人百思不得其解的现象又应该怎么解释呢？

这一现象曾引起了美国著名经济学家凡勃伦的注意，他在其著作《有闲阶级论》中探讨研究了这个问题。因此这一现象——价格越高越好卖——被称为"凡勃伦效应"。

凡勃伦效应表明，商品价格定得越高，就越能受到消费者的青睐。这是一种很正常的经济现象，因为随着社会经济的发展，人们的消费会随着收入的增加，逐步由追求数量和质量过渡到追求所谓的品位和格调。

而凡勃伦把商品分为两类，一类是非炫耀性商品，一类是炫耀性商品。非炫耀性商品仅仅发挥了其物质效用，满足了人们的物质需求。而炫耀性商品不仅具有物质效用，而且能给消费者带来虚荣效用，使消费者通过拥有该商品而获得受人尊敬、让人羡慕的满足感。鉴于此，许多人都会毫不犹豫地购买那些能够引起别人尊敬和羡慕的昂贵商品。所以，许多经营者瞄准了我们的这个消费心态，不遗余力地推动高档消费品和奢侈品市场的发展，以使自己从中牟利。比如凭借媒体的宣传，将自己的形象转化为商品或服务上的声誉，使商品附带上一种高层次的形象，给人以"名贵"和"超凡脱俗"的印象，从而加强我们对商品的好感。

就是这个原因，造就了炫耀性消费——价格越贵，人们越疯狂购买；价格便宜，反倒销售不出去。比如，在服装店里，标价太低，可能会让人觉得没档次，从而让它在那里落满灰尘，但若在价签上的数字后面加个零，或许就会有人来问津。

那么，面对类似于这种商品谋取暴利的情况，我们又要怎样做呢？

首先，要打破"便宜没好货"的心理。我们在购买东西时，要学会关注产品本身的质量。如果我们能够分辨普通商品的好坏，那么就可以大致相信自己的判断。但是，如果是较为昂贵的高档产品，最好有专业人士陪同购买，千万不要抱持"贵才是真理"的心理，这样，可能就会被当成"肥羊"给"宰"了。

其次，我们要做个理性的消费者，最好要尽量克制自己的感性购买，不要一冲动就甩出去大把人民币，更不要被一些"花花广告"等宣传造势蒙蔽。

越禁止，越禁不止

日本著名作家渡边淳一在他的《男人这东西》中写道："男人的爱往往是相对的。眼下最爱这个女人，但是，不久第二位、第三位会相继出场。不论她多么出色，男人总免不了偶尔心有旁骛，希望更有新人。"

张爱玲在小说《红玫瑰与白玫瑰》里说：男人的心目中往往有两种女人，一种是红玫瑰，一种是白玫瑰。得到红玫瑰的，白玫瑰则成了"床前明月光"，可望而不可即，红玫瑰则成了墙上的"蚊子血"；而得到白玫瑰的，红玫瑰成为心中永远的"朱砂痣"，白玫瑰则成为"衣服上的饭粒"。

再比如，有些家长总是喜欢禁止孩子做这做那，比如不让读不健康的书，不让早恋，不允许玩游戏、网络聊天，等等。但是如果一味地严厉禁止，而不讲明利害，就容易让孩子产生逆反心理，激发孩子的好奇心，使他们在好奇心的驱使下甘冒风险去咽下那些苦果，这反倒使教育走向了反面。

其实，在生活中，这样的情况也很常见。比如，历代统治者经常把他们认为是"诲淫诲盗"的书列入禁书之列，如我国的《金瓶梅》和西方的萨德、王尔德、劳伦斯等人的作品。但是被禁不但没有使这些书销声匿迹，反而使它们名声大噪，使更多的人挖空心思要读到它们，反而扩大了它们的影响。

这样的现象，我们就将之称为"禁果效应"。越是被禁止的东西或事情，越会引来人们的兴趣和关注，使人们充满窥探和尝试的欲望，千方百计试图通过各种渠道获得或尝试它。禁果效应存在的心理学依据在于：无法知晓的神秘事物，比能接触到的事物对人们有更大的诱惑力，也更能促进和强化人们渴望接近和了解的需求。

《圣经》中亚当和夏娃偷吃禁果的故事尽人皆知：上帝在伊甸为亚当和夏娃建了一个乐园，让他俩住在园中，修葺并看管这个乐园。但是上帝吩咐他们："园内各种树上的果子你们都能吃，唯独善恶树上的果子不能吃，因为吃了它你们就会死。"亚当和夏娃谨记着上帝的教诲。

但是有一天，夏娃禁不住蛇的诱惑，摘下了善恶树上的果子，吃了下去；她又给了亚当，亚当也吃了。上帝得知后将他们赶出了伊甸园，惩罚了罪魁祸首——蛇，让它用肚子走路；责罚夏娃，增加她怀胎的痛苦；让亚当终身劳作才能从地里获得粮食。在现实生活中，禁果似乎分外香、格外甜，越是不让做的事，越是禁止做的事，人们越想做，因为它激起了人们的好奇心理和逆反心理。

《圣经》中这个关于人类远祖的故事，暗示了人类的本性中具有根深蒂固的禁果效应倾向。

我们常说的"吊胃口""卖关子"，就是因为对信息的完整传达有着一种期待心理，一旦关键信息在接受者心里形成了接受空白，这种空白就会对被遮蔽的信息产生强烈的召唤。这种"期待—召唤"结构就是禁果效应存在的心理基础。

所以，我们在为人处世中，可以双向地采用这种心理现象。如果我们不想让某人做某事，我们就不要直截了当地提出对方的"被禁令"，或者假装若无其事，或者有意无意地阐明某事的害处，或者根本就不发表意见从而见机行事……相反地，我们有时也可以用一些技巧让别人帮我们做事，我们只要稍微激将一下对方，再告诉他这件事他或许做不了、不能做，如果对方是颇有好胜心的人，就有可能反被说动而自行请令。

对未竟事容易念念不忘

很多电视剧的忠实"粉丝"对节目中插播的广告甚为反感，但是，又不得不硬着头皮看完，因为广告插进来时剧情正发展到紧要处，实在不舍得换台，生怕错过了关键部分，于是只能忍着，一条、两条……直到看完第 N 条后长叹一口气："还没完呀？"

不得不承认，这广告的插播时间选得着实精妙。其实说穿了，都是广告商摸透了观众的心理，才能让我们欲罢不能。很多事情就是这样，不完成似乎就心有不甘。我们大可以回忆一下，记忆中最深刻的感情，是不是没有结局的那一桩？印象中最漂亮的衣服，是不是没有买下的那一件？最近心头飘着的，是不是那些等我们完成的任务？

那么，究竟是一种怎样的心理，让我们被牵着鼻子走呢？

这就如同遇到这样的情况：我们经常会在备忘录上记下重要的事情，但是到最后还是忘记了。因为我们以为记下来了就万事大吉，紧张的神经松弛下来，最后连备忘录都忘了看。在打电话之前，我们能清楚地记得想要拨打的电话号码，打完之后却怎么也想不起来刚才拨过的号码。

其实，这都是一种被称为"蔡加尼克效应"的心理现象在起作用。

1927 年，心理学家蔡加尼克做了一系列有关记忆的实验：他给参加实验的每个人布置了 15～22 个难易程度不同的任务，比如写一首自己喜欢的诗词、将一些不同颜色和形状的珠子按一定模式用线串起来、完成拼板、演算数学题，等等。完成这些任务所需的时间是大致相等的。其中一半的任务能顺利地完成，而另一半任务在进行的中途会被打断，要求被试者停下来去做其他的事情。在实验结束的时候，要求他们每个人回忆所做过的事情。结果十分有趣，在被回忆起来的任务中，有68%是被中止而未完成的任务，而已完成的任务只占32%。这种对未完成工作的记忆优于对已完成工作的记忆的现象，被称为"蔡加尼克效应"。

由此可知，我们在做一件事情的时候，会在心里产生一个张力系统，这个系统往往使我们处于紧张的心理状态之中。当工作没有完成就被中断的时候，这种紧张状态仍然会维持一段时间，使得这个未完成的任务一直压在心头。而一旦这个任务完成了，那么这种紧张的状态就会得以松弛，原来做了的事情就容易被忘记。

蔡加尼克效应说明，当心理任务被迫中断时，人们就会对未完成的任务念念不忘，从而产生较高的渴求度。这就是人们常说的：越是得不到的东西，越觉得宝贵；而轻易就能得到的，就会弃之如敝屣。

这也为家长们提供了一条合理的建议，即不能让孩子的愿望过早地得到满足，因为他得到了可能就不会再珍惜了。所以，在进行教育的过程中，不能一股脑儿地将知识灌输给孩子，而应该分阶段地给孩子讲解，让他们有意犹未尽的感觉。家长在教育孩子的过程中，无论是教授知识还是讲述做人的道理，在讲到关键处不妨稍作停顿或者让孩子谈一下看法，这样孩子就会对知识或道理产生浓厚的兴趣，从而对这个关键点产生深刻的记忆。事实上，突出关键点的方法很多，可以重复强化，可以详细阐述等，而最有效的方法就是戛然而止不再讲解，这使孩子的求知欲受到阻碍，反而会让孩子产生迫不及待的求知心理，他的求知欲已经被激发，这时候的教育效果就会比较理想了。

不同阶段的时间感不同

在生活中，有一种人做事总是拖拖拉拉，一件事情不到最后绝不动手，到了不得不做的时候，往往因为时间来不及而匆匆完成，应付了事；另外一种人总是将工作与生活处理得井井有条，做事有条不紊，就算是遇到问题也能妥善处理。这两种人之所以有如此大的差异，是与他们对时间的不同感觉而导致的。

我们的主观时间感是在我们的人生中不断变化发展的。让我们来了解一下这些发展阶段，并思考一下它们分别跟我们的拖延有着什么样的关系。也许我们现在的拖延习惯时间与我们早期某个发展阶段的时间概念密切相关。

对一个婴儿来说，生活完全处于当下这个时刻，时间完全是主观的。不管时钟上的时间是几点，他只知道"我现在饿了"。婴儿无法长时间地忍受痛苦，如果需要得不到及时的满足，他们就会号啕大哭。对一个婴儿来说，时间意味着从感觉到某种需要到满足这种需要之间的间隔。

如果在日后的生活中遭遇到恐惧和焦虑，一个以婴儿时间来反应的人就将这样的恐惧和焦虑视作无法忍受和无法穷尽的，而不是一般来得快也去得快的情绪。而拖延却可以帮助人们逃避当下无法承受的难受和痛苦情绪。虽然拖延会引起不良后果，但是在这样一些时刻，你根本不会去想象将会出现什么样的后果，就像一个视酒如命的人看到好酒后，根本不会想到酒精对自己身体的伤害，他想做的是马上品尝到面前的好酒。

在蹒跚学步阶段，孩子们逐渐学会了什么是过去、现在和将来。虽然他们现在非常饥饿，但是当父母告诉他们马上就有东西吃时，他们不再立即大哭，因为他们也开始逐渐适应父母亲的时间。

在亲子关系中，父母的时间观始终在发挥影响力，所以实际上不是时间本身创造了他们对时间的态度，而是亲子关系的好坏本身对孩子的时间态度有影响。后来，当我们的拖延成了一场与时间抗争的战斗时，实际上我们抗争的不是时间，而是那些想要控制我们的人。与客观时间的抗争实际上可能反映了内心对父母时间的抵制。

当长到大约7岁的时候，孩子的时间观念开始与外界更多的规则和期待发生冲突。如，上课有课程表，作业有上交的最后期限，父母希望孩子在出去跟伙伴们玩耍之前整理好自己的房间并帮忙做一点家务。这一切对有些孩子来说，时间可以是一个压迫者，或者也可以是一个解放者。

有些孩子，尤其是有多动症以及相关问题的孩子，在他们的思维里，不具有良好的生物上的时间感，当外界环境发生变化的时候，需要他们在主观时间和客观时间进行切换的时候，他们就会面临很大的障碍。在后期的生活中，他们或许会发现他们对时间的体验不是流动的、顺畅的，这就为日后的拖延奠定了基础。

青春期的孩子感受了时间流逝，他们感觉生命是无限的，敏感的身体和热情的理想占据了一切；未来在他们面前展现出一幕宏大的场景。然而，随着学业、工作以及人际关系上的选择日益逼近，所有这些截止日期以及必须做出的抉择又让未来在现实面前撞得粉碎。

在青少年长大成人的转变过程中，大多数人都会面临很多的内心冲突，他们也许会拒绝承认自己可能需要永远地放弃某些人生道路，而利用拖延作为他们拒绝长大的庇护。他们固执地坚守少年期对时间无限和可能性无限的感觉，迟迟不走入可以让他们长大成人的人生道路——完成学业，找一份工作，站稳自己的脚跟，建立起一个独立的人生。比如有些大学毕业生看到就业的压力，就不愿离开学校而步入社会工作，甚至是终日在学校附近浪荡，也不愿走进拥挤的人才市场。

当一个人长到二十几岁的时候，他们的人生步入正常轨道，感觉自己有着无限美好的梦想，而且有大把的年华去实现。这在感觉上非常充裕，而且变得更具有现实感了。他们会认识到人生不全是完美的，选择一件事的同时也意味着放弃另外一件事情。他们可能没有足够的时间去完成每一件事情，有些机会可能会错过。

在这个阶段，为了检验他们跟时间的关系，可以看一看拖延在他们生活中扮演的角色。拖延现在不再是朋友之间的一个笑话，也不再是以后你可以弥补的某件事情。它的后果表现得越来越严重：工作中的最后期限跟一个人的职业生涯与收入密切相关，当你单身的时候，你只要为自己一个人支付拖延的代价。一旦你有了一个伴侣，另一个人就会直接受到你拖延的影响，并容易引发双方的争吵。

随着岁月的流逝，过了 30 岁。这时，由于社会和家庭的关系，你被期待着在自己的潜能上有所表现。当你在事业或感情中表现拖沓的时候，这或许表示你的事业或感情出现了问题。拖延者难以接受人生的限制，当他们发现他们一直以为会在某一天实现的目标在人到中年时依然没有实现的时候，他们震惊了。

在理性的层面，我们都知道生命总会有一个终结，但是拖延者却同时生活在生命无限的幻想中——无限的时间，无限的可能性，无限的成就，总有更多的时间去弥补那些被延后的事情。认识到时间的有限性是中年人心理上面临的一个主要挑战：我用我的时间做成了一些什么？我还剩下多少时间？我想怎样度过这段时间？这时，我们还会突然面对人必有一死的事实。

从成年到老年的过程中，我们被越来越多的丧失与死亡所包围：某些身体功能的丧失；疾病越来越严重；挚爱的人离开了人世；剩下来可以活着的时间越来越有限。未来也不再像早年那样充满了希望和前景。钟表时间可能已经不再重要，而主观时间显得更为重要了。

对于一个跟生命的有限性做着抗争的拖延者而言，接受生命无可避免地终结是一项具有重要心理意义的挑战。在这个时刻，他不再否认自己一生拖延所产生的种种后果。

回顾以往的生活，有着各种的焦虑和需要解决的问题。一切都没有变化，他在那样的条件下，尽可能地做一些自己所能做的事情。坦然地接受过去或许会给自己带来内心的平静，而不接受只会带来绝望或自我谴责。他甚至感到一种释然和自由，因为他终于知道自己没有必要再去追求那已经无法达成的目标。这当然是一件好事。

如果我们不想在年老的时候为曾经的拖延埋单，不想终日生活在悔恨与遗憾之中，那么让我们从现在开始做一个珍惜时间的人。

第六章

我们的决策易受别人影响

没有知识上的门户开放，不可能有真正的心灵扩展，而没有真正的心灵扩展，也就不可能有进步。

——辜鸿铭

人类为什么需要集体

在生活中，我们经常看到很多人才，感慨怀才不遇，一生碌碌无为，始终不得志。其实，人生成功机遇的多少与其交际能力和交际活动范围的大小几乎是成正比的。我们应充分发挥自己的交际能力，不断建立和扩大自己的交际范围，发现和抓住难得的发展机遇，进而拥抱成功！

斯坦斯研究中心的一份调查报告指出：一个人赚的钱，12.5%来自知识，87.5%来自关系。关系只是面对个别人的，而圈子却是关系的扩大化。从心理学的角度来看，人与人之间的交往是必不可少的，同时，人也更倾向于让自己成为某个群体中的一员，在这个群体里，多会有共同的思维、意识、行动。这也就是我们常说的"物以类聚，人以群分"。

上海威顺康乐体育咨询有限公司董事长兼总经理吴榀华直言自己有两三千个朋友，每年都会见三四次的有 1500 多个，而经常联系的就有三四百人。目前，吴榄华的个人资产已经超过 8 位数。吴榄华感言，自己的事业是因为得到圈内朋友的照顾才会如此顺利，"包括开公司、介绍推荐客户和业务等，各种朋友都会照顾我，有什么生意都会马上想到我"。

在朋友的推荐下，从 1999 年到 2000 年，吴榄华开始涉足房地产业。当时上海的房市非常热，很多楼盘都出现了排队买房的盛况，而且有时即使排队也不一定能买到房子。吴榄华通过朋友不仅买到了房子，而且还是打折的。

有些人急于融入某个群体中，也不管这个群体里的人是做什么工作的，大家有什么样的爱好，只要进去了，就很兴奋，但之后或许会发现这个群体不一定适合自己，对个人今后的目标没有多大的好处。因此，我们要根据自身的情况学会鉴别自己能够融入的群体。

首先，要了解自己的背景和能力。群体会带给我们一些共享的资源，同样我们要给这个群体带来一些资源，这时候我们的背景跟我们的这种能力，各种综合的情况，能不能给群体带来一些益处，也变得重要了。我们如果不够格，或者说没有资质，不满足要求的时候，可能会逐渐脱离这个群体。我们也有可能被并到另外一个群体里去，这也是由不得我们自己的事情。

其次，应该有一个自己发展的大致的方向，找到在这个方向上比较一致的、比较接近的一些圈子，或者说这种人脉关系，着重去发展。

再次，现代社会的群体五花八门，可以说是种类繁多，虽然群体的数量突飞猛进，但群体的质量严重下降。过去的群体崇尚"谈笑有鸿儒，往来无白丁"，但现在越来越多的功利色彩充斥其间，群体的功能就是提供获取利益的机会外加娱乐消遣。

最后，一个群体的利益取向决定于群体里的人和他所处的职位。所谓"量体裁衣"就是这个道理，比如有的 HR（从事人力资源工作的人）在公司任总监职位，那么他对群体的取向和给予会与一般 HR 经理不同，他所谈论和要求的会是高管一级关心的事情，而一般经理人更倾向于个人职业发展。

我们无论是选择还是建立适合自己的群体，都要遵循以下两个原则：

（1）邻近原则，指上班族的社交网络中多是跟自己待在一起时间最长的人，用共同活动原则来建立社会关系网络。强大的社会关系网络不是通过非常随意的交往建立起来的，我们必须借助一些有着较大利害关系的活动，才能把自己和其他不同类型的人联系起来。事实上，任何人都可以参加多种多样的共同活动并从中受益，包括运动队、社区服务团体、跨部门行动、志愿者协会、企业董事会、跨职能团队和慈善基金会等。

（2）类我原则。所谓类我原则，指的是在结交关系时倾向于选择那些在经历、教育背景、世界观等方面都跟自己比较相似的人。因为"类我"可以更加容易信任那些以同样的方式来看待世界的人，我们感觉到他们在形势不明朗的情况下会采取和我们一样的行动。更重要的是，和那些背景相似的人共事，通常工作效率会很高，因为双方对许多概念的理解都比较一致，这使得我们能更快地交换信息，而且不太会质疑对方的想法。

21世纪的今天，不管是保险、传媒，还是金融、科技、证券，几乎所有领域，人脉竞争力都起着日益重要的作用。专业知识固然重要，但人脉更加重要。从某种意义上说，人际关系是一个人通往财富、荣誉、成功之路的门票，只有拥有了这张门票，我们的专业知识才能发挥作用。否则，我们很可能是英雄也无用武之地！为了实现成功梦想，我们需要建立自己的人脉，融入圈子。

三人成虎的成因

俗话说"无风不起浪"，我们很多人都坚信一个道理：当有人开始散布一些荒诞的事情，事情被传播开，渐渐地，这句话就成了真理。经过一番以讹传讹，最终一发不可收拾。甚至有人连最基本的常识都搞不清楚，也不去做任何的调查，直接开始恐慌，于是本来就是无中生有的事情，变得跟真的一样，最终连捏造了这些事情的人都被自己的谎言说服了。

促使"三人成虎"的是人们的从众心理，即人们改变自己的观念或行为，使之与群体的标准相一致的一种倾向性。

也许有人会质疑，我是个意志坚强的人，不会随便改变自己的观念。但是，当大家众口一词地反对你时，你还能坚持自己的意见？

社会心理学家所罗门·阿希做过一个比较线条长短的实验。在实验中，有1个真的来做实验的大学生，还有6个研究者参与实验（大学生并不知道这些人是研究者），大学生总是最后一个发表意见。

当线条呈现出来后，大家都做出了一致的反应。之后呈现第二组线条，6个研究者给出了完全错误的答案（即故意把长的线条说成是短的）。这时，最后一个发言的大学生就十分迷惑，并且怀疑自己的眼睛或其他地方出了问题，虽然他的视力良好。他还是说出了明知是错误的答案。

实验现场形成了与大学生明显对立的意见，基于群体压力的影响，他说出了明知是错误的答案。人们做出从众的事情，一是为了做正确的事情，二是为了被喜欢、肯定。人类是群体性动物，正常情况下，我们都趋向融入群体，避免标新立异，很多时候，为了不被群体排斥，会做出非理性的行为。

在什么条件下人们会从众？

一是当群体的人数在一定范围内增多时，人越多人们越容易做出从众行为。"三人成虎"说的就是这种情况。不过当群体的人数超过4人时，从众行为就不会显著增加了。

二是群体一致性。当群体中的人们意见一致时，人们的从众行为最多。即使是有一个人的意见不一致时，也不会影响从众行为的发生。

三是群体成员的权威性。如果所在的群体里都是著名的教授，那么即使他们说出了明显错误的事情，自己也会好好思考一下；如果所在的群体里是普通人，当他们说出明显是错误的事情时，自己肯定会立刻反驳。

四是个人的自我卷入水平。没有预先表达表示自我卷入水平最低；事先在纸上写下自己的想法，之后再表达表示自我卷入水平中等；公开表达自己的想法表示自我卷入水平高。实验证明，个人的自我卷入水平越高，越拒绝从众。

简单说来，从众即是对少数服从多数的最好解释。

各种谣言、传闻总会一定程度影响我们正常的思考和决策，我们又该如何规避这些因素呢？

要因时、因地、因人而异，先做好分析，回到事情的"原点"去思考，千万不能冲动行事。

要学会独立思考。在谣言中站稳脚跟，坚定自己的信念和决心，就需要有独立思考的能力，有自己的主见。因此，你应该对流言进行一番分析，看看其中是不是还有一点合理的东西。但是，如果完全被谣言左右，就会把自己搞得晕头转向。

我们要对自己有信心，当前发生什么事情，以我们的能力可以做出判断的，就不要从众；如果超出自己的知识、能力范围，就要请教专业人士，不要人云亦云。这也要求我们平时要加强对知识的积累、社会的关注。

谎言本身并不可怕，愚昧地传播谎言，甚至还深信不疑，让事件产生严重的后果，整件事就会变成一场闹剧。

为何有如此多的善变者

有没有发现身边有着这么一类人，他们大都喜欢新鲜，追求新事物，崇尚改变。无论是最新上市的手机、衣物，还是新上映的电影、电视剧等。反正只要是他们所喜欢的东西，他们都想第一时间拥有。他们的思维也不停地处于变化、跳跃中，让人捉摸不透。

回忆一下你身边的这类人，当有一款心爱的新手机上市时，他们是不是会幻想着要是哪天自己的手机不小心丢了，这样就可以名正言顺地拥有新手机了。就算他们的手机没丢，他们也可以找个借口，比如说，会告诉你，今天失恋了心情不好，需要换个心情才可以忘记那个人。又比如，会这么说，今天老板给我升职了，我要好好犒劳一下自己。在这样顺理成章的逻辑下，手机终于换了。

想一想有没有碰到过这么一些时常改变着自己想法的男男女女，让自己的计划不断地处于变动之中，使自己十分被动？

有一家公司准备在总部举办运动会，分公司的老板积极响应。这个老板是出了名的"善变"。他要求助理全力负责该分公司的运动员选拔、操练及相应会务工作。助理丝毫不敢怠慢，项目确定，人员报名、选拔，服装定做等，一切都好像有条不紊地进行着，到最后一项集体项目广播体操时，这个老板的"善变"终于被彻底激发了。

刚开始，老板要求选拔有服役经历的公司保安做教官。没过两天，他看到职业军人升国旗很帅气，又想把保安换成职业军人。换了教官后，老板异常兴奋，说要自己亲自带领他们训练广播体操。没想到，第三天他又改变主意了，说还是由学校的老师来训练比较专业。风平浪静了一段时间，等到排练进入尾声时，老板又根据自己在电脑上看到的运动会的相关情况，从队形、男女比例、口号等进行了"七十二变"。助理本想着终于结束了，哪知在比赛前的一天晚上，老板下达了一项最新任务：升国旗的几个帅哥之所以帅，是因为他们戴了白手套。结果一大群职工在8月的盛夏晚上满大街地找白手套。手套终于买到了，老板又赶紧通知大家第二天一早6点到体育场进行赛前排练。第二天一早，排练完毕，老板最后赶来发布了赛前的最后一道指令：所有队员在比赛前一律把白手套放在口袋中，直到列队进场前最后一秒钟才能戴上，这样才有新鲜感，大家不得有误。

这个老板是典型的"善变"者，制订了计划之后，一见到新的东西，受到冲击，便不停地改变自己的决定。助理按照之前吩咐所做的努力都有可能成为无用功。为什么这类人会如此善变呢？为何他们如此容易受到外界的影响而改变自己的想法呢？善变的首要根源是其本身喜欢变化，其思想容易受到影响。

按照"善变"者的思维逻辑，他们做事根本就不需要什么计划，也不喜欢被什么事情约束，抱着"西瓜皮滑到哪里就是哪里"的想法，随性地生活着。

这些人在成长的过程中养成这种"善变"的性格，或许是环境对其思考模式和处事风格产生的影响。而日常的生活方式和交往方式也在不断地影响着个人性格的塑造。俗话说"性格决定成败"，意在说明"性格决定思考，思考决定成败"。性格上的善变会使人们的思维跳跃性太强而影响到人们正常的思考过程，也使得别人难以跟上这种人思想的变化脚步。这也是为什么这种类型的人无论在职场上还是生活中，总是让人又爱又恨。

但是，"善变"这种习惯一旦形成就很难改变。"善变"的人几乎每天的生活都处在变动之中。在这种"善变"情绪的左右下，思考会随着情绪的变化而变。当情绪非常低下或高昂时，思考总是表现出某种极端；当情绪保持稳定的状态时，思考就会变得非常的冷静和理智。情绪能够表达我们当前的思考状态，所以我们应该使我们的情绪保持稳定，这样才保持理性，才能保持自己决定的连贯性和持续性。

认识到情绪对思考的影响，就能够控制由于情绪所导致的思考冲动，也能通过控制情绪控制多变的思维，从而有效地控制多变的性格。

多数人会迷信权威

对于我们大多数人来说，服从权威与领导，似乎是一件简单又自然的事情。但是，很少会有人考虑权威话中真正的"权威性"。

米尔格拉姆做了这样一个实验：他声称实验是研究惩罚对学生学习的影响。实验时，两人一组，一人当学生，一人当教师。实际上，每组中只有"教师"是真被试，"学生"则都是被安排混入实验的助手。

实验的过程是，只要"学生"出错，"教师"就要给予电击的惩罚，同时，电击按钮也被安排有"弱电击""中等强度""强电击""特强电击""剧烈电击""极剧烈击""危险电击"，最后两个用××标记。

事实上这些电击也是假的，但为了使"教师"深信不疑，就先让其接受一次强度为 45 伏特的真电击，作为处罚学生的体验。虽然实验者说这种电击是很轻微的，但已使"教师"感到难以忍受。

在实验过程中，"学生"故意多次出错，"教师"在指出他的错误后，随即给予电击，"学生"发出阵阵呻吟。随着电压值的升高，"学生"叫喊怒骂，尔后哀求讨饶，踢打墙壁，当电击为 315 伏时，"学生"发出极度痛苦的悲鸣，已经不能回答问题，330 伏之后，学生就没有任何反映了，似乎已经昏厥过去了。

此时，"教师"不忍心再继续下去，问实验者怎么办。实验者严厉地督促"教师"继续进行实验，并说一切后果由实验者承担。在这种情况下，有多少人会服从实验者的命令，把电压升至 450 伏呢？

实验结果却令人震惊，在这种情况下，有 26 名被试者（占总人数的 65%）服从了实验者的命令，坚持到实验最后，但表现出不同程度的紧张和焦虑。另外 14 人（占总人数的 35%）做了种种反抗，拒绝执行命令。米尔格拉姆的实验虽然设计巧妙并富有创意，但也引发了不少争议。

抛开实验本身是否道德这个问题不谈，单是实验结果就足以发人深省。米尔格拉姆在实验结束之后，告诉了被试者真相，以消除他们内心的焦虑和不安。继米尔格拉姆之后，其他许多国家的研究者也证明了这种服从行为的普遍性。在澳大利亚服从比例是 68%，约旦为 63%，德国则高达 85%。

人们往往低估了权威者对人的影响。那么，人究竟在什么情况下会服从，什么情况下会拒绝服从呢？哪些因素会对服从行为产生影响呢？米尔格拉姆通过改变一些实验条件做了一系列类似的实验，发现下列因素与服从有关：

1. 服从者的人格特征

米尔格拉姆对参加实验的被试者进行人格测验，发现服从的被试者具有明显的权威主义人格特征。有这种权威人格特征或倾向的人，往往十分重视社会规范和社会价值，主张对于违反社会规范的行为进行严厉惩罚；

他们往往追求权力和使用强硬手段，毫不怀疑地接受权威人物的命令，表现出个人迷信和盲目崇拜；同时他们会压抑个人内在的情绪体验，不敢流露出真实的情绪感受。

2. 服从者的道德水平

在涉及道德、政治等问题时，人们是否服从权威，并不单独取决于权威人物，而与他的世界观、价值观密切相关。米尔格拉姆采用科尔伯格的道德判断问卷测验了被试者，发现处于道德发展水平的第五、第六阶段上的被试者，有75％的人拒绝服从；处于道德发展第三和第四阶段的被试者，只有12.5％的人拒绝服从。可见，道德发展水平直接与人们的服从行为有关。

3. 命令者的权威

命令者的权威越大，越容易导致服从。职位较高、权力较大、知识丰富、年龄较大、能力突出等，都是构成权威影响的因素。

此外，情境压力对服从也有一定的影响。在米尔格拉姆的实验中，如果主试在场，并且离被试越近，服从的比例就越高。而受害者离被试越近，服从率就越低。所以，就有学者担心，如果有一天战争发展到只需要在室内按按电钮的阶段，那么人们就有可能更容易听从权威的命令，那样后果将是可怕的。

那么，我们应该如何破除权威效应的"迷信"呢？

这就要求我们看问题时，不要被问题吓倒，更不要惧怕、迷信权威。我们应该学会独立思考，以自信心作为突围那些权威名义下的种种"圈套"的利器。我们不要在接触到难题的时候就为自己设置无谓的障碍，不要在还没有尝试解决问题的时候就对自己的能力有所质疑。

同时，我们更要学会创新，用发散性思维、逆向思维来进行思考，当一条路走不通的时候，我们不要再试图以常规的方式来处理问题，更不要以权威的方案为唯一。

所以，在现实生活中，无论是做人还是做事，我们都要擦亮双眼，理智思考，不要让权威成为遮盖事实真相的心理面纱。

人多却不一定力量大

中国有句老话叫作"人多力量大"。但是现实生活中，有时并非如此。有时多人一起干活，效率反而更低，效果反而更差。为什么人多却不一定力量大呢？看完下面的实验你或许能有所启发。

德国科学家瑞格尔曼的拉绳实验：参与测试者被分成四组，每组人数分别为一人、二人、三人和八人。瑞格尔曼要求各组用尽全力拉绳，同时用灵敏的测力器分别测量拉力。测量的结果有些出乎人们的意料：二人组的拉力只为单独拉绳时二人拉力总和的95％；三人组的拉力只是单独拉绳时三人拉力总和的85％；而八人组的拉力则降到单独拉绳时八人拉力总和的49％。

现代社会把人们组织起来，就是要发挥团队的整体威力，使团队的力量大于各部分之和。而拉绳实验却告诉我们：1＋1＜2，即团队的力量小于各个部分的总和。这一结果向团队的组织者发出了挑战。

在一个团队中，只有每个成员都最大限度地发挥自己的潜力，并在共同目标的基础上协调一致，才能发挥团队的整体威力，产生整体大于各部分之和的协同效应。那么，到底是什么因素影响了团队的整体绩效呢？

在一个团队中，影响成员发挥其能力、潜力的因素非常多。一个团队要组织建设好，需要每一个成员、每一个环节都做得好，从而保证团队的力量；相反，如果团队建设中的任何一件小事、任何一个细节做不到位，都会影响团队成员的积极性，进而影响团队整体的战斗力。在影响团队绩效的诸多因素中，应该注意从以下三个方面来把握。

第一，绩效评估方法。绩效评价看重的是整个团队的绩效，这是不言而喻的。但是，团队绩效毕竟是每个成员协同努力的结果，必须重视团队成员个人的作用。所以，一个团队需要一套公平、透明的绩效评估体系，对成员的努力绩效做出评价。假如评估体系不够透明，或者不够科学的话，就会影响到团队成员的积极性，进而影响整个团队的绩效。因为不对团队成员的个人努力做出评估的话，团队中就会有人滥竽充数，不会为团队建设做出贡献，甚至会影响其他团队成员的积极性。

第二，人际关系。北大社会学的前辈费孝通先生，在谈到人际关系的时候，对我国的人际关系作了一个比较形象的比喻。他说：中国的人际关系就像一块石子扔到水里一样，溅起好多好多的波纹，一圈一圈的波纹向外扩散，由近及远，互相交错，利益关系复杂。比如，一个有着三个人的小单位，构成了一种简单的三种人际关系；如果增加一个人，就变成六种关系了。加入的人越多，那么形成的关系也就越复杂。因为每一个人都像投入水中的石块一样，以自己为中心，形成了一圈一圈的波纹似的由亲而疏的关系网，在相互交错中，形成了错综复杂的关系。复杂的人际关系，对团队绩效产生了很多负面的影响，因为人们把太多精力耗费在人际关系方面。而人的精力是有限的，你这方面花费得多，用在工作上的就少了，就必然会影响团队整体绩效。所以，团队一定要创造一种和谐的人际关系氛围，使团队成员可以在简单的人际关系中，轻松而又全力以赴地进行工作。

第三，公平因素。团队当中的每一个成员都有公平的要求。公平可分为程序上的公平和结果上的公平。一般说来，程序上的公平比结果上的公平更能对团队成员产生影响。比如，在百米赛跑中，在公平的比赛机制下，人们只会向自己而不会向第三人抱怨没有跑第一，但如果参赛者没有站在同一起跑线上，那么人们就会对结果是否公平提出异议，进而影响情绪，影响其积极性。程序上的公平是要给人以平等的机会，而结果的公平是要给人以平等的结果。

在满足程序公平的前提下，不同的结果则表明了个人的能力以及努力程度；如果程序上不公平，那么就会导致秩序混乱。所以，相对而言，程序上的公平比结果上的公平更重要。

以上这些问题解决得好，组织内的成员就会协调一致地行动，这样就有可能产生整体大于部分之和的协同效应。所以，人多不一定力量大，必须具有团队精神，才能发挥整体大于部分之和的协同效应。

团队精神可以使一个人成大事，可以使一个企业于激烈竞争中处于不败之地，可以使一个民族强大。

为什么会有"鸟笼效应"

鸟笼效应是一个著名的和有意思的心理现象，它起源于近代杰出的心理学家詹姆斯。

1907年，詹姆斯从哈佛大学退休，同时退休的还有他的好友物理学家卡尔森。一天，他们两个人打赌。詹姆斯说："我有个办法，一定会让你不久就养上一只鸟的。"对于詹姆斯的话，卡尔森根本就不相信，他说："我不会养鸟的，因为我从来就没有想过要养一只鸟。"

没过几天，卡尔森过生日，詹姆斯送上了一份礼物，那是一只精致漂亮的鸟笼。卡尔森笑着说："即使你给我鸟笼，我还是不会养鸟，我只当它是一件漂亮的工艺品。你和我打赌，你会输的。"

可是，从此以后，卡尔森家里只要来客人，看见书桌旁那只空荡荡的鸟笼，大部分的客人就会问卡尔森："你养的鸟去哪里了，是飞走了吗？"卡尔森只好一次次地向客人解释："不是这样的，我从来就没有养过鸟。鸟笼是朋友送的。"然而，每当卡尔森这样回答的时候，就会换来客人困惑而有些不信任的目光。无奈之下，卡尔森只好买了一只鸟。

詹姆斯的"鸟笼效应"成功了。即使卡尔森长期对着一个空置着的鸟笼丝毫不感到别扭，但每次来访的客人都询问空鸟笼是怎么回事的时候，或者将怪异的眼神投向鸟笼时，他就渐渐地懒于去解释，丢掉鸟笼或者购买一只鸟回来相对而言是一件更方便的事。丢掉鸟笼是不可能的，因为那是詹姆斯送的生日礼物，那就不如买一只鸟，省了之后解释麻烦。

从卡尔森主动去买来一只鸟与笼子相配的行为分析，不难看出他是迫于众人询问的压力或者迫于自身心理压力而不得不改变了初衷。这是一种巧妙运用压力促使人服从的方法。自身的想法如何？该怎么去做？该满足谁的需要？卡尔森在某种程度上被詹姆斯的"鸟笼"给操控了，使得自身的自我意识消失，陷入了被别人操纵的结果。事实证明，如果你陷入被操纵关系的时间越长，你就越看不清真正的自我。同样，别人也无法真正地了解到你真实的想法。被操纵者最后会追随着操纵者的需求而不断地改变自己的立场，不自觉地遵循操纵者的指示。

如果你不知道自己究竟是谁，不知道除了为别人服务之外自己究竟该处于什么样的立场上，除了听从别人的指示之外自己不知道该怎么表达自己的想法，那么，你正是"自我消失"的人群中的一员，在人与人之间的相处上似乎感觉到自己在一点点地"消失"。有些感受不到自我存在的人这样描绘他们对"自我消失"的体会：生活以他人为中心，缺少个性，因而无法被人深刻记住。他们就像空气一般，漂浮在人们的周围，却几乎忽视了自己的存在。最令人感到可怕的是，在睡梦里或在清醒的时候，你可能还会突然地感觉到自己似乎正在不断缩小，似乎就要与这个世界离别。

在感到"自我消失"后，你就会感到一种无法言喻的失落感，也会感到与他人之间的距离拉大了。你非但不能清楚地向他人展示自己，也无法根据自己的处世原则适时拒绝别人、表明自己的态度和立场。此时，别人便会根据他们的理解及意愿来划定你是哪类人。确切地说，他们会将自己的意愿强加在你的身上。

产生这种"自我消失"的感觉可以追溯到一个人童年时期的经历。童年时期的某些经历会在一定程度上造成这种自我意识和感知模糊，如童年时期遭遇的一些影响了自我意识的健康发展的事情。这样的事情可能归咎于父母不正确的教导，或在他们童年时期其他一些比较重要的人的影响。在这样的环境下，小孩子不断地被教育，并最终学会：自己的意见是无关紧要的，自己不聪明、不能干，以及大家希望他遵从有权有势者和权威的意愿。

心理学家在分析人格问题上有一个经典的测试，即罗夏墨迹测试。在这个测试里，将给出一系列卡片，每张卡片上都有一个墨迹。这个墨迹没有规则的形状，测试者被要求从每张卡片的墨迹上"看出"一张画。这一测试的理论基础是：测试者会将无任何确定意义的墨迹想象成他所被要求看到的图形。

如果你在生活中不能表现出一种确定的人格，那么，别人就会根据他们自己的需要和想法把你想象成另外一个样子。这就是"罗夏现象"。

自我意识不明确的人或丧失了自我意识的人往往容易在受到压力时便无法坚持自己的原则，甚至有时容易被他人操纵。因此，作为一个有独立思想的个体，应该尽量避免"鸟笼效应"对自己的影响。

有人会"一呼百应"

在观看演唱会时，当看到舞台上某个演员演唱出自己熟悉的音乐时，我们往往会不自觉地跟着哼唱，以至于越来越多的人跟随着大声唱出来，把整个现场推向高潮。人们为什么会出现这种不自觉的行为呢？因为当人把自己埋没于团体之中时，个人意识会变得淡薄。心理学将这种现象称为"去个性化"。它是指个人在群体压力或群体意识影响下，会导致自我导向功能的削弱或责任感的丧失，产生一些个人单独活动时不会出现的行为。

这个概念最早是由法国社会学家 G. 勒邦提出的，意指在某些情况下个体丧失其个体性而融合于群体当中，此时人们丧失其自控力，以非典型的、反规范的方式行动。人们在群体中通常会表现出个体单独时不会表现出来的行为。例如，处在团伙中的个体有时会跟团伙表现出一些暴力行为，而这种行为在他单独时不会表现出来。

当人把自己埋没于团体之中时，个人意识会变得非常淡薄。个人意识变淡薄之后，就不会注意到周围有人在看着自己，觉得"在这里我们可以做自己喜欢做的事情"。于是，本来性格内向、羞于在人前讲话的人，看演唱会时也会跟着大声唱歌，看体育比赛时也会高声为运动员呐喊助威。

但如果我们把握不当这种状态，就会存在一定的危险性。当人的自我意识过于淡薄时，就会开始感觉什么事都不是自己做的。比如狂热的足球迷，如果自我意识过于淡薄，就可能发展成危害社会的"足球流氓"。当然，"没个性化"并不会在所有情况下都能导致人丧失社会性。在保持着社会性的团体中，"没个性化"也很难使人做出反社会的行为。

心理学家金巴尔德曾以女大学生为对象进行了一项恐怖的实验。他让参加实验的女大学生对犯错的人进行惩罚。这些女大学生被分为两组，一组人胸前挂着自己的名字，而另一组人则被蒙住头，别人看不到她们的脸。由工作人员扮成犯错的人后，心理学家请参加实验的女大学生发出指示，让她们对犯错的人进行惩罚，惩罚的方法是电击。

实验结果表明，蒙着头的那一组人，电击犯错者的时间更长。由此可见，有时"没个性化"会让人变得更冷酷。

金巴尔德认为，没个性化产生的环境具备两个条件：匿名性和责任模糊。匿名性即个体意识到自己的所作所为是匿名的，没有人认识自己，所以个体毫无顾忌地违反社会规范与道德习俗，甚至法律，做出一些平时自己一个人绝不会做出的行为。责任模糊是指当一个人成为某个集体的成员时，他就会发现，对于集体行动的责任是模糊的或分散的。参加者人人有份，任何一个个体都不必为集体行为而承担罪责，由于感到压力减少，觉得没有受惩罚的可能，没有内疚感，从而使行为更加粗野、放肆。如集体起哄、相互打闹追逐、成群结伙地故意破坏公物、打架斗殴等，都属于去个性化现象。

心理学家指出，在群体中的个人觉得对于行为他是不负责任的，因为他隐匿在群体中，而不易作为特定的个体而被辨认出来。这样，有的成员甚至觉得他们的行动是被允许的或在道德上是正确的，因为集体作为一个统一体参加了这一行动。

"去个性化心理"是群体中成员普遍具有的一种心理，既可能导致消极行为，也能够产生积极效应，为我所用。因此，我们要加强自我监督的管理和个人素质的提高。

设法改变他人的决定

在决策过程中，一些影响我们思想和行为的因素常常被我们忽视，因为它们十分隐蔽。有时候，可能只是简单的一个笑话、简短的一段音乐或者报纸上的新闻标题。事实上，要改变一个人的思维模式、感觉和行为方式并不需要大费周折，只需动一下小脑筋。

在一项研究中，法国餐厅的服务生被要求在给客人呈上账单的同时附上一张卡片。卡片的内容一半是当地一家夜总会的广告，另一半则是一则小笑话。

那些看到笑话的顾客都给逗乐了，更重要的是，他们在给付小费时也变得慷慨多了。

也许我们会认为小费的多少取决于餐厅所提供的食物、饮料和服务的质量，但在对全球范围内的酒吧和餐厅内进行的研究显示，真正能够决定小费多少的是一些隐性因素。心情好坏在其中起着重要的作用，如果用餐者的心情非常愉悦，通常给的小费也比较可观。

研究人员已经反复衡量过心情和小费之间的关系。当外面阳光明媚时，甚至当服务生告诉他们外面阳光明媚时，人们都会给较多的小费。如果服务生在账单底部画上一个笑脸或者写上一句"谢谢您"，或者面对顾客时露出明显的笑容，他们都会得到更多的小费。其他一些研究还发现，如果服务生以名字而非姓氏介绍自己或者称呼客人，小费的数额也会大幅攀升。

此外，触摸的力量也不容忽视。在一篇名为《点金术：轻微触摸对餐厅小费的影响》的文章中，艾普瑞尔·克拉斯克解释说，她对两名女服务员进行了培训，教她们在给客人呈上账单的时候触摸客人的手掌或肩膀1.5秒钟。结果显示，与没有任何身体接触的情况相比，这两种短暂的触摸都会让客人多付一些小费。相对而言，轻触手掌的效果要比轻拍肩膀更好一些。

20世纪90年代，得克萨斯科技大学的研究人员查尔斯·阿雷尼和大卫·基姆在市区的一家酒品专卖店有计划地改变所播放的音乐。半数的顾客听到的是古典音乐，比如莫扎特、门德尔松和肖邦的曲子；还有半数的顾客听到的是流行音乐。研究人员把自己乔装成了清点存货的店内助理，借此观察顾客的各种行为，比如他们从酒架上拿下了多少瓶酒、是否阅读酒品的标签，更重要的是，他们最终买了多少瓶酒。

观察的结果令人印象深刻。播放的音乐类型并不会影响人们在酒窖里停留的时间，也不会影响人们从酒架上所取下酒品的数量，甚至不会影响人们购买酒品的数量，但的确会影响顾客对酒品的价格的选择。当播放古典音乐时，人们所选酒品的价格平均要比播放流行音乐时高出三倍。研究人员相信，听到古典音乐会让人们下意识地感觉自己变得高尚起来，从而促使他们去选购更为昂贵的酒品。

这些研究无不证明一个道理：我们的决策总会受外部各种因素的影响。它们在我们尚未察觉时，改变着我们的思维习惯和行为方式。

"吊桥效应"引发心动错觉

我们往往用心动来判定一份感情的开始。但是，我们是否曾经想过，这份心动里到底几分真、几分假？有人做过这样一个实验，研究者让女助手分别在两座桥的桥头等待他人，一座是安全木桥，一座是颇具危险度的吊桥。她被要求去接近18～35岁的男士，时间则被限定在他们走过桥头的时候，她要同那些男士交谈，并请每位填写一张简短的调查表，同时对他们声称之后会告诉他们这项研究的相关事宜，并把自己的名字和号码写在小纸片上交给对方。

实验显示，几天后，走安全木桥的16位男士中只有两个给女助理打了电话，而走过吊桥的18位男士中几乎有一半主动与她联系了。当然，这些主动者不太可能是一夜之间就对心理研究产生了兴趣，更合理的解释则是——这位女助理的魅力。但是，为什么安全木桥和吊桥之间又产生了如此大的差距呢？为什么吊桥上的男士明显比安全木桥的男士对她更感兴趣呢？

研究的答案就是：两座桥的摇晃程度不同。

因为当人们经过吊桥的时候，会因为不稳定感和不安全感产生一些生理反应，比如，下意识屏住呼吸、心跳加快、冒出冷汗，异常紧张，而这些都是肾上腺素上升的反应，大部分男士就将这种反应和紧张感转化为一种浪漫情怀。同时，研究还表明，行走路径的选择也分类出了这些男士的性格特征，选择吊桥的人比选择安全木桥的人更具有冒险精神和主动意识，他们都是相对更勇敢的人。所以，心理学上将这种把生理上的紧张感转化为浪漫感的状态，称为"吊桥效应"。

正如这种心理现象所表达的，我们在与人交往的过程，往往会不由自主地受到许多外界环境的影响或干扰，但是，这种微妙的信息发送和接收，可能是我们本身很难察觉的。所以，很多时候，我们所说的心动到底是因为什么因素，或许我们自己都很难说清。但是，我们很难否认，自己会下意识地仅凭一种生理反应就判定对交往对象的好感度。

所以，对于爱情来说，心动的开始，或许有很多复杂的成分在其中，而我们的感情或许也没有自己想象中的那么单纯和理智。

爱情本身并不简单，它就好比一锅大杂烩，是百种滋味的纠结和融合。而想要让这锅大杂烩更美味，各种材料都入味三分，我们最好多一份心理准备和技巧。

所以，无论是在恋爱或是婚姻中，想要得到真挚的爱情，恋人之间要相互观察、了解乃至考核，这都是有必要的。只有经过多方面的观察、了解、考核，才能从里到外认识对方的本质，并由此做出判断：能否与他共度一生。无论在选择恋爱的时候还是在恋爱之中，我们的智商都不能降为零。不要不爱，也不要太爱，更不要因爱淹没了自己的人格和想法，要明白"过犹不及"的道理，要时刻谨记人的心里需要一把"适度原则"的铁锁。无论有多么的狂热，一定的理性还是需要的。把这种理性化为一种力量和智慧，不要让自己轻易变成别人手中的玩物和傀儡，也不要抱着一种非君不可的牺牲精神去飞蛾扑火，而是要让自己坚强得如同一座堡垒，不会让爱成为自己的弱点和软肋。

同时，在处理人际关系时，我们也可以利用这种吊桥效应来制造好感。偶尔制造一些紧张感，然后再在适当的时间展示自己。

我们为什么轻信流言

生存于一个团体之中，无论你如何做人，也无法让每一个人都满意，更何况当有利益纷争的时候呢？出于种种原因，对我们不利的谣言就来了，有攻击我们能力的，也有诽谤我们的信誉和人格的。生活中的流言很多，常常令我们身陷被动的境地。

孔子的弟子曾参是一个有名的孝子，有一天，他说："我要到齐国去，望母亲在家里多保重身体，我一办完事就回来。"母亲说："我儿出去，各方面要多加小心，不要违反人家齐国的一切规章制度。"

曾参到齐国不久，有个和他同名同姓的齐国人因打架斗殴杀死了人，被官府抓住。曾参的一个同门师弟听到消息就慌忙跑去告诉曾参的母亲说："出事啦，曾参在齐国杀死人了。"曾母听了这个消息，不慌不忙地说："不可能，我儿子是不会干出这种事的。"

那位师弟走后，曾母仍旧安心织布，心里没有半点疑虑。

过了一会儿，又有一位邻居跑来说："曾参闯下大乱子了，他在齐国杀死人被抓起来啦。"曾母心里有点慌了，但故作镇静地说："不要听信谣言，我儿子不会杀人的，你放心吧。"

这个报信儿的人还没走，门外又来了一个人，还没进门就嚷道："曾参杀人了，你老人家快躲一躲吧！"

曾母沉不住气了。她想：三个人都这么说，恐怕城里的人都嚷嚷开这件事啦，要是人家都嚷嚷，那么，曾参一定是真的杀人了。她越想越怕，耳朵里好似已听到街上有人在说："官府来抓杀人犯的母亲啦。"她急忙扔下手中的梭子，离开织布机，在那两个人帮助下从后院逃跑了。

人们常说，谎言说了一千遍就成了真理。的确是这样的，曾参的母亲开始处于对流言的拒绝状态，坚信自己的儿子不会杀人，但是，当三个人都这样说，她就逐渐认同，甚至最后吓得逃跑了，这是因为心理积累暗示发生了作用。

心理学上有一个与心理积累暗示相关的名词，叫"戈培尔效应"。戈培尔是纳粹的铁杆党徒，1933 年，希特勒上台后，他被任命为国民教育部长和宣传部长。戈培尔和他的宣传部牢牢掌控着舆论工具，颠倒黑白、混淆是非，给谎言穿上了真理的外衣，愚弄德国人民，贯彻纳粹思想。他还做了一个颇富哲理的总结："重复是一种力量，谎言重复一千次就会成为真理。"这就是"戈培尔效应"。

无论是流言还是谎言，重复得多了就会使人相信，这都是由心理积累暗示导致的。心理积累暗示有移山倒海的功效，可以改变人的信念，具有两面性，关键在于如何运用。

世上没有完全不受暗示影响的人，只是程度的深浅不一。他人对我们造谣的动机各种各样，但无论是出于嫉妒还是别的阴谋，我们越在不顺心的时候就越要保持冷静，绝不能被谣言的制造者打倒。

谣言产生并不是什么可怕的事，冷静思考是我们对待谣言的最好处理办法。对于身陷谣言漩涡中的人来说，最需要的是冷静的头脑，而非沮丧的心情和愤怒的举止。因此，我们要做一个不易受心理暗示影响的较为理智的人，让"流言止于智者"。

第七章

有些人就是能征服别人

好些年来，我曾有过一个"良好"的愿望：我对每个人都好，也希望每个人都对我好。只望有誉，不能有毁。最近我恍然大悟，那是根本不可能的。

——季羡林

学会换位思考

学会换位思考，是人与人之间交往的基础——互相宽容、理解。换位思考是融洽人与人之间关系的最佳润滑剂。人们都有这样一个特点：总是站在自己的角度去思考问题，以自己的价值尺度去衡量他人，结果常常导致不愉快的事情发生。

多数人际冲突的产生，都是由于人们过分强调自己的立场，而不能从对方的角度来看问题。事实上，他的做法与你的看法不同，并不代表他一定是错的，而你一定是正确的。如果你处在他的位置上，在同样的状况下，你的做法可能与他并没有什么不同。假如能换一个角度，站在他人的立场上去思考问题，会得出怎样的结果呢？最终的结果就是多了一些理解和宽容，改善和拉近了人与人之间的关系。

所以，在人际交往的过程中，要达成良好的人际沟通，寻求他人的支持与合作，营造利人利己的双赢局面，就必须学会换位思考——凡事要从对方的立场去想想："如果我是他的话……"

上海有一位陈师傅开出租多年，从来没有被顾客投诉过，也没有与顾客发生过争执。他是如何做到的呢？

陈师傅说，主要是他能够站在顾客的角度来考虑问题。比如，顾客要到的地方不让停车，他会用一句话加一个小动作使顾客满意。他说："小姐，你看好价钱，25元。"然后，陈师傅将计价器抬起清零，接着说："这里不让停车，以下的路程算我送你的。"乘客听到这样的话，看到这样的动作，多数会说："没关系，师傅，你该怎么算还怎么算。"陈师傅听了心里也暖洋洋的。

如此站在顾客的角度周全考虑，怎么会得不到顾客的好感呢？怎么会得不到理解和赞同呢？怎么会遭到指责和投诉呢？

换位思考，不仅能够让我们得到别人的理解和支持，也有助于我们更好地了解别人。

换位思考是与人相处的一个十分重要的技巧，也就是将自己置身于对方的立场，去体验对方的内心感受，了解对方的确切需求，从而在彼此的心灵间架起一座畅通无阻的沟通桥梁。与此同时，当你站在对方立场上的时候，自然也会以对手的目光观察自己，从而对自己多一份了解。

战场上，知己知彼，可以百战百胜；社会交往中，需要换位思考，才能知己知彼，从而达到人际交往的高境界。美国汽车大王亨利·福特说过："如果说成功有秘诀的话，那就是站在对方立场来考虑问题。"所以不妨经常问一下自己："如果我是他，会怎么样呢？"如果我处在我儿子的地位，我是否为有我这样的父亲而骄傲？如果我处在我下属的地位，我是否为有我这样的上司而庆幸？当你进行这种角色转换的时候，就会惊奇地发现自己还有许多需要改进的地方。

尽量多让对方说"是"

电机推销员哈里去拜访一家公司，准备说服他们再购买几台新式电动机。不料，刚踏进公司的大门，哈里便挨了当头一棒："我们再也不会买你那些破烂玩意儿了！"总工程师斯宾斯恼怒地说。

原来，总工程师斯宾斯昨天到车间检查，用手摸了一下前不久哈里推销的电动机，感到很烫手，便断定电动机质量太差，因而拒绝哈里的推销。

哈里考虑了一下，觉得如果硬碰硬地与对方辩论电动机的质量肯定于事无补，于是采取了另外一种战术。他说："好吧，斯宾斯先生！我完全同意你的观点，假如电动机真的有问题，别说买新的，就是已经买了的也得退货，你说是吗？"

"是的。"

"当然，任何电动机工作时都会有一定程度的发热，只是发热不应超过全国电工协会所规定的标准，你说是吗？"

"是的。"

"按国家技术标准，电动机的温度可比室内温度高出42℃，是这样的吧？"

"是的。但是你们的电动机温度比这高出许多，喏，昨天差点把我的手都烫伤了！"

"请稍等一下。请问你们车间里的温度是多少？"

"大约24℃。"

"好极了！车间是24℃，加上应有的42℃的升温，共计66℃左右。请问，如果你把手放进66℃的水里会不会被烫伤呢？"

"那——是完全可能的。"

"那么，请你以后千万不要去摸电动机了。不过，我们的产品质量你可以完全放心，绝对没有问题。"结果，哈里又做成了一笔买卖。

哈里的成功，除了因为他推销的电动机质量的确不错以外，他还利用了人们心理上的微妙变化。

当一个人在说话时，如果一开始就说出一连串的"是"字来，就会使整个身心趋向肯定的一面。这时全身呈放松状态，容易造成和谐的谈话气氛，也容易放弃自己原来的偏见，转而同意对方的意见。

这就是获得肯定回答的艺术。我们得到他人愈多的"是"，我们就愈能为自己的意见争取主动权。当人说"是的"或心里这么想时，我们就已经接近他了，因为我们非常了解他的需求，还特别尊重他。因此，他也同样会关注我们，并表现出十分温和的态度。

但是，当对方说"不是"或者心里在拒绝之时，事情就不一样了，当我们的问话看似与他一点关系都没有时，就相当于我们并不关心他想要什么，他肯定会生气的。

如果别人以"不是"回复了我们的建议，这就说明他认为已经没有继续谈下去的必要了。他的立场和"自尊心"都源于此。因此，有时，如果我们与他人打交道时得不到对方一个"是"的回应，我们最好想方设法不让对方说出"不是"这个词。

让对方说"是"时，要注意以下两点：

第一，一定要创造出对方说"是"的气氛，要千方百计避免对方说"不"的气氛。因此，提出的问题应精心考虑，不可信口开河。

第二，要使对方回答"是"，提问题的方式是非常重要的。什么样的发问方式比较容易得到肯定的回答呢？最好的方式应是：暗示你所想要得到的答案。当你发问而对方还没有回答之前，自己也要先点头，你一边问一边点头，可诱使对方做出肯定回答。

如果你想与别人合作，争取在一开始就让对方说"是"，然后将这个良好的开端保持下去，你离成功也将不远了。

给人戴"高帽"有技巧

人都有一种天性：喜欢被人称赞，希望他人给自己戴"高帽"。而给人"戴高帽"就是把一个人的优点、专长、名誉、地位等美好的一面，用恰当的话语表达出来，并让对方乐于接受，从而起到鼓励、鞭策、警醒、劝告等作用。当一个人因失意、受挫、暴怒、悲伤而情绪低落的时候，迫切需要有人对其劝导和安慰，包括恰到好处地"戴高帽"，帮助其增强信心、走出低谷、恢复常态。"戴高帽"不同于阿谀奉承、讨好卖乖，它必须针对对方的实际，把好话说圆，给人以真诚感，令对方心悦诚服。因此，如果运用得当，对促进人际交往能起到意想不到的效果。但是人毕竟是有不同层次、不同个性的，如果这顶帽子不合适，太大或太小，不仅收不到预期的效果，还会让人感觉不舒服，甚至产生厌恶的心理。

如果有人对一位清洁工人进行这样的赞美："你真是一位成功人士呀！你具备非凡的气质，你是一位非常伟大的人！"对方一定会认为这人是神经病，因为这些话好像跟他没有任何关系。所以在给别人"戴高帽"的时候，一定要掌握好分寸，要"量身定做"。

袁萍是一家汽车经销商的服务经理。在她公司里，有一位员工的工作效率和业绩每况愈下。然而，袁萍并没有对他进行指责，而是把他叫到办公室，跟他进行了坦诚的交谈。

袁萍是这样说的："姜师傅，你是一位很棒的技工，在现在的这条生产线上工作也有好几年啦，你修理的车子顾客都很满意。事实上，有很多人都赞扬你。只是最近，姜师傅，你完成一件工作所需的时间好像变长了，而且质量也比不上你以前的水准。你以前真是一位杰出的技工，我想，你一定也知道，我对现在这种情况不太满意。也许，我们可以一起来想一个办法，改正这个问题。你认为呢？"

姜师傅说："我并不知道我没有尽好自己的职责，非常感谢您，我向您保证，我一定会胜任我接下来的所有工作的，我会想办法加快速度，同时，提高质量。"

那么，姜师傅做了吗？我们可以放一百个心，他非常尽力地去做了。大家想想，袁萍赞扬他曾经是一位优秀的技工，他心里也这么认为，那么，他肯定会在以前优秀的基础上求更大的进步。

其实，每个人的性格不同，心理不同，所需要赞美的地方也是不同的。会说话的人不会给两个人同样的赞美，而会为对方量身定做一个最合适的"高帽"。买衣服的时候，如果别人说："哎呀，你穿着可真合适，像专门为你量身定做的一样。"听了，我们心里自然是高兴的，也多半会欣然买下来。几个女人一同去美容院消费，如果美容师都给她们戴上同样的"真漂亮，真美"这样的高帽，那这些女人多半是不高兴的。但如果美容师能根据这些女人各自的特点，比如事业成功、气质独特、家庭和睦、涵养很高等方面进行赞美，相信美容师的业绩也会节节高升。每个人在生活中都扮演了多重角色，角色关系不同，说话方式就不同，赞美的方式也就不同。对朋友可以真心诚意地夸奖，对领导要含蓄适度地赞美，否则会认为是拍马屁，对爱人要甜言蜜语地称赞，对长辈要恭恭敬敬地讨好，对小孩可以和蔼地夸奖。

量身定做具有唯一性。赞美的时候，如果你对不同的人都用同样的语言去赞美，那么效果一定好不到哪里去。而为别人量身定做一顶"高帽"，效果自然不用说。所以赞美别人，不单单是花言巧语、甜言蜜语，更重要的根据对方的文化修养、心理需求、所处背景、性别年龄、个人经历等不同因素，恰如其分地恭维、赞美对方。把"高帽"戴得恰到好处，会使你的劝说立竿见影，会使你的交际锦上添花。

善于制造愉快的谈话氛围

为什么有些人说的话让人听着十分舒服，而有些人说起话来让人感觉如此刺耳呢？其实这就是说话技巧的问题了。掌握好说话技巧，既有利于建立良好的人际关系网，又有利于使你更加靠近成功。一个好的推销员不会直接跟顾客说"签合同"，而是会想办法让顾客"认可上面的内容"。

说话的技巧很重要，要注意以下几点：

公司或领导已经决定的事情就不要评价，不要给出自己的想法和建议，无论你认为这些建议和想法对公司有多大的好处都要坚持不说的原则。但是在公司未决定前一定要把自己的想法说出来，这是你的职责，但不要给出超越职权的建议和想法，否则受到伤害的是你自己。

已经发生的事情不要去追究。有些小事情，过分地追究可能会伤害别人，以后就不好与之合作了。

我们要善于制造愉快的谈话气氛，见什么人说什么话。这不是拍马屁而是一种说话的技巧。这方面大部分年轻人是做不到的，因为他们年轻气傲，易冲动。所以，没有经验的年轻人要更加注意这一点，好好训练自己。

无论在谈生意还是交际中，幽默永远都需要。幽默是一种亲和力，它会让我们的距离拉得更近，也会让我们的事业更进一步。

刚认识的顾客，礼貌是不可少的。与刚认识的朋友，最成功的做法就是做一个忠实的听众，把说话的权利让给别人。当然了，要因人而异，随机应变，见机行事。

坏事情，先说结果。这样就有了沟通的底线，剩下的时间就可以用来沟通怎样解决问题。

其实，很多时候说话不是要表明什么观点，而是要表明自己的态度，或者试探别人的态度。这样的说话技巧是"放话"。

自信是很重要的，我们要相信自己一定会成功。这是成功的前提。说话也一样，要相信我们每一个人都是优秀的演讲家。

语言能力是一个现代人才必备的素质之一，说话不仅仅是一门学问，还是你赢得事业成功的常变常新的资本。好口才会给你带来好的运气和财气，所以拥有好口才，就等于拥有了辉煌的前程。一个人，不管你多么聪颖，接受过多么高深的教育，穿着多么漂亮的衣服，拥有多么雄厚的资产，如果你无法流畅、恰当地表达自己的思想，你就无法真正实现自己的价值。

有经验的人都知道，针对不同的对象、不同的事情，在不同的时机，说话的方式应不一样。沟通技巧是实践经验的总结，需要一辈子去学习、体验、训练，在任何时候，心中要有主心骨：沟通中，沟是手段，通是目的。

用"权威"征服你的对手

在日常工作、生活中，人们常常会遇到这样一种情景：当你在与别人争论某个问题，分明自己的观点是正确的，但就是无法说服对方，有时甚至还会被对方"驳"得哑口无言。这时，你是否想过，如果在言辞中添加一些权威成分，则很容易就能让别人赞同自己的观点？

可能有个朋友告诉你某种蔬菜或水果营养价值很高、某种蔬菜或水果不宜食用，你会不以为然。而健康栏目播出的节目或者某个专家说，某种蔬菜或者水果含有对人体有利的元素，应该尽量多食用。在听到权威的话之后，人们肯定会马上行动，将这种有益的蔬果端上餐桌，并反复跟家人强调这种蔬果的好处。如果某位专家说，某种食物吃多了会影响身体机能，建议不宜多吃。那么许多人一定会把这类食物请下餐桌，并嘱咐身边的亲戚朋友要远离这种食品。可见，人们对权威者的话语存在着一种莫名的恐惧感。

心理学家认为，人的有些感情不完全真实，而且连自己都意识不到它不是真实的。比如说爱或者恨，当一个人以为爱着另一个人的时候，其实不一定真的爱对方。同理，当一个人认为自己恨一个人的时候，也不见得是真的恨。但是有一种感情绝对是真实的，那就是恐惧。当一个人意识到自己在恐惧的时候，就真的是在恐惧。在日常生活中，一个人开始感到恐惧时，思路就会变得紊乱，情绪就会变得紧张，而且会不自觉地变得冲动，无法做出正确的判断。

生活中经常会有这样的感受：黑夜里，我们看到黑影的时候就会感到恐惧。因为黑影让人们感到陌生，因此它被视为是内心害怕的彰显，所以令人感到惧怕。事实便是如此，恐惧源于人们内心的情绪，它能影响人们正常的思考。所以，在自己的言谈中添加一些权威成分，可以有效地操纵别人增加对你的信任和支持。通过言谈使别人的思想进入你的权威之中，他们就会一点一点地相信你的观点，接受你的意见。而且一旦感觉自己偏离了你的观点，便会觉得恐惧、不安，会调整自己，继续相信你的权威。

适当的时候袒露自己的缺点

你是否觉得如果要使自己拥有一个强大的气场就得使自己成为一个几乎没有缺点的人，至少在别人看来是个完美的人呢？

如果答案是"是"的话，那么观察你周围那些在你看来几乎没有缺点的人，他们是不是都能易如反掌地影响他人？他们的气场是否足够强大？事实上，不完美的人才容易与他人亲近，从而扩大自己的气场影响力。

露宝是一名42岁有着4个孩子的家庭主妇，曾从事过文秘、档案管理和会计等工作。但这些工作她都做得不长，后来一直在家里操持家务。孩子长大后，她不得不出来工作，挣钱补贴家用。正好有一家公司招聘秘书，她投了简历。在填报工作履历时，她如实填写了如上情况。她的女友说她："你太傻了，这么写没人要你的！"她自己也没有抱多大的希望。但是她认为，做人要诚实，不能骗人。

傻人也有傻福。这家公司刚刚草创，百事待举，恰恰需要一名管家型秘书。董事长认为：只要她能胜任公司的各种杂务而不厌其烦就行。大龄的"缺点"，在董事长眼里竟然是优势。而她以一个成熟女性特有的缜密与周到，把工作做得妥妥帖帖，从而赢得大家的一致认可。

大多数的人总想尽可能地掩饰自己的缺点，并塑造出"精明能干"的形象，应聘者在应聘中更是如此。然而，形象过于完美的人，往往容易让人产生一种不真实感，有时甚至连自己真正的优势也会被别人怀疑。不介意袒露自己缺点的露宝不仅获得了该公司的秘书职位，还为自己营造了良好的人际环境，最重要的是她的气场、她的魅力征服了公司所有人。

过于完美的人容易让人产生距离感，难以亲近。试想一下，在与一个有距离的人相处时，你能发挥自己的气场吗？你自己的气场真有那么强大吗？事实并非如此。美国密西西比大学约翰·波格博士曾进行一次调查。

调查结果显示，情侣不刻意互相掩饰，坦诚相对，这样反倒不容易分手。

如果在人际交往过程中先袒露自己的缺点，往往更容易得到别人的信任。生活中，大多数人总是想方设法地掩饰自己的缺点，宣扬自己的优点。试想一下，如果此时有人故意暴露自己的缺点，是否会让人觉得他很诚实，从而对他产生信任感呢？答案是肯定的。因此，如果你想获得别人的好感，首先就得赢得别人的信任。人们总是倾向于接受自己熟悉的人的意见和建议，如果你能让对方对你持有好感的话，你的气场便在无形中得到了增强，并不时地对外界发放威力，影响着你周边的人。

所以，要想使自己拥有良好的人际关系，最好是在事前向对方告知你的缺点。但值得注意的是，这个缺点是无伤大雅的小缺点，如果这个缺点会让对方将你拉入黑名单，那还是不说为妙。

告诉对方你的缺点的诀窍还在于先让对方有心理准备后，再努力采取补救措施，这样则能为自己加分。

比如说"我做事的速度比较慢，但我会比别人更注重细节""我堵车了，可能会迟点到"，但如果你做得既快又好抑或准时抵达现场，你说别人对你的印象是不是会更好呢？而且在告知缺点的同时也不忘提出自己的优点，不仅能够加深对方对你的正面印象，还能减少人际交往中容易带来的疏远感。

对于那些很轻易就能影响别人的人，人们总是会羡慕他们拥有这么强大的气场，似乎上天总是过分地眷顾他们。事实上，不是上帝特意眷顾他们，而是他们善于为自己营造一个良好的人际氛围，懂得与他人相处，使自己和谐地融于集体中。要知道，一个气场超强的人，是让人感觉不到他的强势的，而是在很平常很自然的氛围中，感染着周围的人。所以，要适当地暴露自己的缺点，营造出一个良好的人际关系之后再用合适的手段，让他人不经意地接受你的意见，征服他人。

改变他人的态度

在工作中，需要让他人认同我们的观点或同意某个方案时，如果对方与我们持不同的意见，我们就需要通过一系列的方式说服他人，以改变他人的态度，从而与我们站在同一立场上。

改变他人的态度完全是可能的。它取决于谁来改变、态度的强度、改变的幅度和你所选择的试图改变态度的技巧和方式。

通常情况下，要改变他人的态度需要从认知、爱心、唤醒、角色、行为5个方面着手。由于认知、爱心、唤醒、角色、行为的英文单词分别是：cognition、love、arouse、role、behavior，所以又称CLARB法则。

1. 认知

认知是改变他人态度的方式和路径。

一般来说，我们都会对所有碰到的事情自动地做出评价，不管这种事情与自己是否有关，甚至是多么的不重要。当人们在有了一个初步的体验，被要求对人物或事物的印象进行描述时，这种描述中就不可避免地包含了好或坏的评价。

心理学的理论告诉我们，一个人的态度是由这个人对该事物所持有的看法决定的。因此，人们的认知特点与态度之间有直接的联系。有时候，哪怕已经脱离了信念和真实的知识，我们也仍然能够形成有关某些事物的态度。

2. 爱心

社会所给予的奖励或惩罚对人们态度的形成与发展有影响作用，所以，爱心可以来调节他人的态度。

如果你是一位赛车推销员，你的客户决定买一辆车，但是不知道究竟是该买赛车还是买家用车，在比较的时候，他认为赛车是更有趣的，但是他又觉得赛车修理时花钱多。

在这个时候，如果你告诉他这个车有更长的保修期，而且超过保修期去指定维修地点也不会花太多的钱。这时一定能促使他决定买赛车。

这个案例就是利用了给对方一定好处的原理使生意做成。

爱心如果运用得当，就能促使对方态度的转变。

3. 唤醒

习惯上，天气的因素会加剧人们情绪的改变，就像在夏天炎热的太阳下，那些汽车里没有空调的司机更可能对堵住路口的车大按喇叭一样，炎热的感觉容易唤起人们的不满情绪，使人更暴躁，对一切缺乏宽容。

与之相反的，心理学家经过一些实验证明，唤起人们积极的情绪，就会更容易转变其态度。比如，你每天早晨一想到上班就害怕，原因大概是你与某个同事之间有矛盾，他不喜欢和你一起工作，但工作却不得不做。这时，你只有改变他对你的态度。想改变他对你的态度，你就更要用一种积极的方式与人交谈，真诚地去改善关系，你的真诚与主动示好，同事一旦觉察，自然会改变对你的态度，这是因为良好的情绪会使人产生更富有创造性、更宽容的想法和问题的解决方式。

4. 角色

角色指的是那些处于特定位置的人被期望表现出的行为。当我们去扮演一个角色的时候，刚开始可能觉得很别扭，但很快我们就会适应。这就是态度的转变，自然而然地发生变化。

为了证明角色对态度的影响，心理学家菲利普·津巴多设计了一个模拟的监狱实验：

他用抛硬币的方式，指派一些学生做狱卒，另外一些扮作犯人。前者分给他们制服、警棍、哨子等，后者穿上犯人的衣服，进入牢房。

在经过一天的扮演之后，他们都纷纷进入了角色。狱卒开始贬损犯人，犯人开始崩溃、造反、冷漠。最后，他们越来越分不清真实的身份和扮演的角色，这个监狱已经同化了他们，使他们变成了它的傀儡。

最后，菲利普·津巴多不得不放弃了这个本来计划为期两周的实验。

我们已经看到，通过角色树立改变态度是在无声无息中进行的，却具有强大的力量。

5. 行为

按照我们正常的理解，应该是我们的一切行动都是受态度的指派，事实上是由行为决定态度。

因为态度和行为之间的关系也可以相反的方向起作用：不仅如我们知道的那样态度影响行为，行为也可能反作用于态度。当我们做事时，我们往往会夸大事情的重要性，特别是当我们为该事负责任时。

如果我们掌握了DLARB法则的使用技巧，通过从以上几个方面来具体操作，改变他人对我们态度，你会发现这并不是一件很难的事情。

说服要打感情牌

在一起持刀劫持案中，持刀者刘某抢劫不成，情急之下劫持了超市女收银员。但是，最终他还是在谈判专家的说服下，放弃了挟持和自杀。以下就是谈判专家的部分说服过程。

一开始，两位谈判专家就找机会拉近与持刀者的心理距离："兄弟，咱都是东北人，你有啥难处给哥说说。"然后，摆出人质无辜牌，"小刘！让这个女孩子出去！万一要是吓出来什么病，到时候你咋收场?!"

而在刘某自觉人质的确无辜，放弃了对其的挟持后，谈判专家判定刘某产生了自杀倾向，同时，经过事先的了解，得知刘某是爷爷奶奶带大，故与他们有较深的感情，所以他打出长辈这张牌，说："我们的任务，不仅仅是保护人质的安全，还要保护你的安全。要是你发生点意外，我们怎么向你爷爷奶奶交代?!""你这孩子，比我儿子还小一岁，咋这么不听话！快把刀交给吴支队！"

此时，一直退到超市楼梯下的洗手间门口，刘某才止住脚步，但仍未交出水果刀。"来吧，走出这一步。"

谈判专家之一示意刘某交出刀子，同时另外一位谈判专家也趁热打铁："傻孩子，还不赶紧把刀给吴支队！"

我们可以发现，谈判专家在说服的过程中，多次打出的都是"感情牌"，以此缩短心理距离。如，介绍自己是老乡，搬出持刀者较亲近的人，与自己的儿子作对比再次拉近距离，最后那一声"傻孩子"也确实让人感受到其中叹息的感情。估计，这一步步的心理战术，已经走进了持刀者的心坎儿里去了。

心理学认为，当交流双方在沟通中，感受到了对方与自己之间没有心理隔阂或者障碍，那么就表示在某种程度上对交流对象有一定的认可，同时，对其话语中的信任度也就相应升高。那么，说服力度自然也就相应地加大。

所以，我们在进行说服的过程时，不要只一味地"纠正"别人的观点，我们可以先营造一种和谐并充满信任感的氛围，让对方对我们个人先产生一种信任，只要把这种信任感抓在了手中，之后的步骤就相对地好把握了。看来，缩短心理距离，以此获得信任感，是进行有效说服的第一步。

那么，我们在说服他人的过程中，要怎样才能做到缩短彼此的心理距离呢？

1. 寻找共同点，把握循序渐进原则

在说服中多寻求双方的共同点，以此加深共鸣性和感召力。另一方面，还要避免犯交浅言深的毛病。刚开始与对方交谈时，不可要求彼此有深入地沟通，而要逐步深入，否则，这种急功近利的态度或许会让被说服者感觉我们说话没有诚意。要诱导对方的想法和思维，一步一步接近设好的"陷阱"。

2. 多用赞美，让对方放松心理防卫

一定要明白一个道理，说服对方不代表就要反驳对方的一切，有的时候，我们也可以对对方发出一些赞美，强调对方的一些优势，对于这种正面的话语，大多数人都不会从心里排斥。

这种"认可"一旦产生，被说服者对我们之后要说的话就不会产生过于强烈的抵抗意识。所以，为了让赞美更有说服力，赞美时就要诚恳、热

情；间接赞美要有分寸，注意赞美一定要自然，恰到好处。

3. 说服交谈时要留有余地，不演"独角戏"

很多人以为说服别人就是一味地表达自己的观点和想法，用言辞上的优势去打击对方，其实，这种方式表现出来的强制性很大，很容易让对方产生更大的情绪反感。

所以，在与说服对象交谈的时候，不要总是自己一个人侃侃而谈，要多留一些空缺让对方接口，使对方觉得与自己之间有一种无形的互动，让其感觉交谈是和谐的，这样也可以适当缩短距离。

4. 多称呼对方的名字

从心理学上来讲，人们对于自己的名字往往都有一种别样的亲切感，当别人以亲切的口吻称呼自己的名字时，我们会觉得非常温馨，会产生一种特别的亲近效果。而且被称呼的次数越多，越有可能对对方产生好感。由此可见，亲切地称呼对方的名字，也是打开戒备心理之门的有效钥匙。

5. 留心倾听

我们必须记住这一点，说服并不只是一个"说"的过程，它还有一个"听"的成分。因为只有认真地听了，才能搜集更多关于交谈对象的信息，也只有掌握了这些信息，我们才可以运用以上的各种技巧展开说服谈话。

6. 看准时机，适时切入

看准情势，不放过应当说话的机会，适时插入交谈，适时地自我表现，能让对方充分了解自己。这样可以让说服对象知道，我们不是一味在探讨他的"隐私"，这种适当的自我暴露，也会有效地缩短彼此之间的心理距离，让对方适当减小一些心理压力。

背后和推测性赞美最好

出于人们对他人肯定的强烈渴望，故而对方一旦有所成就，就要毫不保留地称赞对方。它的好处在于，一旦知道了什么地方做得很好，人们就会去努力把这一地方做得更好。

而在众多的称赞方式中，背后赞美和猜测性赞美更能调动人们的积极性。

1. 背后赞美

世上背后道人闲话的人不少，大家都很清楚，被说之人一旦知道便会火冒三丈，轻则找闲话者当面算账，重则与闲话者绝交。因此，要引以为戒，不要犯背后说他人闲话的忌讳。但是，背后说人优点却效果奇佳。

背后说别人的好话，远比当面恭维别人或说别人的好话效果要明显好得多。不用担心，我们在背后说他人的好话，是很容易就会传到对方耳朵里去的。

赞美一个人，当面说和背后说所起到的效果是很不一样的。如果我们当面说人家的好话，对方会以为我们可能是在奉承他、讨好他。当我们的好话是在背后说时，人家会认为我们是出于真诚的，是真心说他的好话，人家才会领情，并感激我们。

在日常生活中，背着他人赞美他往往比当面赞美更让人觉得可信。因为你对着一个不相干的人赞美他人，一传十，十传百，你的赞美迟早会传到被赞美者的耳朵里。这样，你赞美的目的也就达到了。

在日常生活中，如果我们想赞扬一个人，不便对他当面说出或没有机会向他说出时，可以在他的朋友或同事面前适时地赞扬一番。

据心理学家调查，背后赞美的作用绝不比当面赞扬差。此外，若直接赞扬的度不足会使对方感到不满足、不过瘾，甚至不服气，过了头又会变成恭维，而用背后赞扬的方法则可以缓和这些矛盾。因此，有时当面赞扬不如通过第三者间接赞扬的效果好。

当你面对媒体时，适当地赞美你的同行，是一种风度，也是一种艺术。

多在第三者面前去赞美一个人，是你与那个人关系融洽的最有效的方法。假如有一位陌生人对你说："某某朋友经常对我说，你是位很了不起的人！"相信你感动的心情会油然而生。那么，我们要想让对方感到愉悦，就更应该采取这种在背后说人好话、赞扬别人的策略。因为这种赞美更让人舒坦，更容易让人相信它的真实性。

2. 推测性赞美

借用推测法来赞美他人，虽然这种方式有一定的主观意愿性，未必是事实，但是能从善意的想象中推测出他人的美好东西，就能给人以美好的感受。

推测性赞美有两种，一种是祝愿式的推测，一种是预言式的推测。

祝愿式推测，主要强调一种美好的意愿，用一种友好的心情去推测对方，带有祝愿的特点。这种推测也未必很可行，但推测者是诚挚而善意的。

预言式推测，带有一些必然性、预见性，可以针对工作、生活中可能会取得的成绩进行预测。

当然，推测并不等于明确的结果，而是具有多种可能性，但前提是被赞美者本身有实力，有可能获得好结果。

预言式推测较适用于同事与同事之间，或父母对孩子的推测，总之，是对身边较熟悉的人所采用的方式，它能起到一定的激励作用。

扩大你的影响范围

如果你是一个善于观察自己的人，你会发现自己的内心深处常会有如下活动：无论做什么事情，只要有很多人支持你，你会有种安全感，进而大胆地去做；无论你说的观点正确与否，只要多数人同意你的观点，你便有胆量大声地说出来；无论你多么讨厌的人，如果周围的人都喜欢她，你也不会轻易地说出讨厌的想法。告诉你，这种心理活动不仅你有，周围的人也都有。

安阳在一个酒吧里做侍者。刚做侍者的时候，尽管他做得很用心，但是从没人给他小费。每次看到其他人获得小费时他都羡慕不已。他用尽自己的心思，想通过热情的问候、周到的服务赢得小费，但没成功。

几个月后，安阳发现了一个获得小费的秘密，即在每次酒吧正式开门营业之前，他先主动地在自己的托盘中放上几张钞票，这会让后面进来的顾客认为该钱是前面客人留给他的，还能使其认为，给小费是酒吧中应有的行为，这时每个他招待的顾客都会在结账时向盘子中放一些小费。

《影响力》一书中曾介绍过销售顾问卡福特·罗伯特说过的一句话："由于只有5%的人是原创者，而其他95%的人都是模仿者，所以其他人的行为比人们提供的证据更具说服力。"的确如此，安阳能够有效地影响顾客，使其给自己小费，正是巧妙地利用了人们这种的从众心理。因为在特定的条件下，当受众没有足够或者准确的信息时，他们常常会通过模仿他人的行为来选择策略。因为这种模仿似的从众行为可以有效地避免风险以及意外，因此人们宁愿随大流。

有句俗话："一人胆小如鼠，二人气壮如牛，三人胆大包天。"这句话形象地说明了人们的从众心理。生活中的任何事情都是这样，不论好坏，只要有人敢做，其他人便会蜂拥而至。因为很多时候，当众人都参与到其中的时候，便会被少数人理解为是合情合理的行为，进而引发更多的人参与其中。譬如随意跨栏，随意横穿马路，随意践踏草坪，等等。

心理学家指出，当人们看到一种行为有很多人进行时，心理总会自觉或者不自觉地以多数人的意见为准则，并做出判断，进而采取与其相符的同一种行为。因为在多数情况下，众人都去做的事情往往是正确的，人们参与到这样的行为中可以使其获得更好的评价以及利益，甚至少走弯路、少犯错误，所以人们习惯性地受周围人做法的影响，也便不足为怪了。

木秀于林，风必摧之；独雁南飞，险必随之。与众不同是要承受很大心理压力的，人们正是畏惧这样的心理压力，所以，多数情况下会从众。追随者越强大，越容易对他人施加影响。当人们看到别人尤其是那些强大者，在某种场合做某件事情的时候，便会断定这样做是有道理的，进而跟随效仿，产生从众效应。

因此，你可以利用他人"随大流"的心理，为自己造声势，让其心甘情愿地为你服务。

第八章

人会经常陷入执着和疯狂

我在教书的过程中深有感触，现在的青年对实际利益看得过重，空想太少，不够浪漫、理想。

——任继愈

沉迷于低概率事件的背后

无论是心存侥幸还是抱着娱乐的态度，相信很多人都有过买彩票的经历。尽管我们自己很明白，只在梦里才有中 500 万的希望！但是这并不妨碍我们对中奖的美好幻想。因为我们并不是绝对没有中奖的希望。

正是这种"感觉这次能中"的想法，让人们无法抗拒地一次又一次购买彩票，想赌一把运气。可每次开奖却都是事与愿违。那么人们为什么这样沉迷于如此低概率的事件呢？或许下面的实验能给你答案。

斯金纳曾设计了这样一组实验：

在箱内放进一只白鼠，并设一杠杆或键，箱子的构造尽可能排除一切外部刺激。白鼠在箱内可自由活动，当它压杠杆或啄键时，就会有一团食物掉进箱子下方的盘中，白鼠就能吃到食物。箱外有一装置记录动物的动作。

实验一：每按三十次按钮就喂食一次；实验二：与按钮次数无关，随机喂食，观察白鼠在哪一种情况下的总按钮次数最多。

结果显示：实验一中，白鼠得到食物后，会休息片刻，必要时再做出反应，在实验二中，因为无从得知食物何时滚下，所以只能持续按钮，不能休息。特别是在实验二中，一次滚出来的食物量越多，白鼠在不再滚出食物的情况下，仍然继续按钮，这种行为不易消失。实验二的白鼠不放弃滚出食物的期望，按了一百次，按了一千次，不停地按了按钮。

斯金纳通过实验发现，动物的学习行为是随着一个起强化作用的刺激而发生的。斯金纳把动物的学习行为推而广之到人类的学习行为上，他认为虽然人类学习行为的性质比动物复杂得多，但也要通过操作性条件反射。

操作性条件反射的特点是强化刺激既不与反应同时发生，也不先于反应，而是随着反应发生。有机体必须先做出所希望的反应，然后得到"报酬"，即强化刺激，使这种反应得到强化。学习的本质不是刺激的替代，而是反应的改变。斯金纳认为，人的一切行为几乎都是操作性强化的结果，包括购买彩票。

事实上，实验二的白鼠正是被操作性条件反射操控了，这种心理和赌徒的心理很相似。明明知道成功的概率极低，人们却仍高估成功的概率，不能从痴迷状态中摆脱出来，专注于某种行为。正如赌徒哪怕一时尝到甜头，就难以抗拒赌博的诱惑。

赌徒有自己的一套理论——赌徒谬论，其特点在于始终相信自己的预期目标会到来。就像在押轮盘赌时，每局出现红或黑的概率都是50%，可是赌徒却认为，假如他押红，黑色若连续出现几次，下回红色出现的概率就会增加，如果这次还不是，那么下次更加肯定，实际上每次的机会永远都是50%。

彩票是一种小概率中奖事件，没有深入研究，没有进行有效选择，仅仅靠资金和运气在彩票上持续做大投入是不明智的。人们之所以无法抗拒地不断买彩票，往往以为自己就是那个幸运的人，尤其是当中了一次5元的小奖时，人们就以为能中小奖就有可能中大奖，甚至坚信大奖就在下一次。

著名经济学家张五常说过："正常的投机，本质上是对市场机会的预期，就人的逐利本性来说，无可厚非。投资为赚钱，投机也为赚钱，两者无道德高下评判之分。"而彩票这种投机太讲运气了，投机机会和风险共存。

如果我们购买彩票时，抱着不中头奖誓不罢休、"不到黄河心不死"的态度，最终可能会落一个倾家荡产的结果。因此，请大家不要沉迷于此，做到小赌怡情，懂得适时收手。

"说曹操，曹操到"的巧合

生活中充满各种神奇的场景，各种让人匪夷所思的巧合：

有时候我们哼着一首歌，旁边的朋友忽然惊呼："啊！我刚才也在心里哼着这歌！"

有时候我们要给一个人打电话，手机忽然响起来，竟是你要找的那个人打过来的！

有时候我们正谈到一个人，结果那个人就出现了，我们惊呼："说曹操，曹操到！"

……

人们惊奇于这种种的巧合，许多人认为人与人之间是存在心灵感应的。在科学领域里有相关的解释：心灵感应能力能将某些讯息透过普通感官之外的途径传到另一人的大脑或心中。

在心理学中，我们该如何看待这种现象呢？

首先，源于我们对外界的感知是有选择的。有一句俗语叫"受伤的手指经常被人碰"。为什么一个人总有"受伤的手指经常被人碰"的想法呢？道理很简单，是因为我们对受伤的手指格外注意罢了，也就是说，我们对外界的感知是有选择的。由此我们也可以明白为什么会"说曹操，曹操到"了，因为事情就是这样，恰好符合这一经验的被我们记住了，而更多的不符合这一经验的却被我们忽略或忘记了，并非我们的预言多么准，只是由于我们所做的选择更有利于证实这句话罢了。

类似的例子很多。有的人会相信预言性的梦，他也确实可以给别人举出一两个例子，但是他忘记了预言性的梦大多都没有实现这个事实；有时还会听到一些人议论：某某人算卦算得可准了，其实这也基本上属于此类情况，即偶尔算准的轻易地留在了人们心中，而大量未算准的却被这些人忽略了。

事实上，准的预言是极少的。只不过人们往往会轻易地忘掉一百次失败的预言，却津津乐道偶然的一次成功罢了。应该说，相当数量的巧合事件都可由此得到解释。

其次，许多无法解释的神奇之事，是因为我们对事情发生的背景知识了解得不够多。我们来看弗洛伊德本人的一个例子：

在得到教授头衔后的一天，弗洛伊德走在一条大街上。忽然，他心里冒出一个念头：几个月前，我曾治疗过一对夫妇的小女儿，但那对夫妇对我的治疗不满意，转而求助于另一个权威了。我想，这个权威是不可能治好他们女儿的病的，最终他们还要回头来找我，并会对我表示出十二分的信任，我会对他们说："现在我是教授了，你们便信任我。既然我是讲师时你们不信任我，那我当了教授对你们也没有什么用处。"正在这时，弗洛伊德的思绪被一声"你好，教授"打断。弗洛伊德抬头看时，正是他刚才想到的那对夫妇。

这算是一个极度巧合的例子。但弗洛伊德给出的解释很简单。他写道："那条街既笔直又宽阔，行人稀少，随便一瞥便可见到二十步远。其实，我老早就看到他们两人正迎面走来。"

由此我们亦可推知，许多似乎无法用常理解释的所谓神奇之事，可能就是因为我们对事情发生之前、之时或之后的背景知识了解得不够多，而且可惜的是，大多数情况下这种背景知识常常被我们忽略。或许，当我们对相应的背景知识有足够的了解时，我们就不用投向神秘论的怀抱了。

另外，所谓的心灵感应多出现在亲密关系的人身上。比如双胞胎、亲密的恋人或朝夕相处的同事。这其实源于生活圈的部分重合导致。人们由于长期相处，彼此之间会形成一种默契，或是有相同的喜好，或是同处于某种特定环境而产生一致想法，所以亲密的人之间更容易出现"心灵感应"。

最后，人们似乎都更愿意相信：存在着超出于因果关系之外的奇特事物。不管科学的争论如何，即使我们没有特别的心灵感应能力，大多数的人仍然愿意相信它。美国麻省理工学院教授菲力浦·莫里森认为，这是我们自己的需要！在《怪异与科学》一书里，他写道："影响人们准确领悟的是人们过于重视巧合，并把巧合与事实混为一谈的倾向。巧合常使人们感到富有戏剧性、奇怪和迷惑。没有什么事情真正需要解释，需要解释的仅仅是观察者主观的要求。"

未知的大自然，浩渺的宇宙，有限的生命，都让我们内心深处有恐惧感。心理学家认为："人们期盼奇迹，甚至希望拥有这样的能力，以消除这种恐惧。"而对于奇特事情的发生，我们如果找不到可以解释的理由，就会焦虑，为此我们就会说服自己，编一些理由来使事件变得合理化。心灵感应就是其中的一种方法。它能使我们跳出各种现实条条框框的束缚，享受一种精神上的自由。

正是因为这样，感性的人们总是对"心灵感应"无限推崇。而对于理性的人来说，"心灵感应"只是茶余饭后的谈资。

为何人们会看到超自然现象

谁知道深山中的大脚印从何而来？谁知道尼斯湖水怪到底是真实存在还是人为虚构？谁能解释百慕大的失踪之谜？……世界上总有许多解不开的谜。

1947年，美国爱达荷州商人肯尼思·阿诺德驾驶私人飞机穿越华盛顿州的卡斯克德山脉时，看见9个不明飞行物，称其为像从水面飞过的盘子，飞碟由此得名。几天之后，美国新墨西哥州的罗斯威尔发现坠毁的外星飞船，当事者发现了神秘的金属残片。这就是进入工业革命后第一次全面的 UFO 报告。

UFO（Unidentified Flying Object）全称为不明飞行物，也称飞碟，是指不明来历、不明空间、不明结构、不明性质，但又漂浮、飞行在空中的物体。

2003 年 5 月 2 日晚，山东省微山县欢城镇界牌口村发现不明飞行物，不明飞行物在该村上空飞行逗留 2 小时之久。对于此事，《济南时报》分别以《微山县出现不明飞行物》和《不明飞行物现微山》为题，先后两次进行报道。

2005 年 2 月 23 日，泰安市西北方向上空出现了不明飞行物。摄影爱好者蔡志亭在市政广场中心花园拍摄元宵节烟花时，拍下了这个类似草帽形状的 UFO。事件报道后，引起多方媒体的关注，包括中央电视台新闻频道在内的多家媒体先后报道了此次事件。

自 20 世纪 40 年代末起，UFO 就引起了科学界的争论。天文学家、气象学家、生物学家、物理学家和其他科学家都相继对其提出自己的解释。那么，从心理学来看，为什么会有人认为自己看到了 UFO 呢？

有人认为 UFO 产生于个人或一群人的大脑，这种现象常常同人们的精神心理经历交错在一起。就好像有人声称自己曾经被外星人"诱拐"过，然后还被做了手术之类的改造。但是，事实上他可能是在潜意识地隐藏自己童年时代被虐待的事实。

同时，还有一些天文现象或者物理现象等也被误以为是"UFO"，比如，球状闪电、极光、幻日、幻月、海市蜃楼等，或者有一些根本就是自己人眼中的残留影像或者对海洋湖泊中飞机倒影的错觉等。但是为什么还是有很多人坚信自己见到的就是 UFO 呢？

首先，这种现象源于人们的好奇心。人们对于未知事物总是充满着好奇心，宇宙的浩瀚带给人们无限的想象空间，地球只是宇宙中的一个星球，在这星球之外是否存在其他生物？他们是否也拥有高端的科技不断探索宇宙的奥秘？有些人坚信地外文明的存在，从而产生"幻觉"或"错觉"。

其次，这种现象也受从众心理影响——当一个人声称某种现象是 UFO 的时候，其身边的人或许也会受其引导而确信看见的就是不明飞行物。

最后这是人类的另一种天性的体现——我们宁愿相信一个无法确定的自然现象一定有科学的解释。而当我们实在无能为力时，与其坦然承认自己的无知，不如把它认为是 UFO。

婚外恋中谁付出更多

有人说，当男人陷入婚外恋时，大多是"家里红旗不倒，家外彩旗飘飘"；而女人就不一样了，她们大多会将所有感情投入到所爱的男人身上。所以有人说，女人一旦对自己的婚姻失望，开始寻找婚姻外的恋情时，会表现得比男人还要决绝。

一般来说，女性的婚外恋历程是"喜新厌旧""弃旧图新"，而很少"喜新不厌旧"，她们在追求婚外幸福时往往比男子更勇敢、执着，不少人敢于蔑视主流文化，顶住种种社会压力，甚至放弃子女抚养和财产利益，而与丈夫毅然决裂，却迟迟不见情人迈出实质性的一步，以致自己人财两空、进退两难。即使这样，女性还是容易在移情别恋时为爱不顾一切。出现这种现象的原因有以下几点：

首先，女性大多把爱情当作人生的主旋律，她们也只有在对情人"动心"的前提下才会冒险去尝试婚外恋，并在热恋中轻信心上人的承诺，从而痴迷地、忘情地投入其中。现在的女人思想更为开放，也越来越重视自己的感觉，对不满意的婚姻，她们会反抗。

其次，妻子与婚外异性过从甚密，常会受到丈夫的当众羞辱、粗暴殴打或性虐待。即使一些女性有悔过意向，丈夫也往往因强烈的占有欲和嫉恨心而难以再对其建立起信任感，有的还对妻子的时间安排、人际交往、兴趣爱好等做了苛刻限制，使妻子的自尊心严重受损，妻子终因无法忍受丈夫的猜忌、疏离和报复行为而寻求婚外恋。

再次，女性往往很难将性和情分离。与男人更加偏重于性不同，女人希望获得性与情的完美结合，所以女人千方百计想去独占这个男人，企求这份爱能够永恒。

显而易见，对婚外恋更执着、专一，也更投入的女性，在这美丽的陷阱中往往跌落得更深，也受到更多的伤害。她们的美好向往常与严酷的现实相脱节，她们的付出总得不到预期回报，她们在短暂的甜蜜和幸福之后，常伴随着沮丧和酸涩，因此，反思和彻悟对于她们尤为必要。倘若她们对婚外恋的心理差异有所了解，并对自己"想要什么"和"能得到什么"是否吻合做出理性判断的话，或许在临近婚外恋地雷区时会更小心谨慎。只要双方在家庭中互敬互爱，经常进行沟通，保持家庭的稳定和谐，婚外恋自然会失去存在的土壤。毕竟，对爱情较为执着专一的女性会更加注重保卫婚姻的完整。

病理性赌徒的心理

年底，当克里斯汀和两个刚刚蹒跚学步的孩子乘坐的飞机在美国拉斯维加斯机场降落时，她并没有看到调到这里的自己丈夫的身影。最终他还是乘出租车来到机场迎接他们母子，但已身无分文，对家人的到来毫无准备，他甚至没有钱租房子，钱包里没有信用卡。

这一切令克里斯汀感到意外："他每年收入超过100万美元，但我们却总是没钱花。"最后，克里斯汀终于知道整件事情的来龙去脉了。她的丈夫艾伦经常沉迷于赌博，所以钱都送给了拉斯维加斯的赌场了。艾伦的赌瘾仿佛是个无底洞，克里斯汀无法忍受了，所以，他们的婚姻亮起了红灯。由于过于沉迷赌博，艾伦的事业也出现了危机，他的老板不愿意再雇用他了。

艾伦很痛苦，他想戒掉赌瘾，克里斯汀在网上看到加利福尼亚州的彭德莱顿兵营可以治疗赌瘾，于是把他送到那里接受治疗。

同90％有了赌瘾的人一样，艾伦接受首次治疗后复发，他驾车从医院去了拉斯维加斯，又赌掉了18万美元。而此时克里斯汀已经绝望，打算和他离婚。于是，艾伦又赶快飞回家，可是，没过多长时间，他又背着妻子偷偷去了赌场。事后，他对妻子忏悔说："过去的9天，我都睡在大街上，我不知道该怎么办。"

艾伦是个典型的病理性赌博障碍患者。病理性赌博是指在个人生活中占据统治地位的、频繁发作的赌博行为，且行为对社会、职业、财产及家庭价值观念与义务都造成损害。现代的医学研究表明，赌瘾的形成不仅和心理有很大关系，而且，也带动着大脑生理上的改变。因此，赌瘾是仅次于毒瘾的心理疾病。

在心理学家们看来，好赌的根源在大脑。赌博能够刺激人的大脑产生一种名为多巴胺的神经介质。多巴胺会带给人快乐感受，很多人都会多次重复那种与兴奋快感相联系的行为。赌博恰恰触到了大脑中释放多巴胺的那根筋。

为了寻找赌博和神经介质释放之间关系的直接证据，瑞士科学家用猴子实验来模拟人类赌博行为。

科学家给猴子大脑装上电极。这些电极可以随时记录猴子大脑内特定神经细胞放电的情况。哪些神经细胞放电就说明这些细胞正在释放神经介质。在这项实验中，如果释放多巴胺的神经细胞放电猛增，就说明猴子已经找到了感觉。实验时，猴子面前设置的计算机屏幕上可以显示5种不同的图案。每当某种特定图案出现时，猴子就有机会得到奖励——一口果汁。

记录发现，如果一种图案让猴子根本猜不出下一步的图案是什么，以及能否得到果汁奖励时，它们分泌多巴胺的神经细胞放电活动最频繁，猴子也因此目不转睛地盯着计算机屏幕。相反，如果某一特定图案表示下面肯定有奖或肯定无奖时，它们的神经细胞就不会产生太强的兴奋。说明期待和猜测渴望得到的结果最能激发神经细胞兴奋，使多巴胺释放。

这项研究提示人们，赌徒之所以不断回头，主要缘于对下注之后、结果未卜的刺激追求。赌博具有难以自制的成瘾性，使人为了一时的快乐丧失理智，甚至不惜倾家荡产，从这一点上，赌博和吸毒非常相似。

婚前有房的心理成因

一部电视剧《蜗居》红遍了大江南北，同时，也产生了一个热门词"蜗居"。的确，现实生活中，在一个城市里生存的关键就是房子。可是，在房价节节攀升的今天，许多市民都会"望房兴叹"。按照中国人的传统习惯，有房才有家，有家才有归属感，房子也成了婚姻的必备品。但其中亦不乏有些人无力购买房子，从而导致男女双方分道扬镳。时下，"嫁人还是嫁房子"便成了人们热议的话题。

"没地儿住还结什么婚?"大学毕业已两年的北京籍的刘茜茜和贾晓宇面对婚姻的前提条件相当一致，尽管俩人相恋五年，感情也相当好，但是没有房子谁也不会先勇敢地提出结婚。

刘茜茜和贾晓宇每家在北京都只有一套房，俩人要是结婚就都得从家出来重新找地方，租房俩人谁也不乐意，结婚得有房的观念深入人心。

刘茜茜不愿意是因为没房就结婚会让父母遭受邻居或亲戚的耻笑，而贾晓宇更是认为要先给心爱的女朋友一个保障才行。

就这样，眼看周围的同学一个个都走入婚姻殿堂，俩人却还在不断纠结，虽然好事多磨但更怕夜长梦多。就怕当有了房子，身边已经不是从前的那个人。

这样的例子在日常生活中比比皆是，房子成了横在婚姻面前的一座大山，成为一个强有力的"爱情杀手"。大家在反驳甚至是痛斥"现实"的女性的同时，也该客观冷静地正视这个问题。

首先，从本质上来说，房子是什么? 为什么需要房子? 了解了这样的问题，才可能更加贴近事实的真相。从现实的角度来看，房子就是家，是一个安身立命的场所，有房子就有一种安定的感觉。没有房子就没有归属感，无法保证基本的生活质量。

其次，来自家长的压力。天下大部分的家长都希望自己的儿女"安家立业"，房子当然是首要条件，没有一个温暖的爱巢，固定的居所，如何组建一个幸福的家庭？家长怎能安心放手？

另外，我国目前的租房体系并不完善，不像一些发达国家，公民租房成为常态：一方面发达国家有着很高的公共福利水平，租房居住完全可以达到满意的生活质量；另一方面人的流动性强，租房比买房更方便。反观我国现状，公共福利水平和租房生存所必需的配套建设非常不完善，租房只能是权宜之计。没有房产证，孩子上学就要交借读费；没有房产证，就无法获得户籍，就不能享受城市所有的社会福利……现行的很多社会制度都依托"房屋产权"而设定和存在，房子怎么能不重要？

在如此严峻的现实面前，"望房兴叹"的适婚男女难免左右为难，一边是难以割舍的爱情，一边是现实的无奈。俗话说："做得好不如嫁得好。"一个婚前不能给自己提供一个象征"保障"的房子的男人，能否成为托付终身的对象，许多女性在心中打出了问号。

女人相对于男人更缺乏安全感。所以，女人选择"物质婚姻"情有可原，这是一种正常现象。的确，婚姻和爱情有很大的不同，爱情可以只是精神上的，而婚姻则必须要有物质作为保证；爱情可以天天都风花雪月，而婚姻则不得不担心柴米油盐；爱情可以我行我素，而婚姻却需要缔结一种新的社会秩序；爱情可以穿越社会等级和人际关系的束缚，而婚姻却总是遭遇各种各样的精神枷锁。因此，女人为了自己的将来考虑，总要为自己的婚姻寻得最基本的保障。

经济基础决定上层建筑。是的，婚姻和物质有着千丝万缕的关系，问题是，婚姻幸福和房子是否可以画上等号？这样的要求是否合理？很多人认为，有房才会使婚后的生活更加稳定，幸福才会更加长久。也许这种观点有一定的道理，但是现实生活中那些没房没车的婚姻生活是否就一定是不幸福的呢？答案当然是否定的。所以，"结婚最好有房子"无关对错，但如果成为"一票否决"的条件，就要出问题。

两个相爱的人结婚，拥有属于自己的房子自是一件锦上添花的美事。但没有感情，再华丽的豪宅也难以容下一段不和谐安定的婚姻。片面地、执着地追求"结婚必先有房"最终可能导致失去爱情，失去原本属于你的美满婚姻。对多数女人而言，一个好的男人才能真正给她安全感，这才是核心所在。

不要因为眼前的房子蒙蔽了你的双眼，物质可以通过不懈的努力来获得，而爱情则是可遇不可求的。

年轻人义气的盲目性

在更多的情况之下，"哥们儿义气"是一种小团体意识。只要我们是朋友，或者你是我朋友的朋友，就有求必应，不分青红皂白，不计一切后果，为了某个人的利益，为了一个小圈子的利益，有时甚至为了一件微不足道的小事，就大动干戈，互不相让，结果害人害己。

某中学初中三年级的李东，在学校表现良好，成绩名列前五名，品行良好，多次被学校评为"三好学生"。2005年1月13日，14岁的李东放学后照例与玩得要好的同学在一起玩。其间，两个好朋友说要去抢劫，并打赌说他不敢去。"如果我不去，觉得有点不好。"李东说。于是，按照与朋友的约定，他找来一把砍刀赴约。

翌日凌晨1时许，李东与两个朋友来到离学校和家都比较远的一个烟酒店下手。当时，店面已经关门，一个朋友假装买东西将22岁的店主从床上叫起来，然后三人同时冲进去，将店主按住，开始抢钱和烟。店主见是三个小毛孩，便拼力反抗，两个朋友叫李东用刀砍。他为了兑现三人的约定和承诺，用刀朝店主一顿乱砍。店主送医院后经抢救无效死亡。

据了解，那次他们共抢得现金近300元，中档烟20余条。一个星期后，李东被捉获。李东的犯罪让老师、同学、亲戚和父母惊讶。

　　李东的遭遇令人惋惜，也让人觉得不可思议：究竟是什么令这位曾经是"三好学生"的少年失去理性，误入歧途？答案显而易见——不分青红皂白地执着于"哥们儿义气"。

　　心理学研究表明，处于青春期的青少年，随着年龄的增长、视野的开阔，他们对外界事物所持的态度的情感体验也不断丰富起来。这时的青少年十分单纯，喜欢交往，注重友情。在同学的交往中，这种感情是最真挚的。但由于一些同学缺乏正确的道德观念，分不清什么是真正的友谊，甚至把"江湖义气"当成交友的条件，而使自己误入歧途。

　　那么，真正的友谊与"哥们儿义气"之间的区别在哪里呢？

　　简单来说，友谊是人与人之间一种真挚且高尚的情感，它建立在志同道合、相互扶持的基础之上，这不仅表现在对方遭遇失败，经受挫折时为其排忧解难，也体现在对方犯错误时及时的指正。而"哥们儿义气"则不同，从心理学上讲，"义气"作为一种狭隘的封建时代观念，是情感的产物。情感是人对事物所持的态度化体验。之所以说"哥们儿义气"或"江湖义气"狭隘，是因为它判断是非的标准仅仅局限于几个人或某个小集团的圈子内，以小集团的利益为准绳，带有片面性、主观性，带有强烈的小集团的情感色彩。

　　既然"哥们儿义气"是一种盲目的执着的情感，那么，青少年该如何远离"哥们儿义气"的漩涡呢？

　　首先，要从思想根源着手，问问自己为什么会对"江湖义气"产生兴趣，它是何时左右你的？"哥们儿义气"和我们所提倡的精神文明到底有什么差别？危害在哪里？找到了症结所在，我们才能对症下药，勇敢地向"哥们儿义气"告别。

　　其次，要积极培养高级情感，取代狭隘的"哥们儿义气"。高级情感如道德感、友谊感、集体感、荣誉感等，这些健康的、向上的情感一旦在你的头脑中占主导地位，那种狭隘的"哥们儿义气"就没有立足之地了。

　　最后，用理智驾驭自己的情感，做情感的主人。这一点是很重要的。我们之所以会深陷"哥们儿义气"的漩涡，一个重要原因是不理智。做事全凭感情冲动，不管对错，结果往往铸成大错。正确的方法是，遇事应当三思而后行，分清是非黑白，冷静分析自己的行为是否符合道德规范以及法律规范。做事前多想一想，这样，我们才不会因为一时的冲动而被所谓的"哥们儿义气"冲昏头脑，做出疯狂的举动了。

年轻人应时刻保持清醒的头脑，分清"哥们儿义气"与友谊的本质区别，认识到"哥们儿义气"的危害所在，并不断提升自我，学会理智地分析是非对错，不盲目地执着于"哥们儿义气"，还友谊一片纯净的天空。

情感偏见的普遍性

我们已经看到了，人们处理信息会受其情感和偏见的影响。人们会在买了新车之后搜寻更多关于此车型的信息。很明显，人们并不是想要了解更多他们已经买的车，而是想要寻求证据以确认自己确实做出了正确的选择。

偏颇吸收部分源于我们降低认知不和谐的欲望。我们搜索并相信我们乐于看到的信息，我们避免并排斥令我们心烦的信息。一些谣言很有趣，令人兴奋。也许只是因为一点点兴奋与激动，人们就愿意相信这些谣言。即便谣言令人愤怒，人们也可能因为愤怒而相信它们。当人们普遍愤怒时，情况就变得比较轻松甚至好玩。因为在某种程度上，这种普遍的愤怒一定有特定的背景和根据。另一些谣言是令人心烦的，甚至带有少许恐怖意味，人们倾向于认为这种谣言是虚假的。

有关死刑和同性关系的研究很好地说明了这一点。当人们显示出偏颇吸收时，动机因素通常在起作用。如果人们有动机相信那些与他们的观点相符的谣言，不相信那些与他们的观点相左的谣言，那么这样的研究结果不足为奇。社会科学家曾提出"反证偏向"的信念，即人们会尽力反证与自己最初观点相冲突的论断。如此就很容易理解当我们背后有动机驱使时，为何均衡信息只能强化我们最初的观点了。

但是故事还没有结束。为了看清缺位的内容，让我们假设这个社会由理智的和不理智的两类人组成。这两类人都坚信既有观点。假设理智的人坚信某些观点，如真的发生过大屠杀。假设这些理智的人读到了有关这个问题的均衡信息。

对于理智者来说，那些支持他们最初观点的材料不仅看起来更加可信，那些资料也会为他们提供一些细节，从而强化他们之前的想法。相比之下，那些和他们最初观点相左的材料则显得难以置信、不知所云、居心叵测，甚至有些疯狂。结果是这些理智者的最初观点被进一步强化。借助均衡信息，他们获得了对自己既有观点的新的支持，而全然无视那些颠覆自己最初观点的材料。

当然，在不理智的人身上，我们会看到相反的情况。这些人的最初观点是大屠杀没有发生过。为了了解不理智者为何会这样认为，我们不需要讨论他们的动机，只需要分析均衡信息对他们最初观点的影响。即便理智者和不理智者都没有情绪化地坚持他们的观点，而只是读了有关他们既有观点的均衡信息，他们也会偏颇地处理这些信息。

这种解释有助于我们理解偏颇吸收发生的时间和原因。前提有两个：坚定的既有观点和带偏见的信任。当人们自己的观点不强烈并且两面都信任的时候，他们就会受所读所闻的影响。假如你对纳米科技没有特别的认识，并且你听说这种技术会带来严重危害。假如接下来有人向你提供了均衡信息，证明这种说法是错的。如果你之前没有持任何特别的观点，那么在听到均衡信息之后，你之前相信这种说法的意愿就会被弱化。如果你对支持和反驳这种说法的正反两方面信息都相信，你将不会断定其中一方误导或带有偏见而抵制这些说法。对于大多数谣言来说，大多数人都不会有强烈的既有观点，而且不会只信任一方而不信任另一方。在这种情况下，不同观点最终会趋向真理。人们会听取不同意见并根据听到的意见决定自己的立场。

相反，理智者和不理智者会有选择地相信一些人，而不相信另一些人。当他们读到有关正反两方面信息的资料时，一点也不奇怪他们会接受支持他们自己观点的那部分材料，而忽视反对自己观点的那部分材料。

以下这点很重要。如果你想改变人们的既有观点，最好的做法不是给他们看对手和敌人的信念，而是给他们看那些与他们的立场相近的人的观点。假设作为共和党人的你听到了一则有关民主党官员的令人震惊的谣言。如果民主党否定这则谣言，你可能不为所动；但如果共和党出来辟谣，你也许会重新考虑。一个压制谣言的好方法就是去证明那些本该相信谣言的人实际上并不相信那些谣言。

假设不理智的人认为没有发生过大屠杀。在读了纠正这种说法的相关文章后，这些人可能会有些质疑。第一，这些纠正可能把他们激怒并令他们为自己辩护。果真如此，就会产生出认知不和谐，从而使这些人坚信自己本来的看法。第二，对于那些不理智的人来说，这种纠正的存在本身就会令他们坚信自己的最初观点。假如没有必要，为何自找麻烦去纠正？也许那些支持纠正说法的人太刻意这么做了，以至于他们的纠正反而证实他们否认的事确实存在。第三，这种纠正也许会让人们的注意力集中在有争议的问题上，而这种集中本身也会强化这些人最初的立场和观点。

很多研究都证明，越是提供给人们一些信息告诉他们不用担心他们认为有危险的事情，他们越会害怕。应该这样解释这个有趣的发现：当注意力集中在风险上时，人们的恐惧程度就会增强，就算他们看到的信息是提醒他们风险会很小的也一样。即便危险不太可能发生，人们也很怕去思考危险。谁也不愿意听到自己未来 5 年有 1% 的可能性会死于心脏病，或者自己的孩子有 1‰ 的概率会得白血病。所以，也许给人们看纠正虚假说法的报告反而会引起人们对虚假报告的注意，强化人们认为"虚假报告也可能确有其事"的观点。

我们过于迷信数字

当我们在做数字题时，如果使用不同的方法两次计算的结果不一样时，人们总是毫不犹豫会认为自己的计算出错了。因为我们偏颇地确信计算结果应该是一致的，数字本身不可能自相矛盾。

　　为什么我们应该相信数学而不是自己呢？我们一起来分析其中的原因：众所周知，数学法则肯定是具有一致性的，因为它们在逻辑上都是真实存在的，在逻辑上真实存在的论断不会相互矛盾。

　　当然，我们要相信数字法则的一致性，首先必须相信数学法则在逻辑上是真实存在的，同时还必须相信数学法则是实实在在的。一列数字只会有一个和，这个论点是真的，仅仅是因为数学法则是真实存在的具体事物。这就很容易让我们的认知偏向于数学所呈现的数字。

　　既然自然数存在，那么数学法则也是真实存在的。与之相比，其他证明办法都基于那些不太能够达到不证自明境界的原理。如果你跟99.8%的数学研究者一样，跟99.8%的用过计算器的人一样，就会相信数学法则的一致性，这几乎肯定是因为我们发自内心地相信自然数从某种重要意义上来说是真实存在的。

　　诚然，"真实"这个词用在这里有些含糊。如果我们想理解得更深刻一点，让我们给它下一个定义："自然数是真实存在的"就意味着数学法则是具有一致性的。

　　尽管我们相信自然数是真实存在的，却无法找到任何有力的证据来证明这一信念。亚历山大·叶塞林·沃尔平是一位偏执的数学家，他曾提出了"叶塞林·沃尔平理论"：因为我们没有大量的经验，所以我们无法判断它们是否表现得具有一致性，甚至我们无法判断它们是否真实存在。

　　根据"叶塞林·沃尔平理论"，我们应该只去关注那些"小到足够让人思考的地步"的数字。这种理论被视为"极端有限主义"，而且几乎没有数学家会去认真对待它，当然更别提去认同了。亚历山大·叶塞林·沃尔平的对"真实"的偏颇吸收，引来了广泛的争论。

　　为了反驳这种"极端有限主义"，主流数学家提出这样的问题："我们究竟如何来判断那些数字属于'小到足够让人思考的地步'的范畴呢？或许一两位的数字肯定算，而30位的数字就不算。那么，界限到底应该是多少位？"

　　著名数学家斯坦福大学教授哈维·弗彼得曼曾试图批驳"叶塞林·沃

尔平理论"，他说："我从 2 开始，询问他这个数字是否'真实'或者能让人感到'真实'的效果。他几乎立即表示同意。然后我询问 4，他仍然同意，但略有停顿。接下来是 8，他还是同意，但更加犹疑。反复这样做，直到他处理这种讨论的方式已经很明显了。当然，他已经准备好回答'是'了，尽管他在面对 2 的 100 次方时要比面对 2 时犹疑得多。（2 的 100 次方就是一个 30 位的数字。）除此之外，我也没办法这么快就得到这个结果。"

几乎每个数学家在面对大数字的真实性时都与弗彼得曼持有相同立场，几乎没有人和叶塞林·沃尔平站到一边去当"极端有限主义者"。最后，弗彼得曼和叶塞林·沃尔平达成了共识。我们不但相信数学法则，也相信代数、几何和数学的其他部分是真实可信的。但我们几乎没有丝毫逻辑理念和证据来支持这种信念。

经过深思，我们还是可以了解这种没有逻辑和证据支持的信念，这似乎并不奇怪。毕竟，蜘蛛知道如何织网，并不需要去寻找"第一定理"来推断出织网技术或者认真观察其他蜘蛛的工作过程以便推断出来。从原则上来讲，我们找不到反对人们硬生生地理解数学的理由。

也许可以辩解说蜘蛛的本能反应是下意识的。

那么，我们的信念必须满足一些其他的基础，然后才被划分为信仰、直觉、本能、启示或者"超感官知觉"等。其实，这一切或许正是因为人类的大脑是由很多相连的部分组成的，这样说只是人们的错觉但也可能是真理。

质疑这些的一个重要原因是，他们之间存在着太多分歧，以至于无法在细节上达成一致。数学真相容易被那些直觉敏锐的人理解，这一点已经由不同时代、不同地点的不同的人以不同的方式证实过了。

1888 年，伟大的德国数学家大卫·希尔伯特证明了自己的"基础命题"，这个命题标志着现代代数的创立。他通过"将无限集合当成具体的对象"这一前所未有的创举做出了证明，他的学术对手保罗·戈尔丹对此嘲笑说："这好像不是数学，而是神学了。"然而，这一技巧创新几年后就带来了丰硕的研究成果，甚至戈尔丹也不得不承认"神学也有用处"。

在数学领域存在着正确的命题。"正确"并不意味着"可以被证明"，而仅仅意味着通常意义上的正确，更多的甚至可以说是固执偏向。但是这些命题必须跟自然数体系有关才能是真实的。此外，这些命题都是正确的。因此，自然数在人们发现它们之前也是存在的，而且无论人们是否发现它们，自然数都是真实存在的。这样的数学命题深奥，但我们不得不承认，它来源于某个人的偏颇"研究"。

警惕"浮躁"影响选择

人往往容易变得浮躁，浮躁是普遍存在于现代人内心的一种心理，会与烦闷、压抑、暴怒等情绪联系在一起，从而深刻地影响我们的判断，把人拐入死胡同。

李强大学毕业后到美国留学，身处异乡，他满怀憧憬，希望自己能在这里打拼出一条成功之路。他拿着自己名牌大学的毕业证书和博士学位的证书到处求职，跑了很多大公司，却没有一家公司愿意聘请他担任重要的职位。

困惑和浮躁随之而来，他想：自己的博士学位可不是骗来的，怎么就找不到一份像样的工作呢？但几天以后李强又冷静了下来，想：或许我真的有不适合高层的地方，既然是这样，那么我就安心地先找一个简单的工作来干吧！于是李强收起了他的所有学位证书，到一家跨国公司申请做一个"程序录入员"，这次，他自然马上被录用。

当某人听到了不顺心的话，或碰到了不如意的事的时候，心情就会变坏，人也会因之而变得浮躁。每个人都难免会遇到一些指责、批评甚至是毁谤、陷害，但每个人面对它们的态度是不一样的。我们应该养成以平和的心态去面对事物的良好习惯和心境。在逆境中只要不浮躁、不急躁、不愤怒、不冲动，通常都能渡过难关。这时候保持一种平和的心态就很重要了。平和的心态不但能化解人的浮躁与暴躁，还能让人十分冷静地处理问题，让自己的境遇不断地变得更好。

对于拥有博士学位的李强来说，这份简单的工作根本就是小菜一碟，但他仍然一丝不苟，十分投入地做自己的工作。慢慢地，主管发现他能发现程序中的错误，并加以改正，非常不简单，一般的程序录入员肯定做不到这一点，于是就找到李强。在主管的询问之下，李强亮出了自己的学士学位证书，主管看后马上汇报给老板，老板感觉一个拥有学士学位的人只做一个程序录入员太可惜了，马上将李强调到了一个更好一点的位置。

李强在新的岗位上依然干得兢兢业业，而且这个时候，他已经有更多的机会和老板接触。慢慢地，老板发现李强不同于一般的大学生，因为李强提出的建议常常显得与众不同，很有采纳价值。于是老板找他单独谈话，李强又在谈话的时候拿出了自己的硕士学位证书。老板再次高兴地提升了李强。

又过了一段时间，老板发现李强在新的岗位上依然表现得非常出色，而且他似乎很适合在高层工作，就又找他谈话。这一次，李强才拿出了自己的博士学位证书。老板笑着问他，为什么当初不直接拿出博士学位证书呢？李强回答说："我虽然学位很高，但缺乏工作经验和社会经验，在从程序录入员开始一直到现在的日子里才真正学到了东西，现在的我才有能力和资格担任公司里的高层职务！"就这样，老板对他的能力已经完全了解了，因此毫不犹豫地对他委以重任。而李强也就从此拥有了施展才华的空间和机会。

我们现在对李强从开始的失败到后来的成功做个分析。李强开始的时候找工作屡屡失败，是因为他的浮躁。而后来他的一步步升迁，却是因为他的不浮躁。老板不是因为他的证书才任命他为高层，而是对他的人品和能力的双重肯定才给了他一个广阔的发展空间的！李强并没有自视才高，陷入浮躁与自负的泥潭，而是冷静地分析了自己的处境和外部环境，并找到了适合自己的路。

事实证明，有资本的人更应该避免浮躁。无论是有资金、有才华，还是有人脉，这些都不是让自己变得浮躁的理由。现在很多有文凭的高学历青年都很浮躁，他们认为自己手上的证书应该是自己一步登天的通行证，而事实未必如此，大多数人往往在现实中感到失望。相反，越是有基础、有资本，就越是应该冷静、谦逊、平和和认真地面对自己的每一个工作和每一个阶段的处境。这样的人是睿智的，因为他们知道自己的价值该如何体现，也知道自己的未来该如何创造。他们避开了浮躁不安、骄傲自大的泥潭，将自己引领到了成功的彼岸。

每个人都难免会受到一些指责、批评甚至是毁谤、陷害，但每个人面对它们的态度却是不一样的。可是只有能够调控自己脾气的人，才能主宰自己的人生。

我们应该让自己在平时养成以平和的心态去面对事物的良好习惯和心境。在逆境中，我们只要不浮躁、不急躁、不愤怒、不冲动，耐下性子来，通常都能渡过难关。

不断提升自己的幸福指数

享受悠闲生活当然比享受奢侈生活便宜得多。要享受悠闲的生活只要一种艺术家的性情，在一种全然悠闲的情绪中，去消遣一个闲暇无事的下午。只有快乐的哲学，才是真正深湛的哲学。

——林语堂

钱和幸福不能画上等号

我们快乐的时候，就会觉得天地间都是美好的，哪怕是那些负面的事物在我们眼中也会显得相对不那么排斥。有句名言说，真正的快乐是内在的，它只有在人类的心灵里才能发现。那么，我们要怎样探究快乐，以及快乐于我们的重要性呢？

加利福尼亚曾经有一项实验研究，有20多万人参加。在实验中，研究人员采取了多种方法来取悦被实验者，比如让被实验者接触美丽芬芳的鲜花，阅读一些积极的肯定式的话语（比如"我是一个非常优秀的人才"），让被实验者吃些甜食或者进行一些娱乐活动，来达到使其高兴的效果。甚至，研究人员还采取了一些具有欺骗色彩的方法，比如告诉被实验者，他们在IQ测试中获得了很优异的成绩，或者制造他们在街上捡到意外之财的巧合。通过这些测试，研究人员仔细观察了快乐对被实验者产生了哪些作用，结果很明显，快乐的人很容易成功。所以，研究人员认为：快乐并不是来自于成功，而是快乐能导致成功。

通过对数百个实验数据的对比和研究，研究人员发现，快乐能带来令人印象深刻的几大好处，比如，快乐使人们更愿意与人为善并乐于奉献；快乐让人们更加喜爱自己和他人，从而减少了人际关系中的不稳定因素，也增强了人们的免疫系统；长期保持快乐的心情将使人们的婚姻更美满，更能在工作中找到充实的感觉并实现自我，快乐的人寿命也更长一些。

当一系列的举动开始在被试验者身上产生情绪反应，同时，这种情绪反应也开始影响人们的举动时，实验者开始仔细观察快乐对被实验者产生了哪些效果——抛开实验所用的手段不提，整个实验的结果非常明确，那就是：快乐并不来自于成功，与此相反，是快乐导致了成功。

既然快乐对我们如此重要，那么，我们要怎样得到它呢？

如果我们向大部分人提出这个问题，恐怕得到的回答将是：更多的钱。在许多个关于快乐的访问调查中，更加鼓胀的钱包一直在人们开列的"快乐必备"清单中名列榜首。

不过，钱和快乐真的能画上等号吗？对金钱过度的渴望会不会引来不好的结果呢？

有专家做了一个调查，想看一下那些靠辛勤工作来换取财富的人，看看他们的收入与快乐之间存在着什么样的关系。

这一研究涉及规模很大，是一个国际调查，也就是请许多个国家的人为自己目前的快乐程度打分，统计方式是让被测试者用十分制，快乐程度从"非常不快乐"到"非常快乐"不等，然后统计出每个国家的人的平均快乐程度，并与该国的国民生产总值（GNP）做对比。

结果显示，不是很富裕国家的人与富裕国家的人相比，快乐程度要低一些，但是只要其 GNP 上升到一个适度的水平，这种差别就会消失。

对工资收入和快乐之间的关系进行的研究也表明了类似的结果。伊利诺伊大学的艾德·戴纳及其同事在一个研究中发现，富人并不比普通人快乐多少，也就是说巨大的财富并非是他们快乐的源泉，因为即使是在《福布斯》杂志上排名前 100 的富豪也只比一般的美国人快乐一点点。所有这些研究都得出一个结论：当人们已经能够支付生活必需品的时候，收入的增加并不会明显地带来快乐的增加。

由于中彩票是获取金钱安全感的一种很不寻常的方式，所以，心理学家们将此作为个例进行了研究。

1970 年，美国西北大学的菲利浦·布利克曼及其同事所做的一个研究对此提供了部分答案。布利克曼希望发现：当发财梦实现之后，人们会做些什么。一大笔意外之财究竟是会让人们一直乐得合不拢嘴，还是会很快变得稀松平常，而人们对金钱的原始欲望也会很快随之消退？布利克曼接触、访问了一群人，他们都中了伊利诺伊州的彩票，其中有几个的中奖额还达到了上百万美元。布利克曼又从伊利诺伊州的电话簿里随机挑选了一些人，组成一个对照组。布利克曼请每个组的人给自己目前的快乐程度打分，并说出他们希望自己在将来有多快乐。此外，每个人还要说出他们的快乐有多少是来自于每天的日常生活，比如和朋友聊天、听到一个有趣的笑话或者受到别人的赞美，等等。

从这两个实验中，我们可以看到物质可以给人们带来快乐，也可以说物质是支持精神快乐的一个方面，但是金钱无法彻底地与快乐画上等号。

虽然金钱能为心灵的满足提供多种手段和工具，但并不是唯一能够满足心灵的东西，在现实生活中，我们不能只顾享受金钱而不去享受生活。享受金钱只能让自己早日堕落，而享受生活却能够使自己不断品味幸福。享受金钱会使自己被金钱的恶魔无情地缠绕，于是自己的生活主题只有"金钱"两字，整天为金钱所困惑，为金钱而难受，为金钱而痛苦，生活便会沦为围绕一张钞票而上演的闹剧。享受生活的人更在意心灵的宁静与快意，会感觉人生是无限美好的，于是越活越有味道。

对待金钱必须要拿得起放得下。赚钱是为了活着，但活着绝不是为了赚钱。如果人活着只把追逐金钱作为人生唯一的目标和宗旨的话，那么人将是一种可怜的动物，将会被自己所制造出来的这种工具捆绑起来，被生活所遗弃。

有些人谈到富有，单纯指的就是拥有钱财。实际上，金钱本身并不代表幸福，因为，金钱只是幸福的间接承载品。心理学认为，幸福感并不是从物质中直接获得的，物质只是媒介，是人内心需求获得满足的中间品，我们的幸福，就是需求满足后的愉悦感。

所以，我们要工作，我们要为自己创造物质财富，但是，我们必须明白创造物质财富的前提是为了给自己幸福感，为了让自己和别人都快乐。是为了在人生的各个领域中生活得更有意义，并充分发挥自己的潜能，使我们自己的人生更为美好。

同时，我们必须领悟：财富是无所不在的。金钱、土地、股票、债券是财富，但是水、空气、太阳、山、海、树木、花草、爱与帮助也是财富。凡是大自然所赋予人类的一切均为财富，若能充分享受这些恩惠，才能算得上是一个内心充盈的人、一个最富有的人。

"比较"让人幸福

我们很多人会比较，比较公司好坏和福利多少，我们能够看到了别人的"五险一金"，却看不到另一些人的底薪工作；我们能够看到别人的年假双休，却看不到另一些人的起早贪黑；我们能够看到别人的 8 小时工作日，却看不到另一些人的日夜不休……

2010 年有一个名为"2010 年中国城市居民幸福感调查"的抽样调查，涉及了发展水平不等的 24 个城市的 4800 名居民。调查结果显示，30 岁以下的青年人倾向于回答"不幸福"的比例最高，而 70 岁以上的被调查者中无人认为自己"不幸福"。调查报告撰写人、中国社科院社会学研究所副研究员王俊秀分析："虽然未有权威统计数据加以佐证，但其原因很可能与现在就业前景不明朗、房价水平相对较高有关。"

其实，30 岁以下的年轻人面对的又何止是这些问题，还有养老、教育、医疗等重担压在肩上。这部分人群多为 80 后、90 后，他们身在改革开放的和平新时代，享受着现代化的物质生活，吃穿住行都比父辈要便捷，这部分人群的大多数不用挨饿受冻。但是，他们却并未比父辈更幸福。这是为什么呢？

主流心理学倡导"真实比较"，比较的对象是真实存在的事实。而现实中的人们比较善于"虚拟比较"，它是指在比较中绕开所进行比较的实质性问题和要素，而转向其他方面的比较。现实中的人之所以要进行"虚拟比较"，与人的主观幸福感有关。换言之，进行"虚拟比较"的直接心理后果是获得了一种主观上的幸福的感觉。

美国社会心理学家费斯廷格被誉为"社会比较之父"，他发现人们生活中总是善于比较，而且为了使这种比较更为准确、真实和稳定，人们一般都喜欢同那些社会上与自己地位、职业、年龄、背景相同的人进行比较。人们之间的相似程度越高，社会比较的驱动力就越强。因为相似的他人可以为自己提供更多真实、有效的信息，所以与相同的人进行比较才更有意义。

简而言之，主观幸福感主要由情感成分和认知成分这两大部分构成。情感成分，是指当事人的情绪体验，包括积极情绪和消极情绪。一般当一个人所体验到的积极情感多于消极情感时，就会感到幸福，反之，就不幸福。认知成分，即生活满意度，包括职业满意度、婚姻满意度和事业满意度。

生活满意度是人们对生活的综合判断，作为认知因素，它独立于积极情感和消极情感，是衡量主观幸福感更有效的指标。尽管健康、金钱、地位等外在客观条件对幸福感会产生影响，但它们并不是幸福感必不可少的内在部分。生活的满足感最主要体现在心理感受上。

"惜衣惜食，非为惜财缘惜福；爱人爱物，到了方知爱自己。"以惜福的心态度过生命中的每一天，怎能不生知足、安详、欢愉、幸福之感呢？

所以，我们要做一个心智成熟的人，因为只有这样，才能控制自己的情绪与行为，不会像野马那样为一点小事抓狂。当我们在镜子前仔细审视自己时，我们会发现自己是自己的最好朋友和最大敌人。特别是我们要控制别人之前，一定要先控制自己。如果我们不能征服自己，就可能错失幸福。

另外，我们也要学会简简单单地生活，简简单单地去发觉点滴间存在的小小幸福。幸福就像山坡上静吐芬芳的野花，没有围墙，它只需要有一颗清净的心和一双未被遮住的眼睛做"门票"，就能轻松走进幸福的乐园。

我们还要时刻警醒自己：幸福没有统一的答案，也没有固定的模式，但是它需要一种捕获的心境。我们要把幸福的内涵无限丰富，同时善于用心灵去发现、去捕捉，哪怕是一条温暖的短信问候、一句关爱的叮咛、一缕初夏的凉风、一幕日常生活的琐碎片段……我们都能从中感受到幸福，这样，我们才能培养一颗懂得享受幸福的心。

感觉适应让人麻痹

我们都知道这样一句话，"如入鲍鱼之肆，久而不闻其臭"，意思是说在臭不可闻的地方待久了，会逐渐地感受不到它的臭味。而在现实生活中，这种现象也的确存在，那么，我们应该怎样解释呢？

现在我们假设有这样一个情景：有两个人，同时住在一个房间，房间里面充满了让人难以接受的臭味，如果我们让这两个人分别在房间里待上5秒钟和1分钟，哪个比较难受呢？

答案就是，只待5秒钟的人会比待上1分钟的人更加难以接受那种味道，或许他们还会诅咒那种恶臭的让人心生不快的经历。按理说，闻到臭味越久的人应该越难受、越无法忍耐，而受到消极嗅觉刺激时间越短的人应该越暗自庆幸。可是，为什么会出现这种与我们的常理相悖的现象呢？

这是因为我们人体的"感觉适应"，它是指刺激物持续作用于感受器而使其感受性发生变化的现象。如从暗处走到明处，受到阳光刺激，起初几秒钟什么也看不清，但很快就改变了。嗅觉、肤觉、视觉、听觉、味觉都会在适应后感受性降低，但是痛觉适应较难。

不过，如果我们改变测试方式，让人先待上5秒然后走出房间一会儿再进去5秒……如此反复一分钟的话，那对对方而言，就真的是"无与伦比"的痛苦了。

这又是为什么呢？因为一旦中断了适应的过程，造成适应感的消失，那么就会很快恢复到本身的厌恶感，而这种中断如果反复发生的话，厌恶感就会有所加强。这也就可以解释，为什么我们在完成自己讨厌的工作内容时，如果中途停下来去听歌或者放松休闲，之后想再提起干劲就是十分困难的事情了。这样的休息其实很大程度上减弱了我们的适应能力，如果要我们重新开始，那么我们就会觉得问题更严重了。

所以，从这个道理我们可以知道，无论是多么困难的事情，特别是在挑战一些高难度的任务时，只要我们全情投入了，"我们就会开始进入状态"——这是我们在认真做事时常用的一句话。

那么，没有选择的时候或现状无法改变时，至少还有一点是可以选择改变的：选择积极适应现况的态度。培养我们的热情，把我们要面对的事情当成等待点燃的煤山，用热爱点燃它，我们就能释放出巨大的能量。同时，我们还可以给自己不断树立新的目标，挖掘新鲜感；或者把曾经的梦想捡起来，找机会实现它；审视自己的现况，看看有哪些事情一直拖着没有处理，然后把它做完……

快乐并不难，难在我们要去适应一种状况，然后将自己投入到其中。如果我们能做到这点，那么痛苦将不再是痛苦，快乐却又会不断地被我们所发现！快乐，其实就是这样一个道理！适应磨难，那么磨难不再，同时，悲戚的时刻——中断了我们幸福的那几秒空白——又会让我们的快乐不断地轮回和重生！

正确定位是幸福的开始

富兰克林曾经说过："宝贝放错了地方便是废物。人生的诀窍就是找准人生定位，定位准确能发挥你的特长。经营自己的长处能使你的人生增值，而经营自己的短处会使你的人生贬值。"

如果你到现在还没有给自己准确定位的话，那么你就应该抓紧时间，坐下来分析一下自己，根据自己的特点，寻找真正适合自己的位置。只有坐在适合自己的位置上，你才能得心应手，在人生的舞台上游刃有余。

1929年，乔·吉拉德出生在美国一个贫民家庭。他从懂事起就开始擦皮鞋、做报童，然后又做过洗碗工、送货员、电炉装配工和住宅建筑承包商，等等。35岁以前，他只能算是一个失败者，朋友都弃他而去，他还欠了一身的外债，连妻子、孩子的生活都成了问题，同时他还患有严重的语言缺陷——口吃，换了40多份工作仍然一事无成。为了养家糊口，他开始卖汽车，步入推销员行列。

刚刚接触推销时，他反复对自己说："你认为自己行，就一定行。"他相信自己一定能做得到，以极大的专注和热情投入推销工作中，只要一碰到人，他就把名片递过去，不管是在街上还是在商店里。他抓住一切机会推销他的产品，同时也推销他自己。3年以后，他成为全世界最伟大的销售员。谁能想到，这样一个不被人看好而且还背了一身债务、几乎走投无路的人，竟然能够在短短的3年内被吉尼斯世界纪录称为"世界上最伟大的推销员"。他至今还保持着销售昂贵产品的空前纪录——平均每天卖6辆汽车！他一直被欧美商界称为"能向任何人推销出任何商品"的传奇人物。乔·吉拉德做过很多种工作，屡遭失败。最后，他把自己定位在做一名销售员上，他认为自己更适合、更胜任这项工作。

可以说，我们给自己定位成什么，我们就是什么，定位能改变人生。另外，定位的高低将决定我们人生的格局。所以，幸福与否不是上天的馈赠，更不是别人的礼遇，而是我们给自己定位下的自我认知和未来蓝图。

一个乞丐站在一条繁华的大街上一边乞讨一边兜售钥匙链，一名商人路过，向乞丐面前的杯子里投入几枚硬币，匆匆离去。

过了一会儿，商人回来取钥匙链，对乞丐说："对不起，我忘了拿钥匙链，你我毕竟都是商人。"

一晃几年过去了，一天这位商人参加一个高级酒会，遇见了一位衣冠楚楚的老板向他敬酒致谢，说："我就是当初卖钥匙链的那个乞丐。"这位老板告诉商人，自己生活的改变得益于商人的那句话。

在商人把乞丐看成商人那一天，乞丐猛然意识到，自己不只是一个乞丐，更重要的是，还是一个商人。于是，他的生活目标发生了很大转变，他开始倒卖一些在市场上受欢迎的小商品，在积累了一些资金后，他买下一家杂货店。由于他善于经营，现在已经是一家超级市场的老板，并且开始考虑开几家连锁店。

这个故事告诉我们：你定位于乞丐，你就是乞丐；你定位于商人，你就是商人，不同的定位成就不同的人生。

可以这么说，如果定位不正确，我们的人生就会像失去指南针一样迷茫，有时甚至会发生南辕北辙的事；而准确的人生定位，不但能帮助我们找到合适的道路，更能缩短我们与成功的距离；而一个高的定位，就像一股强烈的助推力，能帮助我们节节攀升，开创更大的人生格局，所以给自己定位高一点，才能更大限度地激发自己的潜能，这也是人生的一种幸福。

信任让我们更快乐轻松

生活中，我们常会碰到一些猜疑心很重的人。他们整天疑心重重，认为人人都不可信、不可交。猜疑是人性的弱点之一。一个人一旦掉进猜疑的陷阱，必定处处神经过敏，事事捕风捉影，对他人失去信任，这不仅会损害正常的人际关系，也会影响个人的身心健康。

也许大胆地相信他人不是一件容易的事情，信任感的建立有时需要许多年的时间，有些人甚至终其一生也没有真正信任过任何人。但是，只有懂得信任他人的人才会拥有朋友和良好的人际关系，也是其走向成功的不可缺少的因素。

信任是一种感觉，一种情感，更是连接人与人的纽带，甚至能决定一个人的生死。

一艘货轮在浩瀚的大海上行驶。突然，一个在船尾搞勤杂工作的黑人小孩不慎掉进了波涛滚滚的海中。孩子大喊救命，无奈风大浪急，船上的人谁也没有听见，他眼睁睁地看着货轮拖着浪花越走越远。

船越走越远，船身越来越小，到后来，什么都看不见了，只剩下一望无际的大海。求生的本能使孩子在冰冷的海水里拼命地游，他用尽全身的力气挥动着瘦小的双臂，努力使头伸出水面，睁大眼睛盯着轮船远去的方向。

过了不久，孩子筋疲力尽，实在游不动了。他对自己说，放弃吧。突然，他想起老船长那张慈祥的脸和友善的眼神。"如果船长知道我掉进海里后，一定会来救我的！"想到这里，他又使劲向前游去。

后来，船长发现黑人孩子失踪了，下令返航回去找。这时，有人劝说："这么长时间了，肯定已经死了。"船长犹豫了一下，还是决定回去找。

终于，在那孩子就要沉下去的最后一刻，船长赶到了。当孩子苏醒时，他向船长表示了感谢。船长好奇地问孩子："孩子，你怎么能坚持这么长时间？"

孩子说："我知道您会来救我的，一定会的！"

"你怎么知道我一定会来救你的？"

"因为我知道您是那样的人！"

听到这里，老船长羞惭地说："孩子，不是我救了你，而是你救了我啊！"

可以说，能够完全被一个人信任是一种幸福，能够毫无保留地信任一个人也是一种幸福。然而，信任是人际关系中最重要同时也是最脆弱的因素，容易受到各种因素的影响。我们需要在脆弱的缺乏信任的世界中学会信任，用信任温暖朋友，获得友谊，用信任为自己的事业、为自己的人生保驾护航。

太精明的人更难感到幸福

在我们的印象中，聪明的人往往和成功、幸福、快乐等词联系在一起，似乎越聪明的人越容易感受到幸福。可事实上，他们并没有我们想的那么幸福。这是为什么呢？

在上学时，海东是同学公认的"才子"，他长得英俊潇洒，又聪明机灵，还十分开朗。对于自己的未来，海东总是信心满怀，他相信在大学毕业之后，肯定能干出一番轰轰烈烈的事业。

但事与愿违，大学毕业三年，他却连一份像样的工作也没有找到。他着急了，人也变得让大家捉摸不透了，和之前上学时，简直判若两人。在这三年里，有时他的话很多，只要见着人就想与其说话，然后海阔天空漫无边际地说个没完没了。晚上只要睡三四个小时，第二天起来依然精神抖擞。他又变得异常自负，非常爱吹嘘，常常在他人面前夸耀自己有多优秀，说自己有很多女孩子追，说自己满腹经纶、才高八斗，整天兴奋无比。在外人看来，他就好像生活在人间天堂里，好不令人羡慕。

有时他又变成一个情绪波动非常大的人，易暴易怒、易喜易忧，甚至常常会因为一点鸡毛蒜皮的小事和他人僵持起来，完全不顾形象。

有时他又似乎变成了另外一个人，情绪异常低落，整天闷闷不乐、郁郁寡欢。而且话也少了，不爱外出运动，把自己关在房间里，无论家人怎么劝说也无济于事，完全没有了之前的自负和活力，他觉得自己的生活一片黑暗，凄风冷雨，犹如地狱一般。

在毕业后的三年时间里，海东就这样时而野心勃勃、光彩照人，时而暴怒无常、喜忧不定，时而灰心丧气、悲观失望，一直穿梭在天堂和地狱之间。

为什么海东这样一个聪明的人却没有像人们想象中的那样，获得幸福快乐的生活呢？他生活的幸福指数不仅没有常人高，甚至还远远低于常人的平均水平。为什么会这样呢？

太聪明的人对自己的要求往往会比常人的更高，他们希望自己能完美地把事做好，希望自己无论在什么方面都能得到他人羡慕的眼光。常人的生活模式太过于简单，是他们难以接受也不愿意接受的，他们想过的就是一种超乎常人模式的快乐生活，希望可以高高地俯视那些普通人的生活，可这种生活在现实中往往是不存在的。现实生活满足不了自己的追求，他们又怎么会感觉到快乐呢？

太聪明的人又往往很容易就猜中别人在想什么。他看透别人的喜、乐、欢、悲，不懈追求常人眼中的幸福。而人们都不喜欢被人看透，喜欢给自己保留点神秘感。但在太聪明的人眼中，常人就好像是毫无秘密地裸露在他面前一样。他从心底里看不起这些人，常人也讨厌与太聪明的人来往。所以，太聪明的人往往是孤单寂寞的，因为他们的人际关系都不尽如人意。一个缺乏良好的社交圈的人是很难在社会上取得成功的，这又从另一方面使得他的追求得不到满足，使他更难体会到幸福。

太聪明的人做事之前总喜欢对所有的事情都一一进行分析对比，如果稍微感觉到可能会失败或者可能得不到理想中的效果，他们宁愿选择放弃也不肯开始。他们无法接受开始之后失败的感受，所以，没有开始就没有所谓的失败。无论是事业还是情感，他们都采取近乎相同的模式进行处理。结果，他们往往找不到事业的突破口，也失去了可能让他们感受到幸福的甜蜜爱情。

太聪明的人考虑得太多，他们以为这样能事先把所有的障碍规避掉，之后路就能平坦无阻地度过。然而他们的多虑或许能在某些程度为他们规避掉一些障碍，却也产生了更多他们意料之外的障碍。因是意料之外，面对的时候，他们往往容易措手不及，因缺少应急处理思维而导致失败。此时他们的追求又落空了，他们的幸福感又降低了。

太聪明的人不妨试着让自己糊涂一回，找到真正的快乐，获得真正的幸福。

幸福是计较得少

所有的人都渴望幸福，并追求幸福，但人们往往在追求幸福的过程中忽略了幸福。人们总以为，幸福就是拥有很多的财富，拥有成功，拥有美满的家庭，拥有懂事的儿女，拥有健康的身体，等等。但事实上，并不是我们拥有越多就越能感受到幸福。问一问身边那些觉得自己幸福的人，为什么他们那么容易感受到幸福？他们往往会说出这么一个答案——幸福不是拥有得多，而是计较得少。也就是说，不是你拥有的东西越多越幸福，而是你计较的东西越来越少，心宽了，接受幸福的空间也就大了，你就觉得幸福了。

笑笑比他小 20 岁，嫁给他的时候，家乡的人都以为她傍上了大款。只有她知道，他到底是个什么样的男人。

他很普通，又黑又丑，不富有。媒人那时候只是说，他是个靠手艺吃饭、会过日子的男人。由于急着离开那个老是打骂她的家庭，她没问清楚就选择嫁给了他。嫁过去后才发现，他只不过是个修鞋匠。回去，已经不可能了，她只好将就着和那个男人生活下去。

男人很宠她，隔三岔五地给她买些小玩意儿：一支口红、几串荔枝……她活到 30 岁，从来没有用过口红，更不用说吃荔枝了。吃荔枝的时候，男人不吃，只是傻傻地看着她吃。她让他吃。他说他不爱吃，只要看着她吃就很高兴。后来，她偶然上街，随口问了一下，吓了一跳，1 斤竟然要 20 元。她的眼睛一亮，他怎么可能不爱吃荔枝？他是舍不得吃呀！

她更加疼他，每天早早起来给他做饭，晚上做好热乎乎的饭菜等他回来；冬天的时候，男人在街上修鞋，一天下来，冻得全身冰冷，女人就把男人的脚放到自己怀里暖着。男人也很知足，说是上辈子修来的福气才娶到她，说得女人心花怒放。

笑笑见他每天那么累很心疼，要和男人一起上街修鞋。男人拗不过她，便同意了。于是街上总能看到一对老夫少妻在修鞋，两人紧挨着，鞋修的时候就一起忙，空闲的时候就有说有笑地聊着。有一天，男人对她说，自己总有一天会走在她前面，他为她种下了 500 棵树，这样就算以后她老了，这些树也能养活她。笑笑哭了，她觉得这辈子值了，她很知足，身边的这个男人不仅宠了她前半辈子，连她的后半辈子都想得十分周到。

虽然，笑笑和她的男人过得很艰苦，他们没有足够多的财富，也不算成功，甚至他们的工作还会被一些人看不起。可是，幸福并没有因为他们拥有得少而远离他们。他们依然过得开心，时刻感受到幸福。

他们拥有的不多，但他们计较的少。就像笑笑不在乎他的年龄、他的外貌、他的身家，她只在乎他对她的那颗真心。她不计较他给不了她富足的生活，不计较他给不了她高贵的社会地位，她只计较两个人的心是否能紧紧地依偎在一起。计较得少，她就容易知足，容易感受到幸福，体验生活中的真快乐。

从人类欲望这个角度来说，当我们对自己有更多的要求或者更高的挑战时，我们的野心或者说"不满足感"就会一直拉着我们往前走，直到我们最终实现了自己原有的要求。而那个时候，我们又再次产生不满足感，再次渴望有更高的追求。于是，我们就陷入了这样无限循环的怪圈之中。

其实，人之所以快乐不是因为得到的多，而是因为计较得少。曾经有位知名物流行业的老总这么说过，作为领导，她最希望看到的是她的员工每一天开开心心地来上班，然后开开心心地下班回家。物流属于服务行业，很多身处服务行业的人常常觉得要保持开心的心态很难，更别提幸福了。其实，无论在哪个行业，想要保持开心，感受到幸福是很简单的事——不要去计较。她这么对公司的员工说，要学会把自己当成自己，把别人当成自己，把自己当成别人，把别人当成别人。这一句里包含着许多的期望和寄托，同时也是一种交流合作的技巧。计较少了，心就放宽了，不舒心的小事就不会累积在心里了。于是人就变得开心了，生活的幸福感也就增强了。所以说，一个人的快乐不是因为他拥有得多，而是因为他计较的少。多是负担，是另一种失去；少非不足，是另一种有余；舍弃也不一定是失去，而是另一种更宽阔的拥有。

美好的生活应该是时时拥有一颗轻松自在、不计得失的心，不管外在世界如何变化，自己都能保持心中那片清静的天地。清静不在热闹繁杂中，更不在一颗索求太多的心中，摒弃贪念、开阔心胸，心里自然清静无忧。若能做到不计得失的话，选择简单的生活，计较少点，幸福就能多点。

社会就是一个大舞台，在工作和生活中我们都在扮演着不同的角色，一个属于自己的角色。人与人之间，难免会有一些摩擦，而微笑着不去计较就能体验到真正的快乐，幸福也将随之而来。

越简单反而越快乐

在现代社会中，越来越多的人拼命工作，只是为了职务的升迁，似乎只有权威才能带给他们快乐。也有些人原本不喜欢自己现在的工作，但为了追逐物质的丰裕不得不做着自己并不想做的事情。可结果是名利都有了，却发现自己并不快乐，这到底是为什么？

事实上，快乐来源于"简单生活"。物质财富只是外在的光环，无法救赎内心的空虚。真正的快乐来自于发现内心真实的自我，保持心灵的宁静。快乐和收入其实并没有直接的关系，除非我们无法满足自己的温饱时。

虽然多数人都希望自己的生活能够达到"简单并快乐着"的状态，但事实上并没有多少人能够真正做到。他们住着大房子，开着名车，做着高收入的工作，过着高消费的生活，内心却被越来越多的欲望折磨得疲惫不堪。

在一些人看来，简单生活意味着辞去待遇优厚的工作，靠微薄的存款过日子，定会过得非常清苦。心理学家认为，这是对简单生活的误解，简单意味着悠闲，仅此而已。如果你愿意，你可以做自己喜欢的工作，拥有丰厚的存款，重要的是不要让金钱给你带来焦虑。

无论是富有的人还是收入微薄的工薪阶层，都可以生活得尽量悠闲，在"简单生活"中追求快乐。不妨试试下面这些好方法。

1. 做自己最喜欢的工作

往往最简单的事物带来的是最本能的快乐。如果现在的你承担了太多的工作或职务，让你无暇去享受生活，那么不妨按自己的兴趣和重要性将工作进行排序，选出你最喜欢的，你就能得到简单的快乐！

2. 多做运动

研究发现，人在运动时情绪会变得更好，而且思维的敏捷性也更高。如果在心情不好的时候运动，还能够转移注意力，缓解不良的情绪，放松心情。

一些不爱运动的人往往性格更为内向和孤僻，不愿意与人打交道。因此，要想保持快乐的心情，一定要经常运动，比如每天散步半个小时、骑车去上班，这些简单的运动都会使人感到快乐。

3. 拥有一项长久的兴趣

心理学家研究发现，当人们对某件事情感兴趣时，往往会不自主地花更多的时间、更大的精力在这件事情上。而这个过程中产生的往往是欣喜、快乐和满意等积极的情绪，即使废寝忘食也心甘情愿。

4. 专心做事

当你投入做某件事情的时候，感觉时间飞快；而如果我们做事拖沓，就会觉得这项工作很无聊，也就体会不到快乐了。

助人为乐者更快乐

我们常常认为，拥有便是快乐：拥有金钱和权力，可以满足自己的欲望，所以快乐；拥有漂亮的衣服，可以在众人面前炫耀，所以快乐；拥有许多的爱情，可以让众人羡慕，所以快乐。然而，当我们真正拥有这些时，我们真的感到快乐了吗？

一项对金钱与快乐之间的关系进行的心理学调查，发现了一个有趣的现象，即金钱与快乐之间并不完全成正比，而是呈一个倒"U"字的曲线。也就是说，越有钱的人其快乐指数往往是下降的，更多的金钱并不能给他们带来更多的快乐。所以说，拥有并不一定能带来快乐。那么，什么样的人最快乐呢？

心理学家告诉人们，助人为乐者最快乐。我们来看佛经中的一个故事：

一天，有三个人凑在一起，他们都在抱怨自己的生活不快乐，其中一个人提议去请教一位有名的禅师。三人找到禅师说明了来意："怎样才能让自己过得快乐？"

禅师说："你们先说说自己是为了什么而活在世上。"

甲说，他活在世上是因为他一家老小要靠他养活，所以他不得不活着。

乙说，等到有一天他老了，就会看到满堂的儿孙，那时他就会觉得自己过得很快乐，所以他要活着。

丙说，因为他害怕死，所以要活下去。

禅师听完他们三个人活着的理由，笑道："如此的生活理由，自然不会快乐。"三个人不明白，于是问道："那如何才能活得快乐呢？"

禅师没有回答，又问道："那你们想得到什么才觉得自己就快乐了呢？"

甲说，我要是有了无数的金钱，就会觉得快乐。

乙说，我要是有了至高的地位，就会觉得快乐。

丙说，我要是有了完美的爱情，就会觉得快乐。

禅师又笑了："许多人虽然拥有这些，但活得并不快乐。相反，正是这些带给他们无尽的烦恼和忧虑。让我告诉你们快乐的秘诀：金钱要布施而不是占有才会快乐，荣誉要服务他人而非唯我独尊才会快乐，爱情要奉献而不是索取才会快乐。"

三个人听了之后，此后的生活过得快乐而幸福。

帮助别人是快乐的，因为这能满足他人的需要，也能得到他人的尊重。例如，看到一个步履蹒跚的盲人过马路时，我们适时地给予帮助，对方礼貌地向我们表达感谢，此时的我们也因此变得更快乐。

美国一家心理学杂志进行了一项大型调查，发现那些经常帮助别人的人比不乐于助人的人有更多的快乐感受，他们的生活指数和生活满意度比后者要高出24％。此外，这些人患各种心理疾病的概率也远远低于后者。由此可见，帮助别人不仅能给别人带来帮助，还能让自己远离疾病的困扰，这是一件互惠互利的事情。

除此之外，心理学家们还认为帮助别人是一种自我肯定的需要，当你这种需要得到满足的时候，你就会有一种自豪、快乐的感觉。反之，则会产生自卑和消沉的情绪。心理学上有一个很著名的实验，叫作"镜像自我"实验。

在孩子的鼻头上点上红点，然后让他们照镜子，如果孩子们知道镜子中的人是自己，那么他就会去摸自己的鼻子；反之，他会去摸镜子中的那个影子。这个实验就是"镜像自我"——通过照镜子来认识自己的存在。后来，"镜像自我"的意思被引申为，通过别人对自己的评价来认识自己，别人就像是一面镜子，可以帮助我们更好地了解自己，他们的肯定就是对自我的一种表扬。

其实我们每一个人都或多或少有一些成就动机，作为一个生活在社会中的人，最基本的成就动机就是自我的价值被肯定，也就是我们常说的自我价值感。自我价值感不仅仅通过各种成绩和名次来体现，还常常由于他人的尊重和肯定而得到升华。这种心理上的认同，会让我们更好地认识自己的价值所在。

如果你的生活中总是洋溢着这种对于自我的肯定和欣赏，那么你每天都会拥有阳光般的快乐。反之，抑郁、困惑可能就会不时地光顾你了。所以，让我们在能够帮助别人的时候尽量伸出援助之手，这样我们会拥有越来越多的快乐！

幸福＝效用/欲望

那么，幸福到底是什么？怎样追求最大化，才能让人生拥有最大化的幸福？

萨缪尔森给出的幸福方程式是：幸福＝效用/欲望。效用是人的主观感觉，取决于偏好，每个人的偏好不同，即追求的目标函数不同，同时为了得到一定的效用还要付出成本。因此，我们从目标函数、成本—收益分析和欲望三个方面来分析各位武林高手的最大化行为是不是理性的。这里，我们通过以上三个方面来分析两个人——金庸《笑傲江湖》中的岳不群和古龙《楚留香传奇》中的楚留香。

无论有多高超的武功或高低不同的人品，武林好汉的行为目标也都在自觉或不自觉地追求个人利益最大化。但是，同样是武林高手，一样在追求利益最大化，岳不群和楚留香有着完全不同的人生，两人对幸福的体验也必然不同。

岳不群和楚留香是两个完全不同类型的人，他们都在追求最大化，谁的最大化更加理性呢？我们用构成幸福的要素来分析他们的最大化行为。

从目标函数来看，岳不群追求一元化目标——当武林盟主，成为第一高手，其他能使人幸福的因素——亲情、正义、美色、物质享受，等等，都不在他的目标函数之中。相比之下，楚留香的目标函数要多元化得多。作为一名大侠，他有劫富济贫、为朋友赴汤蹈火、主持武林正义等目标。这些给他带来侠义的好名声，在江湖上受到尊重，这是一种极大的精神满足。同时他也重视物质享受，住在精巧的三桅船上，美酒佳肴，享尽物质满足，还有美女李红袖、宋甜儿、苏蓉蓉相伴。他生活得舒适高雅，又未失去武侠的豪气。

仅从目标函数来看，楚留香当然比岳不群理性。根据效用理论，当从既定目标出发去追求效用的实现时，追求多元化目标，各种效用不会递减，总效用最大化；而追求一元化目标，一种效用在递减，最大化的总效用当然要低。

再从成本—收益来看。世界上没有免费午餐，追求什么目标都有成本与收益的比较问题。

岳不群为了当武林盟主而不惜一切代价。这代价有：众叛亲离，爱徒令狐冲、爱妻和爱女都离他而去（机会成本）；为练神功"挥刀自宫"（直接成本）；玩尽诡计和阴谋，不仅劳神费力，还失去武林人士的尊重，被称为"伪君子剑"，这种名声的损失也是成本；至于追求武林盟主过程中的种种所作所为，都成本颇高。但他最后到手的武林盟主却由于各派争杀而无人真正当回事，说成本远远大于收益也不为过。

楚留香则不同，他追求从多元化目标中得到效用时，当然有成本。比如，要有金钱与精力支出（直接成本），为朋友帮忙就要放弃船上的温柔世界和享受（机会成本），去为武林主持正义还有种种意想不到的危险（风险）。所幸的是，他武功超人、机智灵活，总能化险为夷，最终毫发未伤。重要的是，他获得了尊重，实现了自我理想，这样看来收益还是大于成本。

由这两点来看，楚留香的效用远远大于岳不群。那么欲望呢？

楚留香所做的一切事都是出于正义感或朋友义气。他只想把眼前的每一件事做好，并没有什么宏伟的志向，尽管是名噪一时的大侠，但看不出有什么武林称雄的野心。

岳不群却是野心很大的人，有一种永不满足的欲望——且别说武林盟主已是极大的欲望，即使当了武林盟主也不会满足，恐怕下一步要一统江湖正邪两派。野心家的欲望总是无止境。

楚留香的欲望小于岳不群，而效用又大于岳不群。根据"幸福＝效用/欲望"的方程式，楚留香的幸福感自然大于岳不群。他们都在追求最大化，但显然楚留香是理性的，岳不群是非理性的，他追求到的幸福甚至是负值的。所以，读过这两本书的人都对楚留香仰慕不已，而对岳不群极其鄙视。

武侠小说不同于真实生活，但也一定程度上反映了人生。其实在现实中也有不少人类似岳不群：人生目标一元化（为钱或为名），野心太大（总想成巨富或名人），为实现效用不顾一切代价（为钱而忘家，为名而失去人格）。这样的人生，最后很可能像岳不群一样，错过很多幸福的体验。

经济学提醒我们在追求价值最大化时应该更理性，用人生的智慧去支配我们心中的欲望，才能让我们所追求的实现最大的效用，享有真正幸福的人生。

幸福可以经营

有没有想过该怎么样经营自己的幸福，提升自己的幸福指数？有些人听到这个话题，难免会说，幸福又不是生意，为什么需要经营，顺其自然，该是自己的幸福就是自己的，不是自己的幸福再怎么经营也得不到。"命里有时终须有，命里无时莫强求。"真的是这样吗？幸福不需要经营吗？事实上并不是这样。

子欣是女强人，工作能力特别强，曾临危受命，使得一个亏损严重、濒临倒闭的企业起死回生。然而就是这么一个力挽狂澜的女人，却一度在婚姻危机面前束手无策。

子欣结婚后的十几年都一心扑在工作上，家里大小事情几乎全由丈夫承担。而且，她在家里也是领导作风，说一不二，丈夫和儿子都惧她几分。没想到，丈夫逐渐厌倦了这种生活，最终向她提出了离婚。这件事令她十分苦闷，她甚至觉得工作、生活都失去了意义。一个朋友看出了她心事重重，一语点醒梦中人："你把企业经营得这么好，怎么就不懂得经营婚姻呢？"于是她下决心改变。

不久后的一天，她到了家门口才发现自己没带钥匙。当时已经是晚上10点多了，她知道丈夫、儿子一定在家，于是敲门，打丈夫手机、家里座机。但是都没有人出来帮她开门，她又气又急。要是在往常，她早就开始骂人了，但转念想到要"经营婚姻"，她便强压住火气，开始想办法。

还好她家住在一楼，平常总有一个窗户关不严。于是她不再敲门，而是绕到窗户下，推开窗户爬了进去。当她梳洗完毕，准备上床睡觉的时候，丈夫醒来了，问她怎么回事。按照以前的风格，她势必会大骂丈夫一顿，但这次她没有，只是淡淡地说："你玩笑开得也太大了！"然后便若无其事地睡了。

第二天早上起来的时候，她意外地发现丈夫已经把早餐做好了，并坐在餐桌边等她。这种场景已经很久没有出现了，她一下子感动得掉下泪来，感慨道："家中有一个男人在关怀着你，这是多么幸福！"

很幸运，由于子欣的及时改进，亮起红灯的婚姻终于化险为夷，她和丈夫重修旧好。

人们在拥有的幸福面前总会觉得是理所当然，不珍惜，也不经营，甚至还抱怨自己过得不幸福，等到失去了便追悔莫及。殊不知，当幸福还在时不用心经营，等到幸福溜走时，花上十倍的工夫也不见得能把幸福留住。

所以，我们常说的"经营"幸福并不是一句空话。据心理学家称，幸福在更多的时候，和我们从外界感受到的刺激关系不大，而是取决于我们自己的观念和内心感受。当我们觉得此刻应该"幸福"时，哪怕是一件十分微小的事情，也会让我们感受到莫大的愉悦感。

那么，幸福该怎么经营呢？

第一，常怀赞美之心。人类生来就是群居动物，人性最基本、最深切的渴望之一就是得到群体的欣赏。无论是小孩还是成年人，都希望自己能得到别人的肯定和赞美。但在生活中，人们往往习惯于挑剔他人。大部分人对陌生人的赞美从不吝啬，但对身边越亲近人的赞美就越少。所以，得不到身边最亲近的人赞美的人总是觉得还不够满足，觉得离幸福总差那么一点。常怀赞美之心，对所有的人都从赞美的眼光看待，会发现，他们都很好，其实自己过得很幸福。

第二，少抱怨，少争执。幸福总是在我们抱怨着生活的不如意时悄悄离去。当人们的眼光集中在争执的时候，就会忽视了幸福的存在。幸福的经营，要学会看到自己的缺点，发现别人的优点。曾经有人说过这么一句话，如果你发现身边的人缺点越来越多，实则是自己的缺点越来越多；如果看到别人的优点越来越多，则是自己的性格越来越趋向于完美。

第三，幸福最大化，摩擦最小化。现实社会中，往往很多人习惯了用放大镜来挑剔对方的毛病，所以总觉得怎么和他人的相处会存在那么大的摩擦。可如果反过来，把幸福放到显微镜下，就会突然发现，原来自己拥有这么多的幸福。任何人都希望得到别人的认可，要满足别人的这个愿望并不难，只要乐于寻找总能找到。用一颗感激的心去赞扬、去欣赏，就能使得幸福最大化，而把摩擦降到最低。

第四，做好"期望管理"。生活中，人们总会面对失败和痛苦，如果人们一直提高自我的期望，就会使得自己越难感受到幸福。如果人们不断降低自我期望呢？事实上，人们还是不会觉得快乐。因为，太低的自我期望不能使人们得到满足。所以，我们要做好自己的"期望管理"。

在生活中，我们会对他人有许多期待。当期待得到满足时，我们会感到快乐、幸福；但当期待落空时，我们会失望、不幸福，甚至会对他人产生不满。因为不满时人们就会产生负面的情绪，这情绪或累积或扩散，都会影响到彼此之间的关系，进而影响到对幸福的体验。

我们通过合理地设置期望，同时，我们面对现实，知道实现期望需要我们很努力地去做，知道失败和痛苦是幸福的组成部分，这样我们就能不断地提高我们的幸福指数。

幸福是需要用心经营的。这样才能用力最小化，收益最大化。若想提高生活的幸福指数，不如好好研究一下，幸福生活该如何经营吧！

第十章

如何读懂人心而识人

蔡元培先生日常性情温和，如冬日之可爱，无疾言厉色。处世接物，恬淡从容，无论遇大观推刃或引车卖浆之流，态度如一。但一遇大事，则刚强之性立见，发言作文，不肯苟同。故先生之中庸，是白刃课蹈之中庸，而非无举刺之中庸。

——蒋梦麟

常常低头的人在想什么

细细观察我们的身边，会发现有这样一些人，当你与他们交谈时，他们经常会停下来，并且低下头。我们仔细分析一下不难发现，这类人说话办事都比较谨慎，正是所谓的"慎重派"。

常常低头，可能是由于他们表达能力比较差，或是思维慢而导致的，是他们在说话时利用它来进行思考的一种常用动作。

这种人看起来往往是和蔼可亲的，对待朋友也能够做到客观和理智。当他们遇到问题的时候总是冷静地思考，进行认真地分析，最后做出正确的判断和决定。而且，常常低头的人从来都不会独断专行，他们非常尊重别人，所以，他们往往也能得到周围人的尊重和爱戴。

可以说，那些常常低头的人有的时候反应并不敏捷，甚至有的时候他们会显得比较有城府。我们在日常生活中会发现，一些机关单位的公务员总是有这样的动作，而他们之所以会这样的原因就是怕说错话，所以需要通过间歇来思考。

其实不管什么样的人，只要为人处世就必须要懂得谦虚谨慎。我们对人对事的态度万万不可过于骄狂，更不能乱摆架子，否则就会把自己放在一个四面楚歌的环境中，被世人讥笑和瞧不起。

乾隆在位时，大才子纪晓岚深得他的赏识。有一天，乾隆皇帝宴请群臣，在宴会中间，诗兴大发，于是就出了一个上联："玉帝行兵，风刀雨箭云旗雷鼓天为阵。"

这时大家正吃在兴头上，一看皇帝出了对子，都开始花心思想着怎样能显露自己的才华，可是，在场的臣子没有一个人可以对得上来，于是乾隆只好无奈地选择了纪晓岚。

本来以为纪晓岚怎么着都应该低下头仔细地思考思考，可是令乾隆没有想到的是，他几乎都没怎么想，就把下联给对了下来："龙王设宴，日灯月烛山肴海酒地当盘。"

这一对不仅十分工整，意境也非常到位，并且和当时的场景联系了起来，于是群臣们都纷纷地赞叹不已，大家都齐声高呼万岁得到了一个大才子。

可是乾隆却并不太高兴，因为他从纪晓岚的这个对子里面听到了一些讽刺自己的话。他慢慢露出了怒色，半天都没有说话。纪晓岚是一个聪明人，看到这种情况，他再也没有当初的傲气，而是把头低了下来，想了一会儿，接着说道："圣上为天子，所以风、雨、云、雷都归你调遣，威震天下；小臣们都是酒囊饭袋，因此希望连日、月、山、海都能在酒席之中。可见，圣上是好大神威，而小臣只不过是好大肚皮而已。"

这一句话终于把乾隆给逗乐了。纪晓岚看皇上不生气了，赶紧低下头，擦了擦额头上的汗，庆幸自己终于躲过去一劫。

其实纪晓岚并没有讽刺乾隆皇帝的意思，只是一时失言了。经过这件事情以后，纪晓岚做事变得谨慎多了，做事说话之前都要先低下头仔细地

琢磨琢磨，再不敢随便说话行事了。

在我们身边很多办事严谨的人，做事情之前都有低头思考的动作，这已经成了他们这类人的一种习惯。

有一位哲学家说过这样一句名言："骏马骨架大了值钱，为人架子大了招嫌。"这句话其实就隐含着为人处世的深刻道理，它告诫人们：不要傲慢无礼，务必谦虚谨慎，过分的骄傲自大或者对别人炫耀自己的能力，这都是不对的。

时常观察夜空也会发现，当月亮到了最圆的时候，就会开始亏缺；而当桶里的水满了之后，就会往外溢，这其实都是自然现象，但是却告诉我们"谦虚谨慎能够受益，骄傲自满必定会招受损害"的道理，这更是人世间的常情。

其实，不管一个人的才华多么出众，如果他特别喜欢炫耀自己，摆出一副骄傲自大、乱摆架子的姿态，肯定就会使周围的人感到被看低或备感失落，从而导致心理上的失衡，这样就势必会招致别人的反感，从而受到众人的厌烦，最终可能就是自己吃了大亏，还不知问题到底出在哪里。

所以，在社会中行走，务必要学会谦虚谨慎，要有"常常低头"的心理。

十分懊悔会拍打头部

通过观察身边的人，我们会发现这样一种现象：当有些人做错了事情，或者是自己十分后悔做了什么事情的时候，总是会用手轻轻地拍打自己的头部，这个看似简单的小动作却包含着很多意义。拍打头部在大多数情况下表示懊悔和自我谴责，他肯定是犯了什么不该犯的错，或者是把你交代的事情给忘记了，心里感到懊悔不已。

拍打头部，显现出人们最大的弱点是羞怯和缺乏坚强的毅力。虽然在现实生活中他们有极强的组织和判断能力，但是他们总是喜欢夸夸其谈，而真正去做的时候却是非常少的。如果在你的身边有这样的人，你可能会常常看到他们有很多宏伟的目标和计划，可是到头来你却发现真正能够成功的没有几个人，再加上个性之中有一些羞涩的因素，不会主动和别人进行交往，时常不能充分发挥自己的能力，于是他们经常会有一种"黄金埋土"的感觉。

如果你的朋友中有喜欢拍打头部，且拍打的部位在后脑勺的人，那么你就要注意了，这样的人不注重感情，对人苛刻，你之所以可以成为他的朋友，是因为你可以在某些方面帮助他。当然，这样的人也有很多优点，还是值得你去花时间理解和认识的。比如他对待工作的那份认真和执着，他的好学与上进，你都会不自觉地接受他，佩服他，喜欢和他交朋友。

经常拍打前额的人却和拍打后脑勺的人有很大的区别，他们为人坦率、真诚，从不拐弯抹角，更不会"耍心眼"。这种人性格比较急躁，一旦做了什么错事或忘记了什么事情时就常会拍打前额。这种人非常喜欢和答应帮助别人做事情，但是他们的记性不是很好，会时常忘记，所以有什么事情还是自己做，尽量少找这样人的帮忙吧！但这并不是说这样的人不值得我们去信任。相反，他们是非常愿意帮助别人的，无论什么事情他们都会尽他们最大的能力去帮助别人。

做错事情后经常拍自己前额的人，他们往往是真心地表示歉疚，如果是因为自己考虑不周，或者是自己做事不够谨慎所造成的，也就是错误的原因在于自己的失误，那么这个人心里会非常懊悔，所以他们会拍打头部以释放自己内心的这份愧疚。

洛克还在大学读书的时候，就已经有了严重的偷盗行为。每当他偷窃成功后，他都会把自己关到一个房间里，不吃不喝以惩罚自己，他总是先拍打自己的头部，问自己为什么要这样做，最后他会把头深深地埋在臂弯中痛哭流涕，但是他管不住自己，过后还会继续偷窃。没过多久，他就因为持枪抢劫，被抓捕入狱。在监狱里他每天都会以拍打头部来释放自己的懊悔心情。正因为他的认错态度和改正态度好，被关押了一段时间后他就被释放了。出狱后他就参加了军队。然而，他的老毛病又犯了，他的思想控制不住他的行为，他又开始在军队中偷窃。

后来他又被抓进部队监狱，进入监狱之后，洛克每每想到当初自己做过的事情就十分懊悔，甚至当洛克从监狱里获释以后，人们一提及当年的事情，洛克都会用手拍着自己的脑袋说："唉，我都后悔死了。"

洛克在偷窃后会感到自责和懊悔，那么他为什么会继续偷窃呢？这是因为他想偷窃的强迫心理已经形成了，虽然在他的下意识心理中积累着内疚的情绪，但这内疚的情绪不足以战胜他想要偷窃的心理。

就这样，在洛克的人生道路上他不断地摔跤，内心也不断地深受煎熬，他偷窃次数越多，内心就会产生更加激烈的自责和懊悔。

其实，一个人具有自责和懊悔感，多少可以说明他对做错事情的承认态度，这是很好的。每个活着的人，不管这个人是多么优秀，都会有这种自责和懊悔感，这种感觉是一种"秘密的小声音"对你说话的结果，这种"秘密的小声音"就是你的良心。但是我们不能像洛克一样让行为不受内心的控制，我们应该在做了错事后感到懊悔和自责，并且在自责后找到犯错的原因，改正错误。另外，应该在犯错之前就开始提醒自己，而不是在犯错后深深自责，因为就算再多的愧疚也无济于事。

虽然每个人所处的生活环境不同，但是在各种环境下，人们的行为肯定会受到某一特定的道德标准的约束，如果违背了这一标准，他就会感到自责和懊悔，甚至会受到他人的批评。

对于我们来讲，这种悔恨的形成有其深刻的社会根源。其主要原因在于：如果你不感到自责和懊悔，就会被人看成是"不懂事"，甚至是说你缺乏良知，而这一切对你的影响极大；如果你确实关心某人或某事，那么你就会为自己所做的错事感到自责、懊悔，这也就是告诉大家，你是一个有责任感的人，是一个能顾及他人感受的人。

当一个人刚刚出生的时候，因为年龄太小，他不会注意到别人，自己想要什么就要什么；但是随着渐渐长大，他就会慢慢认识到，在他的身边还有其他人，自己必须要顾及他人的感受。每个人都有自私的一面，当我们了解到这种自私是一种不良的品行时，就会产生一种自责和懊悔的感觉。

虽然自责和懊悔能激励具有德行的人产生一种美好的思想和行为，但是，并不是每种自责和懊悔都能产生好的结果。自责和懊悔的情绪只有配合积极的心态才会有良好的促进作用，否则，就会产生一种可怕的结果。

扬头的人代表什么都不在乎

有的人在走路的时候总是喜欢抬头挺胸，大踏步地向前，这充分显示了他的气魄和力量。当然，有的时候也会给身边人一种高傲的感觉。

这种人一般喜欢以自我为中心，不太注重人际交往，更不会轻易投靠和求助于他人，哪怕是遇到了根本无法解决的事情，他们也不会向别人求助，而是自己默默承受。但是他们的思维是敏捷的，做事有很强的条理性，考虑问题比较全面。

即使是一件不怎么复杂的事情，他们也会为自己拟订一份比较详细的计划。他们比较看重自己的外表，习惯于修整仪容，衣履整洁，时刻使自己保持着完美的形象。无论是逛街出门前，还是走亲访友，他们总喜欢在镜子前端详一下自己，看看自己："头发凌乱吗？""发型完整吗？""衣服整洁吗？""皮鞋光亮吗？"

走路昂首挺胸的人，大多数都是比较自信的，这样的人自尊心往往也很强，而有的时候则可能过于自负，容易妄自尊大，还可能有清高、孤傲的成分；他们做什么事情都只相信自己，处处主观臆断，对于人际交往也保持一种漠不关心的态度，经常是孤军奋战；但是他们的思维比较敏捷，做事富有组织能力，能够成就财富事业和完成既定目标，自始至终都能保持完美形象。

在职场中很多人也确实是这样的！他们自视清高，看这个不顺眼，那个也不顺眼，不与别人交往，孤独行事，当自己遇到麻烦的时候才想起平常身边的人，而真正到了这个时候，能够站出来帮助他的又有几个人呢？

小王刚毕业，正忙着找工作，有一天他接到了一家贸易公司的面试电话，小王应聘的职务是行政秘书。

到了公司之后，发现老总是一个年轻人，估计也就 30 岁出头，公司已经创办 8 年了，注册资金 3000 万，办公环境等一切都还不错，是小王比较满意的工作氛围。

当时小王昂着头走进了办公室，面试的人员，包括老总在内一共有三个人，在整个面试的过程中小王总是傲慢地把头抬得高高的，好像他对什么事情都漠不关心。尽管小王很自信、很坦然，但是这却给面试官造成了一种对什么事情都不在乎的印象。

面试结束后，小王很高兴，当时觉得公司应该会聘用自己，因为他觉得自己表现得很好，而且他认为老总还是认可自己的。可是最后他才知道该职位已经录用了其他人。

这下小王很伤心，当他询问知道内情的人时，对方说是因为小王在面试时表现出一副扬头高傲的样子，让老总以为小王没有责任心。

如果在我们的身边有这样的人：他们走路的时候总是扬着头，那么他们可能不在乎任何事情。

当遇到这样的人时，为了能够更好地与他们进行沟通，我们就应该尽自己最大努力发现他们的兴趣点，只有这样他们才会有兴趣来和我们进行谈话，甚至是进一步的沟通。如果你仅仅是按照自己的观点来给他讲道理，是万万不可的，因为他们这种习惯扬头走路的人，是不会理会你苦口婆心的教诲的，有的时候弄不好反而还会引起他们的抵触情绪，最后弄得自己"一鼻子灰"，这样对我们来说就得不偿失了。

而且心理研究发现，这种喜欢扬头走路，对什么事情都不在乎的人，他们往往是因为自傲，换句话说他们有让自己不在乎任何事情的资本。所以有的时候和这样的人交往，应该想办法压一压他们的傲气，让他们对你产生一种由衷的敬佩心理，那么你就可以抓住他们的内心，更好地揣摩他们的心理了。

摸弄头发常常郁闷焦躁

现代社会越来越焦躁了，人们也越来越情绪化，在我们身边经常会有一些抚摸自己的头发，甚至是撕扯自己头发的人，他们整天都被焦躁和烦恼包围着。焦躁使我们享受不到生活的平淡，就如一株无根的浮萍，使我们远离真实，过着一种虚妄的生活。

为什么熬得过那段吃不饱、穿不暖的日子，也不用再去担心温饱问题，有时间可以逛街、可以去酒吧，甚至可以住漂亮的房子，可以开豪华的汽车了，而人们的心却渐渐地躁动不安了呢？

也许是现在真的不比从前了。社会变革对原有结构、制度产生了具体的冲击，一些原有体制正在解体或成为改革的对象，而新的制度还没有相应地建立和完善。在这种情况下，人们就很难预测自己的行为，很难把握好自己的未来。

同时，伴随着社会的转型期与社会利益和结构的大调整，有可能一部分原来在社会中处于优势的人"每况愈下"，而原来在社会中处于劣势的人反而会发展起来。每个人都面临着一个在社会结构中重新定位的问题，即使是再有钱的大款也不能保证他们永远"挥金如土"。那些处于社会中游状态的人更是患得患失、战战兢兢，时时刻刻都想进入上流社会，于是心神不宁、焦躁不安、迫不及待，这已经不可避免地成为了一种社会状态。

一个45岁事业有成的男士在接受"年度成功企业家"荣誉的前4个星期说道："我不懂这代表了什么。对我而言，生活就是一连串的任务，永远没有截止日，成天都是支票兑现、公司业务等，又没有一个可以歇息的地方。我感到自己像一块馅饼里的馅被层层包裹着透不过气来。我现在总是习惯性地抚摸自己的头发，自己也开始变得郁闷烦躁。

"有的时候我真想把这一切全部抛开，逃到一个没有人认识我，而又有时间让我安静思考的地方。有的时候我还特别想去冒个险，不去管婚姻、孩子、家庭、工作、朋友，我所希望的这一切，只是盼望有个喘气的机会。可是这也让我感到很矛盾，如果摆脱这些，我生活中所爱、所珍惜，以及费尽心血所得到的一切就全都倾空了！我现在知道的只是：当前我的生活方式让我越来越浮躁，而且它正在一点一点地摧残着我的心灵。"

这位先生可能明白，如果不趁一切还来得及的时候下决心摆脱这种焦躁的生活，他便可能在不久的将来被迫放弃他所在乎的一切。

焦躁其实就是一种具有很强的冲动性、情绪化和盲动性的社会心理。而具体的行为表现就是一个人在情绪非常焦躁的时候会发脾气，有的时候会用手抚摸自己的头发，而一些焦躁情绪比较严重的人，可能会用手撕扯自己的头发，等等。

在这个充满着焦躁与不安的年代，每个人都会变得有些焦躁与不安，似乎大家每天都在不由自主地问自己："我能否拥有别样的生活?""今天过后，明天会如何呢?"

现在的社会生活节奏非常快，而快节奏也已经成为了我们这个社会发展的主要特色。"现在网络""新新人类""后现代"其实都逐渐成为了现在非常流行的话语，人们也更加容易和快速地适应了"快餐"之类的东西，而我们也会非常明显地感觉到那些厚重、舒缓、循序渐进的事物越来越没有市场了。

一些心理学家通过调查这种喜欢抚摸头发的人发现，他们往往都存在着很强的焦躁心理，而通过进一步的了解，心理学家认为欲望膨胀和焦躁不安，其实是我们对社会剧烈变化的一种心理反应。没有这种激烈的反应，就没有经济结构的调整、转基因食品，更没有传统文化和观念的更新与多样化。从某种意义上讲，在躁动不安、情绪化的时代中还掩藏着一种内在的和谐。

但是，一个总是喜欢抚摸自己头发的人，很难把握住真实的生活，甚至于会选择放弃自己努力追求着的东西。在新的经济时代，一切都变化得太快了，几乎超出我们的想象，我们已经找不到真实的边界在哪儿。这就像一个万花筒，轻轻一动，哪怕只是很小的移动，我们都会看到一种新鲜

的东西。

其实，焦躁也好，情绪化也罢，都是社会大背景下的一种特有现象，而我们的目标是要挣脱旧的生活框架，重新建立起新的生活模型。所以，实际上在躁动不安中还潜藏着我们发展的锐气和对生命和谐的渴望。

喜欢张望的人是乐天派

眼睛能够像嘴巴那样表达情感，这对于我们个人来说不能不算是一个非常重要的交流窗口。我们翻阅历来的文艺作品，不管是小说还是散文，几乎无不涉及眼睛能向人们传达很多信息的内容。

而对于眼睛的作用，身体语言交际的研究者们并不为言情小说家们的修辞表达所迷惑，他们使用的是自己单独的专门用语。

例如，"视线的相交"一般称为"双目交视"或"目光相触"，而专家们选用的词语是"相互注视"，这意味着，相互反应的两个人相互看见了对方"包括眼睛在内的整个面部"。这个用语被选的理由是因为：距离一米以上，就难以正确区别人们视线所向的对象区域。

通过研究发现，人们在公共场所，比如在街头、商店、事务所和自助食堂，遇到某人时，若不想和他打招呼，一般都会采取"礼貌正确的无视"，说白了，就是对方进入视线范围也不去"注视"和"凝视"。而很多乐观顺应派、善于交际的人，他们的目光却是四处转头张望的。

还有的时候，大多数人一进入电梯，与他人照面，就会背对他人，和大家保持一致姿势。在一起也不交谈，或者望向天花板，或者看着地面，或者读着说明书，或者看着显示楼层号的电光板。偶尔，同乘者之一与自己的目光相遇时，则浮现出表示信赖和善意的微笑，进行两三秒钟的相互注视。如果超过这个时间，较长久地看着对方，那么，不是要表示非难或疑惑，就是想要表达搭话的欲望，表示要传达一种信息。

而当一些乐观顺应派，善于交际的人进入电梯的时候，他们的目光却是四处转头张望的，好像在寻找什么物品一样。

脸部颤动预示着不满

在我们的身边可能会有这样的人，他们的脸部总是会不自觉地颤动，而且还频繁地眨眼，那么这个时候你就应该明白，这是欲望得不到满足的一种表现，而这种人一般以落魄失意者居多，当然，他们在多数情况下不想或者害怕别人看出自己曾经的落魄，所以又要刻意掩饰自己的缺点，于是脸部动作就变得格外频繁。

一对新婚夫妻刚结婚仅仅半个月就要面临分别，因为丈夫获得了全额奖学金要去美国留学，攻读电子工程学的硕士和博士学位。

丈夫走后第一年秋天，妻子就拿着丈夫的材料去使馆申请探亲签证，但是却被拒签了。由于预料当中的事情出现了意外，她出现了欲求不满的情况。但是，她还能够安慰自己，心想着现在不行那就等年底吧。于是等到年底圣诞节前夕再次去申请，她没想到还是被拒签了。夫妻俩打算相约美国、二度蜜月的幻想就这样被无情地摧毁了，这时他们才开始感到有些紧张不安，当与别人说起这件事情的时候脸部也开始不自觉地颤动。第二年，妻子第三次去办理签证，又被拒签了。

就这样，妻子每天都饱受着内心的煎熬，现在遇到欲求不满的事情，她的脸部就会不自觉地颤动。

有时候，人的行为受到了限制，这不是因为外部环境，而是由自己的内心造成的，这也就是我们所说的灵魂的枷锁。一个人在社会上寻找幸福的出路，不但要看他上下求索的方式，更重要的是看他的思维方法正确与否。如果一个人想寻找幸福，可以在中国寻找，也可以在国外寻找，这些都是次要的，只要你的目标明确而现实，就都能实现。

思想是人的翅膀，可以带着我们飞向自己想去的地方，如果思想和翅膀不能自由地展开，那么不要说飞翔，就连走路都可能走不稳。就像鸟儿一样，飞起来很自如，但在地面上行走却很笨拙。所以说人们的追求，不应该超越自己的能力，要有一个正确的价值取向，要懂得欲望应该满足。

俗话说："鱼和熊掌不可兼得。"选择就像下围棋，大弃大舍，这么做都是为了赢得幸福。物质生活中的欲望，常常表现为一种攀比的行为，其总体的规律就是"你有我也有，你没有我也要有"，这样以求得到周围人的赞赏和羡慕。社会生活中的欲望，主要表现为一种自夸和炫耀，通过吹牛、隐匿等欺骗手段来过分表现自己。心理学家认为，人们应该别为了所谓的理想和欲望，而"打肿脸充胖子"。

从前有一个人做生意失败了，但是他在别人面前还是一副成功人士的样子，当别人问及他最近怎么样时，他的脸部开始不自觉地颤动，但仍然极力维持着原有的排场，就怕别人知道自己失败了。为了能重新起来，他经常请人吃饭，拉拢关系。每当宴会的时候，他甚至会租用私家车去接宾客，并请了两个钟点工来扮作自己的女佣，佳肴一道道地端上，他以严厉的眼光制止很长时间没有吃到美食的儿子抢菜。虽然前一瓶酒还没有喝完，但他已经打开了柜中最后一瓶 XO。当那些心里有数的客人酒足饭饱告辞离去时，每一个人都热烈地致谢，并露出同情的眼光，但尽管看到他告别时脸部出现的不自觉颤动，也没有一个人主动帮助他。

每个人都希望能够得到别人的认可，但是，当我们获得了一个人的认可之后，就希望能够获得十个人的认可，甚至是更多。所以，我们每个人很可能会为寻求他人的认可而活在爱慕虚荣的牢笼里面，欲望越来越多。

如果在你的内心深处希望得到他人的赞许或同意，那么，当你一旦获得了别人的认可，你就会有一种幸福的感觉。但是，如果你陷入这种无法摆脱的虚荣之中，那么，一旦你没有得到别人的认可，你就会感到非常失望，从而失去信心，而这时你可能就会有自暴自弃的心理。

厌恶时是什么表情呢

心理学家很早就发现，厌恶其实是人的本能。

心理学家做过一个实验：蘸一点柠檬水，或是苦味的奎宁水放入婴儿口中，那么婴儿肯定就会出现厌恶的表情，比如说是鼻子微皱、上唇抬起，等等。

对于婴儿来说，他们心里面那些好吃的东西应该是和妈妈的乳汁一样的味道。而酸味和苦味可能会让他们觉得是不好吃的食物。所以他们对这些味道就产生了一种本能的厌恶，拒绝吃下它们。其实这就是人的本能。

而当婴儿长大以后，随着他们认知能力的增长，对事物就会有更深刻的认识，厌恶感也会表现得更加强烈，当然这种鼻子微皱、上唇抬起的厌恶的表情也会更加明显。

在平时的生活中，有很多事情都会让我们产生厌恶，比如说看见老鼠、蟑螂等动物。其实我们之所以会对这些事物产生厌恶感，根本原因就在于我们把这些东西看成是有危害的，所以本能地产生厌恶并远离它们，这就是对自己的保护。

那么到底什么是厌恶呢？厌恶包括了恶心、讨厌、难受、不满、拒绝等感觉的不良情绪。但是抽象来看，在我们日常生活中凡是与好的东西相互对立的，都能够引起人们的厌恶情绪。当然在有的情况下，厌恶的情绪可能和东西美好与否毫无关系，它也许是由某种挫折而引起的，比如升学、应聘、考试受到挫折等。

比如有这样一件事情：

娟娟在朋友王先生的心目中是一个品质高尚的人，但是有一次王先生却发现娟娟乘坐公交车的时候没有买票，而逃票行为是王先生十分厌恶的，所以从此以后他再见到娟娟的时候就会鼻子微皱、上唇抬起，非常厌恶。

　　我们的年纪越来越大，经历的事情也越来越多，我们每个人都会自然而然地产生一种所谓的冒险厌恶心理。但是，这种自然而然产生的冒险厌恶心理和因为成功所导致出现的冒险厌恶症是完全相同的。

　　社会哲学家得出过一项理论，这一理论认为：年轻人和老年人对于不达目的誓不罢休的做法有着完全不同的看法。大多数的年轻人认为这样做是正确的，而在老年人中，他们往往会认为"只有傻子才这样莽撞"，他们还是非常主张"慎思而后行"的想法。

　　由于成功最终导致的所谓"冒险厌恶症"，是很有可能发展成精疲力竭症的症状，比如说人们出现的个人障碍、重复行为的焦虑症以及管理者对企业的一种故意破坏的行为，等等。这些都是由于成功而导致的"冒险厌恶症"，当然他们会给我们带来很多严重的不良情绪，而这种冒险厌恶症的最明显的特征就是会产生恐惧，具体的表现就是患者不仅害怕去发现和尝试一些新鲜的事物，而且会有更多的鼻子微皱、上唇抬起的厌恶性表现。

　　其实，这正如社会学家克里斯托弗·拉什等人所阐明的那样：要想说服一个曾经获得了很大成功的人再一次相信失败，这将也是一个很有吸引力的选择，但是这并不是一件容易的事情。特别是对于大多数的美国人来说，他们总是把事业成功与否当成是别人评价自己的最主要的依据。而且，这种表现是非常明显的，人们的心理健康程度与他们所能承受的成功程度是紧密相关的。即便是对于那些非常自信的成功人士来说，虽然他们相信自己成功并不是通过走运或者欺骗得来的，但是这些人也总是担惊受怕，如果不小心谨慎地保护，他们目前的成功可能并不能维持很久。

　　其实，我们可以打个比方，在这种心理状态下，你就好像把自己人生所有的鸡蛋都放在了事业这个篮子里，而这样一来，一次小小的失足或者跌倒就足以使你一无所有，因此，有这种想法的人，他们脸上往往都是鼻子微皱、上唇抬起的厌恶表情，经常会把个人事业上的挑战、创新和变化理解成对他目前状态的威胁，从而对自己的事业甚至人生产生极大的厌恶感，而无法摆脱。

没事别老挑眉

有事没事儿喜欢老挑眉，说话特别刺耳的人，他们是很少懂得礼节的。在平时，我们每个人都会非常在意别人对自己的态度。哪怕对方可能是一个无礼的人，他也不喜欢别人对自己没有礼貌。一个"礼"字代表了很多的含义，比如说尊敬、尊重、亲切、体谅，等等，当然也体现出了一个人良好的修养。所以，我们在说话的时候，一定要把"礼"放在前面。

有一些人认为，礼貌仅仅算得上是社交上的一种手段，而除此之外没有别的价值。可是在实际生活中却不是这样。

心理学家曾经指出，自尊是维持人们心理平衡的重要因素。我们每个人都需要一个平衡和健康的心理，而且希望能够受到别人的尊重，因为只有这样才说明自己是有价值的。所以，生活中离不开礼节，甚至可以说，一个没有礼貌的人是举步维艰的。

很久之前，有一个年轻人向一位老人打听道路，但他问路的时候挑了挑自己的眉毛，说话还带有命令的口吻，可以说是一点也没有礼貌。老人看了之后非常生气，说："无礼。"而年轻人把老人的话听成是"五里"了。于是快马加鞭超前赶路，可是当他跑了十多里了，还是没有见到一户人家。终于，他醒悟过来，开始往回走，再见到陌生人的时候就有礼貌地问路，结果很快找到了自己想去的地方。

俗话说"礼多人不怪"。礼不仅可以体现出一个人的人品和修养，而且还能看到你对别人的尊重。如果你在生活中能够有礼，那么你说的话别人听着自然顺耳，别人当然也会喜欢你，欢迎你。

当然了，还有这么一种情况。在人际交往中，如果在你身边总是有没事儿喜欢老挑眉的人，那么你就应该注意了，这些人可能是不太注重礼貌的。但是我们应该有博大的胸怀，不以小人之心度君子之腹，和这种喜欢老挑眉的人和谐相处的最好方法就是"有礼"。对别人有礼有节，懂得尊重别人，别人也同样会对你有礼貌。这样一来你不但获得了对方的尊重，甚至有的时候还能给你带来惊喜。

在日常生活中，我们经常会发现那些喜欢没事儿老挑眉的人说出这样的话："就咱们这关系，你还跟我客气什么？""你这么说简直是太见外了！""你再这么和我客气，我真生气了！"

事实上，我们不应该完全相信这样的话。因为在现实生活中由于双方不客气而导致朋友反目、夫妻分手的例子不胜枚举。俗话说："人熟礼不熟。"这也就是告诉我们：当面对熟人的时候，也要懂得尊重对方，做到恪守礼仪。

哪怕两个人关系再好，也是互相独立的两个人，彼此之间依然需要互相尊重。而两个人之间所建立的亲密的关系，不应该是粗鲁的、无礼的。我们只有在理解和尊重别人的前提下，才会有更加稳定和长久的感情。

这也就是所谓的"礼多人不怪"，即使是面对自己最熟悉的朋友也要讲究的礼仪。如果你因为彼此之间太过熟悉而放肆的话，你早晚都会失去这份来之不易的友谊。所以，我们对任何人都应该礼貌一些。

我们还应该明白，每个人都希望能够拥有属于自己的一片小天地，所以我们一定不可过于随便。而心理学家研究发现，那些没事儿老挑眉的人，会让人觉得没有礼貌，除了他们说话言语不注意之外，还有一个主要原因就是他们经常会占据别人的小天地。

其实我们每个人都应该有属于自己的一片天地，而这片天地是不允许别人侵犯的，不然的话两人之间就容易引起隔阂，甚至是冲突。

比如，不问对方是否有时间、是不是心甘情愿，你就任意支配和占用对方本来已经安排好的宝贵时间，特别是有的人去别人家做客，一坐下来就"屁股沉"，全然没有考虑到对方的难处与不便；而有的人往往对别人的隐私非常感兴趣，喜欢追问对方深藏心底、特别不愿启齿的秘密，其实这些都是不尊重他人的表现。

当然了，我们在平时偶然疏忽一下，完全是可以理解、宽容，甚至是忍受的，但是如果总是这样，肯定会导致对方的疏远或厌恶，你们的感情必然会恶化。所以我们一定要懂得礼节，不管是亲朋好友，还是老夫老妻都应该讲究礼仪，适当"客气"。

感到吃惊时的反应

吃惊是由一些出乎意料、意想不到的情况而产生的一种心理反应。不管是感到惊奇，还是莫大的震惊，这些都属于吃惊。另外，吃惊心理往往只是一瞬间的事情，吃惊心理过后可能就会变成厌恶、愤怒、尴尬，等等。

眉毛向上挑，眼睛圆睁，嘴唇无意识地张开，这就是一种吃惊的表情。在平时生活中，让我们吃惊的事情太多了，其例子可以说是不胜枚举。如果用一句话来概括，就是：只要是那些我们没有想到的事情，都会让我们感到很吃惊。

在一次大型产品推销会上，王军向一大群客户推销一种钢化玻璃酒杯。在他进行完产品的说明后，他开始向客户做产品示范——把一只钢化玻璃酒杯扔在地上而不会破碎。可是他碰巧拿了一只质量差的杯子，结果猛地一扔，酒杯摔碎了。

王军眉毛向上挑，嘴唇无意识地张开，眼睛看着地上的碎片，因为这样的事情在他整个销售酒杯的生涯中还未发生过，大大出乎他的意料，所以他也感到十分吃惊，一时不知道该怎么收场了。

当时来参观的客户看到这种情况，一个个也是目瞪口呆，都表现出了惊讶的表情。原本他们已经相信了王军的销售说明了，只不过想亲眼看看以得到一个证明罢了，结果却出现了如此尴尬的局面。

这时候，如果让这种沉默继续下去，不到三秒钟，准会有客户拂袖而去，交易因此遭到惨败。想不到的是这时候王军很快从眉毛向上挑，嘴唇无意识地张开的神态中缓过来，微微欠身对客户们笑了笑，然后沉着而富有幽默地说："你们看像这样的杯子，我就不会卖给你们。"大家一听，禁不住大笑起来，气氛一下子变得活跃起来，紧接着，王军又接连扔了三只杯子，都成功了，再次博得了信任，很快就签成了几笔大单。

总之，所有的突发情况都会让我们感到吃惊，比如与自己的亲人成为了敌人，朋友变成了对手，自己相信的人一夜之间背叛了自己，自己认为一些非常秘密的事情居然被泄漏出去，不经意之间得到陌生人的帮助，等等，这些都能够诱发我们产生吃惊心理。

吃惊表情的第一个积极作用就是能够对别人进行提醒。当异性向你表达爱意的时候，你可能就会出现眉毛向上挑、嘴唇无意识地张开的吃惊表情，告诉对方这是在你意料之外的事情，你根本就没有心理准备；而更为关键的是，当你在惊讶过后，会意识到对方过去的一些做法及表达的一些信息被你忽略掉了，今后需要引起重视，做出应该有的回应，才能使对方做出正确的判断。

吃惊表情的第二个积极作用就是记忆。吃惊可以显著增强一个人对于某件事情或者某个人的记忆，有的时候甚至会终生难忘。比如在日常生活中，你爱慕某一个人的学识、才华已久，但是却没有见过面。你本以为这个人应该是一位智慧长者，某一天你们两个人相见之后，你却惊讶地发现，其实这个人远比自己想象得年轻许多。那么，你肯定就会露出眉毛向上挑、嘴唇无意识地张开的神情，而在这惊讶之后，这个人就会深深地印在你的脑海里。

吃惊表情的第三个积极作用就是警告。吃惊首先向对方发出了警告，当然也向自己发出了警告。吃惊心理所表现的一系列反应会促使自己要有所调整，有所改变，并有相应的措施，以防范或改变某种状态。

吃惊表情的第四个积极作用就是激励。一个人因吃惊心理所表现的反应也可以起到相互激励的作用。比如，在你的亲属或朋友过生日时，当你把精心准备的礼物在朋友面前打开时，他肯定是眉毛向上挑，嘴唇无意识地张开，非常惊讶，非常兴奋，自然也会使你跟着兴奋起来。其实，送礼物就是一种追求让人惊讶的做法。

再比如，一个人可能会对某一次考试取得特别好的成绩感到吃惊，或者对自己在某一方面表现出的能力感到惊讶。这种惊讶其实就是对自己的某种肯定，也是一种激励。也许，从此你会对学习充满信心。也许，从此你为自己的事业开辟了一片新的天地。

通过嘴形分析内心世界

嘴是人类与外界交流的一种最为重要的器官。医学界研究发现，根据一个人嘴的大小，是否具有弹性，都能够看出这个人的身体健康程度，以及他的行动能力和生命力。除此之外，由于每个人的嘴部总是会有一些习惯性的动作，所以就会形成不同的嘴形，而我们又可以通过一个人的嘴形来分析他的内心世界。

如果我们从嘴的形状来看的话，基本上可以分为以下几种，而这几种不同的类型也有着不同的内心活动。

(1) 伏月形。这种嘴形的唇角一般多为下垂型，长有这种嘴形的人的性格是比较谨慎的，但是在某些情况下也会显得非常冷漠，脾气显得比较怪异，不太容易和人相处，有的时候喜欢怨天尤人。但是这种人的内心深处还是非常善良的，只是因为他们这种怪异的性格而难以体现这种善良，所以这种人的人缘不是很好，总是喜欢独来独往的居多。

(2) 仰月形。唇角有一些上扬，这种人的性格比较开朗，内心的情感非常丰富，有幽默感，性格温厚。在做事情的时候思路清晰，头脑灵活，意志力强，工作能力也很突出，所以他们总是能很快地找到适合的工作，总让其他人很羡慕。

(3) 四字形。这种嘴形看起来好像长方形四字一般，上下唇都比较厚。这种人个性十足，为人老实深厚，有很强的正义感，也比较温和；在工作方面能力很强，头脑好，是比较容易成功的一类人。

(4) 修长形。嘴形修长的人也代表了个性鲜明和诚实守信的人品，他们很懂得人情世故，有着很强的社交能力，因此人际关系比较好。

(5) 一字形。这种所谓的一字形的嘴，上唇与下唇紧闭的话看起来就呈现出一字形，是有信念而且意志力非常顽强的体现，当然也是身体健康、认真而顽固的标志。

（6）盖嘴形。盖嘴是上唇突出，盖住下唇的嘴形，正好和承嘴相反，而其所代表的性格也与承嘴所代表的性格是截然不同的，拥有这种嘴形的人是讲道理、重义气的，可以说有着比较完美的人格形象。

（7）承嘴形。承嘴一般就是下唇突出，似乎是承住上唇一般。这种人喜欢讲一些歪道理，并且有很强的猜疑心理，任性自私，因此也较难得到上司的赏识和提拔，但是他们也并不是一无是处，他们的优点是忍耐力强，能够忍别人所不能忍，这也是成功的一个基本要素。

其实，嘴唇的薄与厚也会表现出一个人的内心活动。

薄嘴唇的人一般情况下意味着为人吝啬，具有比较严厉或执拗的特性。而厚嘴唇的人通常是非常容易受到外界影响的人，但由于他们受外界刺激比较多，所以他们也拥有着一种开朗的性格，为人也非常爽直随和，接受能力很强。厚嘴唇象征着为人比较热情，而绷紧的或薄的嘴唇则象征着这个人对人对事要求比较严厉，当然他们也有可能具有相互矛盾的双重性格。

由此，我们也可以把嘴部周围肌肉的收缩情况看成是担心受骗，希望能够抵挡住外界干扰的一种身体信号。在我们身边的一些人当中，他们的"上唇总是绷得紧紧的"，而他们这样的目的就是让自己不受到别人的影响。

搓手掌是期待还是紧张

我们在与人交谈的时候不难发现，有的人在交谈时总喜欢搓手掌，其实这是内心不安的表现。他们想通过两只手的摩擦来减少不安，从而让自己的心理得到安定。

当他们内心的不安加剧的时候，光搓手掌心是不够的，有的人可能会开始咬指甲或者是手指关节，甚至有的人会把自己的指甲咬成锯齿状。

所以，如果在与某些人进行谈话的时候，发现他在频频地搓手掌，甚至咬手指、指甲，或用指尖拨弄嘴唇，那就表明此人可能是焦躁，而且容易紧张，还非常不成熟的性格，可以说是极其幼稚的。

谈话是一方面，当我们与别人握手的时候也能反映出对方的内心状态。如果握手时对方的手心出汗了，那么就说明他是比较兴奋或者紧张的。

两人在沟通中的姿态、语言、举止等，往往都能够向对方清晰地表达出自己的内心状态，以及对方是什么态度。当然我们也可以通过观察对方的举止来了解他的个性，显露自己的个性，给人留下不同印象从而在交际中赢得主动。

一般来说，喜欢搓手掌的人，大多数是属于神经质类型的人，这部分人情绪比较不稳定，容易激动，而内心不能够维持平衡，比较敏感。在人体内，每当我们遇到恐怖或惊吓的事情时，跟自己无关的自律神经意识就会突然活动起来，从而引起我们呼吸紧张、血压与脉搏发生变化或汗腺兴奋等状况。

在现实生活中有些女性看起来冷若冰霜，而当有男性与她沟通的时候，她总是会不停地搓手掌，这就是因为与男性的交流让她感到了某种兴奋。另外，有一位心理学家曾经向警察们建议，通过观察手的出汗情况可以判定犯罪嫌疑人是否在说谎，也就是在询问嫌疑人的时候，一边握住对方的手，一边提问，如果嫌疑犯的手掌开始的时候是干燥的，但是在询问的中途忽然冒出汗来，那么他必定是心中有鬼，内心开始不安起来了。

所以，如果你在和一个人说话的时候，发现他总是在不停地搓手掌，这说明可能对方的情绪很激动，也可能是内心失衡的一个象征。

在禅宗里有这样一个故事，是菩提达摩和他的弟子慧可禅师之间的一段对话。

那个时候慧可禅师总是觉得自己心里有很多的疑问，希望能够得到菩提达摩的开示，从而让自己安静下来。于是菩提达摩问他："你的心在哪里？把你说的这颗不安的心拿出来让我看一看吧！"可是慧可禅师怎么都找不到自己的心，而就在这时菩提达摩就告诉他："我已经替你把心安好了！"

　　人之所以会紧张，总结起来不外乎就是嫉妒心、担心、愤怒心、贪心，以及各种各样的矛盾冲突导致的罢了。当然这种矛盾冲突包括自己与自己，或自己与他人之间，以及现实和想象或期待之间的落差。就拿嫉妒心来说，有时我们看到别人表现得比自己好，心里就会感到不太舒服，想得太多就开始紧张，之后就开始出现搓手掌的动作。其实别人有好的表现我们应该赞叹对方，为别人这么出色的表现感到高兴。而且我们应该保持一份喜悦，因为与其嫉妒别人，还不如以别人为榜样，去了解别人为什么能够成功，并且看看自己该如何去做才能够像他们一样优秀。因为别人的成功，不是白白得来的，一定是通过他们自己的辛苦努力换来的。

　　另外，贪心不懂得满足也是常常让一个人感到紧张的原因。贪得无厌是一件非常痛苦的事，其实能够得到的自然会来，所谓水到渠成，根本不必挖空心思去想、去和别人争，只要努力去经营，自然会开花结果。

如何增强自己的吸引力

没有朋友的原因很多，一方面可能与性格内向、缺乏人际交往的技巧有关；另一方面，可能是发自内心地不愿与人交往，也感受不到友情的温暖。

——胡佩诚

"光环效应"打开喜好之门

"光环效应"最早是由美国著名心理学家爱德华·桑戴克于 20 世纪 20 年代提出的。他认为，人们对人的认知和判断往往只从局部出发，扩散而得出整体印象，常常以偏概全。一个人如果被标明是好的，他就会被一种积极肯定的光环笼罩，并被赋予一切都好的品质；如果一个人被标明是坏的，他就被一种消极否定的光环所笼罩，并被认为具有各种坏品质。这就好像刮风天气前夜月亮周围出现的圆环（月晕），其实圆环不过是月亮光的扩大化而已。据此，桑戴克为这一心理现象起了一个恰如其分的名称"光环效应"。光环效应在爱情和偶像崇拜中最明显，"情人眼里出西施"即是如此。

《韩非子·说难篇》中讲了这样一个故事：

春秋时期卫国国君卫灵公特别宠幸弄臣弥子瑕。一次弥子瑕的母亲生病，弥子瑕知道后便偷乘卫灵公的车子连夜赶回家。依据卫国的法律，偷乘国君的车子应处刖刑（把脚砍掉），然而卫灵公不但没追究他的责任，还夸奖他孝顺。又一次，弥子瑕陪同卫灵公在桃园游玩，弥子瑕摘下一个桃子吃了一口，认为桃子比较甜，于是把咬过的桃子给卫灵公尝。卫灵公不但没嫌弃，而且夸他有爱君之心。时光荏苒，随着弥子瑕年老色衰，他渐渐地失宠了。卫灵公从不喜爱他的外貌开始也不喜欢他的德行了，甚至以上曾经得到卫灵公赞扬的两件事，最后也成了弥子瑕的"欺君之罪"。

这是一件比较典型的"光环效应"的故事，卫灵公因喜欢弥子瑕的外表而偏袒他的错误，也因为弥子瑕的容貌不再具有吸引力而将旧账重提。光环效应不仅只表现在以貌取人上，而且还常表现在以服装定地位、性格，以初次言谈定人的才能与品德等方面。在对不太熟悉的人进行评价时，这种效应体现得更加明显。

心理学家戴恩做过这样一个实验。他让被试者看一些照片，照片上的人有的魅力四射，有的魅力全无，有的魅力适中。然后让被试者在与魅力无关的特点方面评定这些人。结果显示，被试者对魅力四射的人比对魅力全无的人赋予更多理想的人格特征，例如和蔼、善良、沉着和好交际等。

可见我们如果想给并不熟悉或是初次见面的人留下良好的印象，让别人认同并且喜欢自己，那么初次见面的良好表现尤为重要。这能为自己以后说服别人、影响别人打下一个坚实的基础。

王佳是一家公司的业务经理，他谈吐文雅，人又长得帅，再穿上一身笔挺的西服，总是显得那么成熟干练。无论多么棘手的业务，只要他一出面，马上就能成功。

其实王佳也经历过一段初入职场的低潮期。那时，他刚来公司，和其他人一样从普通的业务员做起，每天奔波于各个写字楼和高档宾馆之间，几个月下来却一件业务也没有做成。这时他万万没有想到，是他自身的教养和形象直接影响了业务的开展。

王佳刚到公司时，公司统一发了一套西服，但需交服装押金。他刚毕业，这是第一份工作，手头比较紧张，而且他嫌西服过于正式，干脆就不穿西服。王佳平时喜欢穿休闲装，他觉得，一个男人穿着讲究的西服，却骑着一辆自行车，简直不伦不类，所以，上门谈业务时，他没有按公司的要求，而是一如既往地穿一身休闲装，同时，也不太在乎客户的感受，说话大大咧咧，行为举止十分不雅。

一天，当王佳敲开一家客户的门时，女主人看了他一眼，却并没有邀请他进门的意思，只是在门缝里对他说："你来晚了，他带着孩子到河边去了，你到那里去找他吧。"王佳一听，就显得特别不高兴，马上表示出了不满，不过还没等他说什么，门就被关上了。

推销失败，王佳只能扫兴地走下台阶，这时小区内一个女孩冲他打招呼："嗨，能陪我打一会儿乒乓球吗？"反正业务也吹了，陪漂亮女孩玩一会儿也好解闷。王佳与女孩儿打了三局，女孩非常敬佩他的球技。两个人便攀谈起来，王佳对那个女孩诉苦，告诉她自己是个业务员，虽然很努力，但运气不好，一直未能谈成业务。

女孩问王佳："你平时就是这副表情，穿休闲装与客户谈业务吗？"他点点头。女孩拿起球拍对王佳说："只有在这打球我才会理你，如果你是这样的脸色、行为举止和这身打扮到我家谈业务，我才懒得理你呢！"

王佳听罢此言，恍然大悟。第二天，他换上了一套西服，礼貌地再次敲响客户的门。这次还真的成功了，简直不可思议！从此他开始注重自己的仪表装束，业务进展很快，一年后他还当上了部门经理。

给别人以良好的第一印象对每个人都很重要，尤其是当你想影响并且说服别人的时候。每个人都具有对他人构成第一印象的影响能力，这会决定对这个人以后的评价。如果一个人最初被认定是好的，则他身上的其他品质也都被认为是好的，这用成语"爱屋及乌"可以形象地概括。

虽然，印象本身并不固定，并会随着人们之间进一步沟通交往而发生变化，但是这所有的变化都以第一印象为原点，以后的信息常常只扮演补充和解释的角色，这就形成了光环效应。所以你最初留给对方是开朗、爽快、热情、健康的印象，还是犹豫、冷漠、沉闷、健康状况不佳的印象，对于他人对你的评价起着至关重要的作用。

增强自己的外在吸引力

我们所说的外在吸引力有广义和狭义之分，狭义上仅指容貌，广义上还指你的衣着、谈吐、表情等方面。本文中我们讲的是广义上的外在吸引力。

虽然整容存在很大风险，但是仍有很多人趋之若鹜。因为在我们内心中不得不承认这样一个现实，外表漂亮的人在社交方面会有很多的优势。我们会对外表漂亮的人自动地、不假思索地产生喜好之情，这就是我们前文所说的"光环效应"。所谓光环效应，是指一个人的某一正面特征会主导人们对这个人的整体看法。而现在具有充足的证据表明，外表的吸引力正是这样一种正面特征。

有关研究显示，人们经常会不经意地把一些好品质加到外表漂亮的人身上，比如善良、诚实、聪明、机智，等等。相信大家在上学的时候都会遇到这样的情况：老师对那些漂亮的孩子更和蔼友善，因为他们会在潜意识中认为"漂亮的小孩一定聪明"。也许那时候相貌平平的你会愤愤不平，但是当你长大后，你也会不知不觉地认为"外表漂亮＝人品好"。其实，整个过程中我们根本没有觉察到外表在对别人评价时所起的作用。例如：

1974 年在一项对加拿大联邦政府选举的研究结果显示，相貌超凡脱俗的候选人获得的票数相当于相貌普通的候选人的 2.5 倍。尽管调查结果表明人们偏爱相貌英俊的政治家的证据显而易见，但随后所做的一项调查中投票人却表示并没意识到自己存在如此偏见。实际上，在接受调查的加拿大选民中，有 73％的人都强烈否认他们的投票决定受到了候选人外表的影响，只有 14％的人承认也许会存在这种可能性。

另一种常见的以貌取人的现象在公司的招聘过程中也普遍存在。有一项研究发现，在一个模拟的招聘面试过程中，当决定应征者是否被录用时，虽然很多面试人员声称外表在他们的决策过程中所起的作用很小，但实际过程中应征者外表是否出众所发挥的作用比他的工作资历更重要。比如阿里巴巴网络技术公司的总裁马云先生就曾经在接受中央电视台《新闻会客厅》栏目的专访时，向记者抱怨说，当年在做产品推广与销售时，陌生人见他的第一面都认为他是坏人。原因是他的脸颊特别窄小，下巴也比较尖。"尖嘴猴腮"的相貌往往容易被归为坏人的。显而易见，相貌姣好的人给人留下的第一印象更好，所以得到的机会相应也多。尤其是大学毕业生就业的时候，更是如此。

另外还有一些研究结果显示，在审判过程中人的外表也会影响审判的结果。在司法系统中，外表美丽的人可能会得到更多的照顾。在宾夕法尼亚，有人做过这样一项研究：研究人员先在审判开始之前给74名男性被告的外表打分，然后再比较审判结果与他们外表的得分之间是否存在某种关系，最终的调查结果是外表英俊的被告所受的判决明显较轻。事实上，那些外表吸引力不足的人被定罪坐牢的可能性是外表有吸引力的被告的2倍。在另外一个比较过失的模拟审判中应判决的赔偿金的实验中，当被告比原告外貌俊朗时，判决的赔偿金平均值为5623美元。可是，当原告比被告潇洒英俊时，平均的赔偿金竟达到了10051美元。而且这种对外表吸引力的偏爱，并没有性别之分。可见，男女在好"色"这方面没有区别。

其他的一些实验也显示，外表有吸引力的人在遇到困难时更易得到他人的帮助，而且在改变他人的意见时也更有说服力。对此，男女的反应仍旧无差别。例如，在一个寻求帮助的实验中，容貌漂亮的男女通常会得到更多的人的帮助，连同性别的人对他们都是如此。除非这个外表漂亮的人被当作是一个直接的竞争对手，尤其是被当成情敌时，这个规则才会失效。如果不算这种情况，那么外表漂亮的人在社会生活中会享受到巨大的优势。他们更加招人喜欢，更具有说服力，更容易得到帮助，同时被认为人品更好、智商更高。而且这种优势在他们很小的时候就开始积累了。对小学生所做的一项研究显示，如果一个外貌可爱的孩子攻击他人，老师往往不会认定这是调皮捣蛋的行为；而且老师会认为漂亮的小孩比不好看的小孩更加聪明。

由于我们喜欢外表富有吸引力的人，因此我们更容易顺从我们喜欢的人，所以超市里总能见到一些漂亮的女孩在做某些食品饮料的现场促销员，众多诈骗案中俊男靓女们更容易得手，在销售人员的培训计划中会有一些如何修饰自己的小建议。这都是外表吸引力的光环作用所导致的。

如果你的外貌普通或者不佳，也不必太过于在意，因为外在的吸引力不仅仅是容貌，还包括你的言谈举止、衣着品位。记住，人们普遍喜欢那些衣着得体，谈吐优雅，气度非凡的人，对那些衣衫褴褛，表现缺乏教养的人极为厌恶。

所以为了提高你的外在吸引力，如果在你的"硬件"并不够"硬"，尝试着多提高你自己的"软实力"吧！

放下心防更容易获得认同

在现实生活中，人们都喜欢自己受到别人的重视。这是因为人类除了基本的生存需求以外，心理上的需求也十分重要。人们都有这样一种意识，即都希望自己受到重视，成为团体、组织里的中心人物。

善于交往的人明白，对别人给予重视是十分重要的。充分重视别人，会很容易地获得别人的好感。作为一个人，都希望能得到别人的承认和尊重，如果你是领导者，你必须让你的属下在集体中有存在的必要性，正所谓用人不疑，疑人不用，这样可以有效地调动部署。如果你是个老师，你一定要记住每个学生的名字，而且要让学生明白自己在你的心中具有一定的地位，这样学生会因为受到你的重视对你产生好感，从喜欢上你的课而喜欢上学习……这一理论适用于各个行业。正是因为你衷心地欣赏他人的才华，肯定他人的努力奉献，才会使得对方对你感激备至，"士为知己者死"就是这个道理。因此，重视和信任别人是网罗人心、取得他人喜爱的一大法宝。

现实工作、生活中，有一个人对你满面冰霜、横眉冷对，而另一个人对你面带笑容、温暖如春，你会倾向于和谁做朋友呢？显然是第二个。

有这样一句话：如果你不漂亮，就要使自己有才华，如果你既不漂亮，又没有才华，你就要学会微笑！笑是魅力的要素，没有笑容的面孔，即使相貌姣好，也只能算是一个雕塑作品。在生活中，凡是笑脸相迎的人，总是受人欢迎，而整天板着脸，不苟言笑的人，很难说他们有魅力。

世界上的语言有成千上万，微笑却是共通的、最受欢迎的"语言"。发自内心的笑容可以拉近人和人之间的距离，真诚的微笑是认识和结交别人的见面礼，是闪烁在人际交往十字路口的指示灯。有一副对联写得好："眼前一笑皆知己，举座全无碍目人。"可见微笑在与人结交的过程中的重要作用。

"道"同才为"谋"

有时候外表的吸引力并不是决定因素，在我们当中的大多数人都相貌平平，是不是还有别的因素可以使人与人之间产生好感呢？科学家指出，除了外在的吸引力外，还有几个可以令人产生好感的因素，而在这些因素中，最有影响力的就是相似性。

俗话说得好，"物以类聚，人以群分"。我们对与自己有着相同兴趣、爱好、观点、个性、背景甚至穿着的人，更容易产生好感。我们喜欢那些与我们相似的人。不管他们是在观点上、个性上、背景上，还是生活方式上和我们相似，都会使我们对其产生好感。因此，在社会交往中，若想获得良好的人际关系，寻求更好的沟通与交流，就必须学会求同存异。而对于那些为获得我们的顺从而渴望博得我们好感的人来说，只要有一个方面表现得和我们相似就可以达到目的。

"道"相同才能与之"谋"，每个人都会与具有相同点的人建立良好的关系。穿着就是一个很好的例子。一些研究人员通过实验发现，我们遇到别人求助时，更愿意帮助那些穿着与我们相似的人。

在 20 世纪 70 年代初，大部分年轻人的穿着只有两种风格，要么穿得像个嬉皮士，要么穿得整整齐齐、干干净净。研究人员分别穿成这两种风格到校园里向大学生们要一角钱打电话。在研究人员的穿着与被问学生的穿着风格相一致的时候，答应请求的人竟超过 2/3。但是，当研究人员和被问的学生穿着风格不一致时，答应请求的竟不足 1/2。其实，我们往往会不假思索地对和我们类似的人做出正面的反应。

具有类似的兴趣和背景的人更容易打成一片，譬如我们常说的棋友、舞友、球友、老乡、同学等。商业推销中经常运用这种相似性的办法来增强顾客们的好感以提高顾客顺从的可能性，例如，汽车销售员在接受培训时都会被告知，在对顾客拿来交换的旧车进行检查时，一定尽力找到能暴露顾客背景与兴趣的蛛丝马迹。假使在汽车的行李箱中发现打猎的装备，销售员过一会儿将会提到自己很喜欢到远郊去狩猎，并且乐此不疲；如果发现汽车后座上有高尔夫球，销售员可能会顺口说他希望雨最好还是不要落下来，这样下午他就可以去打那场早已计划好的 18 洞；如果他注意到车是在其他地区买的，他就会问顾客是从哪里来的，然后惊讶地说他自己去过那儿旅游或者自己就是在那里出生的，等等。

中国的许多保险公司最擅长使用类似的手法。而且，它们还总结提炼为五同，即同学、同乡、同事、同窗以及同姓。总之，只要是业务员自己能够联系上的都可以展开销售的动作。也正是由于这个原因使得许多人只要知道对方是销售保险的就敬而远之，避之唯恐不及。在向同学抱怨诉苦时，同学的内心自然而然会产生同情，于是交易比较容易达成。

虽然这些相似之处看上去也许毫不起眼，但它们确确实实在起作用。例如，一位研究人员在分析保险公司销售记录时发现，顾客最有可能从年龄、习惯、政治观点或宗教信仰等方面与之相类似的推销员那购买保险。其实再小的相似性也会使人们对另外的一个人产生正面的反应。

我们在日常与人交往中，也要应用好相似性原理，尽快地找到与对方的"道"，然后投其所好。其实找共同点并不难，这只是你获得别人喜好的初级阶段，随着你与对方的深入接触，你们会挖掘出越来越多的共同点，这样才会使你们的关系达到更理想的境界。

其实，寻找共同点的方法还有很多，比如曾面临过共同的生活环境，共同的工作任务，共同的生活习惯，共同的家庭背景，等等。如果你想与别人建立良好的关系，强调双方的共同点不失为一个好方法。

学会主动喜欢别人

现实生活中，我们总是喜欢那些喜欢我们的人，并且能够互相成为好朋友。如果别人欣赏和认可我们，我们会认为他们很有眼力，就像一个发现了千里马的伯乐。于是在我们眼里，对方会显得如此美好、特殊，我们会更喜好对方，也更愿意接近对方。

根据这一原理，你要想别人喜欢你，就要先去喜欢别人。奥地利著名心理学家阿尔佛雷德·阿德勒在《生活对你的意义》一书中说道："一个不关心别人，对别人不感兴趣的人，他的生活必然遭受重大的阻碍和困难，同时也会为别人带来极大的损害与困扰。所有人类的失败，都是由于这些人才发生的。"

一个人如果只关心自己，就很难被别人喜欢。要想被别人尊重，必须将你的注意力从自己的身上转移到别人身上，努力发现别人的优点。哲学家威廉姆斯说过："人性中最强烈的欲望便是希望得到他人的敬慕。"可见获得别人的敬慕是人之常情，如果你只是一味地关心自己，而没有时间和精力去关心别人的话，由于他们无法从你这儿得到关心，也就不可能会注意你了。

伍布奇先生是一位著名的营销专家，他也是一家公司的总裁。当有人问他一个成功的销售员必须具备哪些基本条件时，他毫不犹豫地说："当然是喜欢别人。还有，一个人必须了解自己公司的产品而且对产品有信心，工作要勤奋，善于运用积极思想。但是，最重要的是他一定要喜欢别人。"

喜欢别人是受人喜欢的基本要素。从本质上来说，受人喜欢是销售员素质的某种表现形式，因为，销售员在推销产品的同时，也是在推销自己。当一个人能够用心地喜欢别人时，他也会讨别人的喜欢。因此，要想得到别人的喜爱，首先必须真诚地喜欢别人。这种喜欢要发自内心的，而并非另有所图。它很简单，但并不容易做到。"喜欢别人"是一种生活方式的结果，它是一种训练有素的思想模式的产物，是你喜欢别人的一种思维方式，也是一种积极思想，也就是说，你应该以一种积极的心态而不是消极的想法对待他人。

著名魔术师哲斯顿最后一次在百老汇上台的时候，《创富学》作者希尔花了一个晚上待在他的化妆室里。为什么呢？因为哲斯顿，这位被公认为魔术师中的大师，在从业40年间，曾到过世界各地呈现过多场精彩的表演，他神乎其技的"魔法"经常使大家瞠目结舌。共有6000万人买票看过他的表演，而他则获得了200万美元的利润。

希尔请求哲斯顿先生传授给他成大事的秘诀。哲斯顿说自己的成功和学校教育几乎毫无关系，因为他很小的时候就离家出走成了一名流浪者，搭货车，睡谷垛，沿门乞讨，他认字是通过坐在火车中向外边看铁道沿线上的标志而学会的。

他的魔术知识是否特别优秀？他告诉希尔，关于魔术手法的书已经有好几百本，而且有几十个人跟他懂得一样多。但他有两样很多人没有的东西：第一样东西是哲斯顿能够在舞台上把自己的个性展现出来。因为他是个表演大师，他了解人类的天性。他所做的每个手势、每个眉毛上扬的动作、所说的每个语句，都事先仔细地演练过很多遍。第二样东西是哲斯顿对他人真诚地感兴趣。他告诉希尔，很多的魔术师都会看着观众对自己说："坐在底下的那些人是一群傻子、一群笨蛋，我可以把他们骗得团团转。"而哲斯顿的方式却完全不同。他每次上台都对自己说："我很感激，因为这些人来看我的表演，他们使我能够过一种很美好的生活。我要把他们当作朋友，并把我最高明的手法，表演给他们看。"

他宣称，在每一次走下台时，他都对自己说："我爱我的观众，我爱我的观众。"希尔听完后总结道：原来哲斯顿成大事的秘方竟然如此简单，就是因为他对别人感兴趣，这就是一个史上最著名的魔术师所使用的秘方。

这则故事告诉我们，如果你希望别人喜欢你、尊重你，你必须学会去爱别人、尊重别人。要真正去关心别人，爱别人，极力展现自己最美好的一面，那样正如不求报酬，做善事定将有所回报一样，别人也会加倍地关心你、爱护你。

对接触的事物有好感

我们往往对接触过的事物比较容易有好感，而对熟悉的事物更有特别的偏爱，所以它能对我们的各种决策产生重要的影响。

在外国，每当大选之际，选民们在投票站给候选人投票的时候，经常会因为某个候选人的名字听起来比较熟悉而投他一票。

几年前的美国俄亥俄州发生了一次有争议的选举，一个选举前被认为完全没有希望的候选人在州司法部长的选举中获得了最终的胜利，这一结果让所有人大跌眼镜。究其原因竟是在选举前不久，他把自己的名字改成了布朗。而在俄亥俄州的政治家中，这个名字出现的频率很高。

为什么会发生这种事情呢？部分原因是人们下意识地会对某种熟悉的东西产生喜爱之情。通常情况下我们都不会意识到，我们以前看到的某个东西的次数能影响到我们对它的态度。例如，曾经有一个实验，在屏幕上几个人的脸一闪而过。由于闪现的速度比较快，甚至当时以这种方式看到过这些脸的被试者记不得自己曾经见过这些面孔。但是，一个脸孔在屏幕上闪过的次数越多，当后来被试者遇到这个面孔时，对他的印象就越好。因为越喜欢一个人，受这个人的影响也就越大，所以这些被试者也就更易被这个人的意见所左右。

共同目标能拉近心理距离

为了共同的目标而合作，使大家统一意见，并加深了解和帮助，尤其是在遇到苦难的时候，更能增加彼此的了解，增强好感，建立深厚的感情。

2003 年 2 月，15 名欧洲游客在撒哈拉沙漠被不法分子绑架，在经历了 6 个月的历险和恐惧之后，这一事件终于得到了解决。15 名人质中只有德国女游客米歇尔·施皮策不幸身亡，其余的人质都安然返回。回顾整个绑架的过程，米歇尔的死绝非偶然，从某种程度来说，是因为她不能很好地与别人相处和合作，最终导致了她的死亡。

在这次的死亡之旅中，旅客和绑架者合作相处显得至关重要，个人的阅历和魅力决定了自己在这个群体中与人相处与合作的能力，确定了自己在这个群体中的位置。米歇尔倔强的个性和不合作的态度，使她在这个群体受到严重的孤立。因为米歇尔不相信任何人，时常由于一些鸡毛蒜皮的小事与同伴发生冲突。绑架者几乎都是极端分子，他们对弱势的人质提出诸如穿外套、戴头巾之类的要求，被绑架者中唯有米歇尔拒不合作。虽然同伴们一次次苦苦相劝，但米歇尔仍然无动于衷，最后导致她与同伴越来越疏远，不得不一个人待着，大多数时间她只能一个人躺在毛毯上唉声叹气、自言自语。因为米歇尔和旅伴的情感距离逐渐变大，连绑匪们在她再次不听话时也没惩罚过她。他们认识到了米歇尔在人质中是很孤立的，根本无法起到杀一儆百的作用。

最后，米歇尔无声无息地死了，整个群体反而变得更加融洽，这点从绑匪与人质照片上的笑容可以看出来。后来，人质马克·海迪说："这并非米歇尔终于不再使我们神情紧张，而是我们已经看到，如果我们不能很好地相处和合作、同心同德，将导致事态更加恶劣的后果。"

目前中国许多的企业都参加过一种户外的拓展训练，目的就在于培养员工的合作意识。参加拓展训练能够使员工们的合作意识显著提高，组织效率也能得到提升。户外拓展，是以团队合作来完成平时看起来难以完成的任务为主要内容。面对共同的危机，所有的人会意识到只有联合起来才可能解决这个问题，因此他们很快就组织起来，为达到共同的目标，大家齐心协力，渐渐消除了彼此之间平时积攒的矛盾，提高了团队凝聚力。

与他人能够很好地相处、合作，在任何时候都是一种美德，都是社会的需要。与他人很好地相处、合作，可使一个人的人格变得高尚，用一种豁达的心态去分享别人的成功，用一种欣赏的眼光去肯定别人的长处，你的人生境界会因此得以提升。与人很好地相处、合作，可以建立一种健康和谐的人际关系。在一个生活节奏如此快速的现代社会，在一个缺乏沟通的生活环境中学会适应与理解，人与人之间定将多一份融洽，少一些隔阂；与人较好地相处、合作，必须克服那些狭隘的心态。一个极端自私自利的人，一个狂妄自大的人，一个总是对别人心存戒备的人，是永远体验不到与他人愉快的相处与合作之后的快感的。

相处与合作的愉快，不是由廉价的吹捧与无原则的褒奖而获得，也不是通过投其所好和奴颜婢膝的精神贿赂，而是以客观事实为基础的真实价值判断来建立的。

虽然由于接触产生的熟悉感往往会引起人们更多好感，但若这种接触是一个不愉快的经历，那就会产生不愉快的结果。如果你与对方有着良好的合作学习方式，那么在你们建立起好感的过程中，这一因素会起着至关重要的作用。

所以，如果你想讨得某些人的喜欢，甚至进一步做到说服对方的目的，你就要试图与对方树立共同的目标并为之而努力，为了共同的利益与对方"齐心协力"，将对方变成你的战友。

爱屋及乌是交际利器

当你想说服某人时，往往会遭遇到对方警戒心的设防，而一旦对方有了警戒心，就像一个人身上包裹了护盾，变得刀枪不入。要想突破这层心理壁垒，以便顺利地进行说服，需要了解对方的深层心理，使对方对你产生好感，这是至关重要的。

要说服这种深具戒备之心的人，必须和他建立良好的"情感协调"关系，而向对方传达"我们属于一个世界"的观念是重要因素之一。你要不断给对方灌输：我们是有很多共同点的，我们双方有共同的理想、爱好等。由此衍生的爱屋及乌的心理是协调好双方感情的良好"纽带"。

我们身边有很多吸烟喝酒的人，当医生劝说他们戒酒时，往往没有和他们具有相同经历的人劝说有效。人们在初次见面时，常常会先从"你是哪里人？""你是哪个学校毕业的？"这些问题开始聊起，这种行为的潜意识就是想寻找彼此的共同点，如果有一个人说出某个地点后，另一个人也许会说："哦，我也是那个地区的人（我前几年到过那里玩）。"你们会因为从对那一地区的喜好而上升到喜欢与其相关的人和事，如此一来，两个人便在很短的时间里拉近了彼此的距离。

另外，把与对方具有亲密关系的第三者作为话题，也可以迅速取得对方好感。

威廉是一位非常善于交际的人，他每次在发觉谈话不顺利的时候，都会想办法把话题转向对方的家庭。有一次，他出席一个商谈会议，对方是一个表情严肃、不苟言笑的人。他们在寥寥几句之后，威廉突然转移了话题，问道："您的儿子现在应该上小学了吧？"对方的表情立刻松弛下来，笑着说："你怎么会知道呢？那孩子调皮极了。"随后双方的交谈就变得很融洽了。

威廉这种转移话题的方式，很成功地就完成了双方感情的协调，真不愧为交际高手。

罗斯福总统任内的邮政部长叫吉母·法雷，他与人第一次见面时，都会询问对方的姓名、家庭、职业，等等。待到下一次见面时，哪怕是一年以后，他都会清楚地叫出对方的名字，并且会询问对方妻子、孩子的近况，这对于造成共同意识有很大帮助。

国外曾经有位人士参加州长的竞选，他的助选员经过调查发现，一般选民都误认为他是一位属于高阶层社会的人士，对于一般人经常表现得很冷漠，于是他们便把宣传的重心放在他是四个孩子的好爸爸上。

选民了解这个被选举人有四个孩子，而且也是一个称职的好爸爸之后，对他立刻产生了亲切感，最终他以高票当选州长。

由以上的例子不难看出，遇到难以进行说服的场面时，在进入主题之前，尽量谈一些和主题无关的事情，例如，彼此的阅历、爱好或者家庭，让对方多了解一下自己。这样一来，对方的心就像被熨斗熨过一般，服服帖帖，警戒心完全消失，很容易营造轻松平和的气氛。

学会道歉让人暖心

很多人一做错事，就会搬出很多理由试图保护自己，也有人碍于面子而不肯诚实认错，殊不知这样做反而会招致反效果。做错了事，最重要的应该是自己先认错，唯有自己勇于认错，才能冀望对方以"人非圣贤，孰能无过"的宽大态度给予谅解。

李教授要去南方开一个学术研讨会。他刚下飞机，正准备给负责接待他的人打电话。这时，一位来接人的小姑娘由于走得太快太急，一不小心踩上了李教授的脚。对方穿的是细跟高跟鞋，这一脚踩下去，李教授"哎哟"一声，疼得蹲下了身，纵使修养再好，痛到这样的程度，心里自然是有怨气的，所以嘴上也免不了想叨念一番。

正在这个时候，小姑娘也马上蹲下身，焦急地说："对不起，实在是对不起，您看我走得实在太急，都不瞧路了。咱什么都别说了，现在就去医院看看吧，医药费多少，我都掏了，您看行吗？"听到这些话，李教授顿时怒气全消，想想小姑娘年纪轻轻的，也挺懂事的，那自己一个大老爷们儿要真较真那就没必要了。于是，李教授一咬牙，挺了挺腰杆，十分"大度"地说："我没事儿，你走吧。"

美国学者苏珊·杰考比说："在我最初的记忆中，母亲对我说，在说'对不起'时，眼睛不要看在地上，要抬起头，看着对方的眼睛，这样人家才会明白你是真诚的。我母亲就这样传授了良好的道歉艺术：必须直率。你必须不是在假装做其他事情。"所以道歉并非耻辱，而是真挚和诚恳的表现。

心理学认为，大多数情况下，及时的道歉可以缓解甚至消解矛盾对象的怒气，"对不起"三个字所包含的含义就是很好地否定了对方否定的观点，对让对方自觉和厌恶的情感进行了批判，把自己置于了与对方同等的立场和态度上，并让对方感觉自己被理解、被信任。所以，一般情况下，只要说了"对不起"，很多事情就可以很顺利地解决了。

学会道歉，检讨自己，纠正错误，是一种美德和值得尊敬的事，因此不必躲躲闪闪、羞羞答答，但也不必夸大其词，一味往自己身上揽过。否则，别人不仅不会接受你的道歉，反而觉得你虚伪。总之，金无足赤，人无完人。错误不可避免，却可以减少。有这样一句名言："如果你不会犯错，多半是因为你不够投入。"像小学教室里的那群孩子一样，全身心地投入角色。错了就及时、勇敢而且坦诚地说一句：对不起，我错了。就算不对别人说，对自己说也是一种激励。

但是，却有很多人认为，说了对不起，认了错就会被瞧不起，会被认为能力差，会丢面子，会得不到信任，会失去威严。然而，与之相反，能从错误中得到教训的人是最有智慧的人，因为他的进步会最快，有什么能比从错误中学到的经验来得更深刻呢？

那么，我们在对别人表达自己的歉意时，又应该怎么做呢？

用身体认错。所谓"用身体"是指，我们所表现的态度要发自内心，光是嘴上认错，而态度却草率轻浮，这种认错当场就会引起对方的反感。对方在意的是我们的态度，而不是言词。态度是否真诚，才是决定言词动听与否的重点。

同时，简洁扼要地说明事情经过。极力地为自己辩解会招致对方不谅解，但简洁扼要地说明事情经过和失败的理由，却也是必要的，因为这样对方才能明了事情的状况。

交往越多越亲密

在现实生活中，人们大部分的朋友，不是同学、同事关系，便是住所比较近的邻居。心理学家认为，熟悉能增加人际吸引的程度。如果其他条件大致相当，人们会喜欢与自己邻近的人交往。我们甚至总是能够比较方便地在同学、同事或邻居中找到意中人。

处于物理空间距离较近的人，见面机会较多，容易熟悉，产生吸引力，彼此的心理空间就容易接近。常常见面也便于彼此了解，促进相互喜欢，我们经常说"远亲不如近邻"，是因为我们和邻居接触多，而与相隔较远的亲戚接触少。接触得多的人，我们会有一种亲密感，而接触得少的人，我们会感觉到生疏。

生活中，我们会看到一些"近水楼台先得月"的事情。比如，某个女孩和男朋友不在一个城市。公司的某个男同事特别关照女孩，女孩开始只是出于礼貌与男同事保持正常的交往。由于男朋友不在身边，女孩有了什么事，男同事总是给予帮助，渐渐地，随着交往的密切，两个人之间产生了感情。于是，女孩与千里之外的男友分了手，选择了这个男同事。这个现象，在心理学上被叫作"邻里效应"。

20世纪50年代，美国社会心理学家对麻省理工学院17栋已婚学生的住宅楼进行了调查。这是些二层楼房，每层有5个单元住房。住户住到哪一个单元纯属偶然，哪个单元的老住户搬走了，新住户就搬进去，因此具有随机性。

调查时，所有住户的主人都被问道：在这个居住区中，和你经常打交道的最亲近的邻居是谁？统计结果表明，居住距离越近的人，交往次数越多，关系越亲密。在同一层楼中，和隔壁的邻居交往的概率是41%，和隔一户的邻居交往的概率是22%，和隔3户的邻居交往的概率只有10%。多隔几户，实际距离增加不了多少，但是亲密程度却有很大不同。

由此看来，人们之间交往得越多，他们的关系就越亲密。因此，我们要想与人建立亲密关系，需要主动与人多接触、多联系。每与人多接触一次，他人对你的印象就更深一点。

对于现在的很多年轻人来说，最困难的是不知道如何主动跟人联系，如何主动与人保持联系。也有很多年轻人委屈地说："我很好相处，只是不好意思找你！"的确，这种不好意思就是我们与别人沟通的"心理障碍"，我们要想办法把它克服。

米小娅是在一个优越的家庭环境中长大的，爸爸是一家企业的领导，妈妈是机关干部。因为父母的关系，身边的人对她都是客客气气的。从小学到大学，她在别人的赞扬声中长大，不懂得什么是"迎合"；向来是别人逗她说话，她却不知道如何在交谈中寻找话题。

大学毕业后，米小娅很顺利地进入一家大公司，她凭借出色的英语水平赢得了总经理秘书的职位。在别人看来，她工作最接近高层，最容易得到老板的欢心，也最容易高升。

可是进入公司不久，米小娅就开始犯了难。她不懂如何与老板沟通，一些很正常的话，在她看来那都是在讨好老板，无论如何就是说不出口。一开始老板还对她问长问短，而她除了有问必答外，也绝不多说什么。

渐渐地，她发现老板不太和她闲聊了，即使说话，也局限在工作范围内。工作刚开始，她和老板的关系就陷入了僵局，米小娅不知道怎么办才好。

米小娅确实存在与人沟通的心理障碍。要想改变这种状况，就要利用生活中的邻里效应，多与他人沟通、交往，以增加自己和他人的亲密程度。这里就如何主动与他人交往归纳几点建议以供参考。

1. 打招呼是一种好习惯

想得到，先给予。每个人都渴望认识好朋友，却吝于"先给予、先付出、先主动"伸出友谊之手。在工作和生活中，我们要主动地跟人打招呼，主动地与人建立联系，少一点心理设防，有事没事跟朋友常聚聚。

有一家保险公司曾对 20 岁至 49 岁的人进行"人生课题的意识调查"，结果发现，不同年龄层的人都认为，结交朋友是人生最重要的课题。可有趣的是，人都有惰性、怯性，宁愿一个人待着，也不去主动结交朋友、与朋友们联系。

2. 主动联络朋友

无论是与邻居间还是朋友间、客户间，平时的联系都非常重要。建立关系最基本的原则就是：不要与别人失去联络，不要等到有麻烦时才想到别人。关系经常不联系，就会变得生疏。所以主动联系朋友尤为重要。在工作之余，有事没事都可以打个电话，哪怕是随便聊聊；有空的时候发一封 E-mail（电子邮件），节假日的时候发一则问候的短信，或者上 QQ 聊上几句都是简单有效的方法。

3. 及时回应朋友

打招呼是对等的，有人跟自己打招呼，立刻回声招呼才是基本礼仪。面对讨厌的人时，一般人都会不由自主想回避，这种做法是错的。愈是讨厌的人，愈要控制自己的情感，积极地去接近对方。礼貌这种东西就像交通规则一样，别人不遵守并不代表自己也可以不遵守，就算没有人要遵守，自己也非得坚持到底不可。

4. 少一点设防心理

在生活中，我们都会有一些设防心理。人与人之间在交往中有意或无意地采取措施的设防行为就是设防心理。在两个人独处的时候，我们不时地会有些防范心理；在人多的时候，你会感到没有自己的空间，不时检查自己的物品是否安在；你的日记总是锁得很紧，这是怕别人夺走你的秘密。这些都是设防的表现。这种心理是很正常的。但是，如果过于防御别人，则会对你的人际关系起到负面作用，阻止你与他人的正常交流。

古人说:"过犹不及。"的确是这样,心理学的研究发现,人们的交往频率与喜欢程度的关系呈倒 U 形曲线。也就是说,交往过于频繁或生疏,关系过于亲密或淡漠,都不利于人际关系的保持。因此,与朋友之间保持中等交往频率时,彼此喜欢程度才最高。

第十二章

润物细无声的心理操纵术

很多时候你其实很难解释清楚自己为什么会有这样的想法，而心理学则可以帮助你找到产生这些感觉的原因，同时还会告诉你在特定情况下，如果你做出某些行为会产生什么样的结果，这些结果会对你有什么影响，反过来也可以帮助你调整自己的行为。

——毛利华

请对方帮个力所能及的小忙

人的心理世界是非常错综复杂的，可以用"冰山理论"来比喻：冰山在水面之上，可以观测到的那部分，可能只是它全部体积的1％，而其余99％的部分却隐藏在幽深广袤的海洋之下。人的心理也正是如此。

了解了人类的心理，并且能够熟练且正确地运用它来帮助自己和了解他人，这显然是一件对自己很有益的事情。很多人都有过这样的经历，希望某人与自己亲近，或者是营造亲善默契的关系，或者希望能够对他人提出某种要求，但是却常常遭到冷眼或者是拒绝。很多人都在抱怨不知道如何才能迅速地与他人建立良好的交谈氛围或者是友好的关系。这时候你不妨向你的目标提出一个小小的要求，要求他帮一个小忙。

一名饮水机推销员要经常上门推销饮水机，但是却经常被拒绝，有时候人们甚至都不愿意听他说完他要推销的东西，他对此感到十分沮丧。有一天他走进一个新小区时非常口渴，他已经走了很远的路，刚好附近并没有咖啡店，他不得不敲开一家住户的门。

"先生，您好！我是××饮水机推销员。我刚好路过您的家，附近没有咖啡店和便利店，我很口渴，我可以向您讨杯水喝么？"

推销员感到十分窘迫，因为他很少去要求别人。而且作为一名推销员，他所接受的推销理念是尽量不要去麻烦任何客户或者潜在客户，尽管只是一个很小的请求。

那位住户答应了他的请求，去倒了一杯水给他。推销员喝了水，灵机一动说："谢谢您给我的水，我现在感觉比刚才好多了，我可以在您的家里休息一下么，顺便向您介绍一下我们公司最新的产品。"

住户迟疑了一下，最后还是答应了。就这样推销员和住户聊了一下午，最终很顺利地达成了那笔订单。事后，推销员经过仔细的思索，最后想出了一个方法，就是在每次推销东西之前，或者在见重要的人士的时候，都会在正题开始之前非常有礼貌地请对方帮自己一个小忙，例如"倒一杯水"这样的小事情，气氛通常就会因此而变得轻松融洽，而自己的办事成功率也随之大大提高。

这个推销员不经意间所使用的，就是心理学上最为著名的"进门槛效应"。

"进门槛效应"指的是假使一个人同意了他人的微不足道的要求，为了避免之后认知上的不一致或是想给他人留下前后一致的印象，就极有可能接受他人接下来的要求。关于这个奇妙的理论是美国社会心理学家弗里德曼联合其搭档弗雷瑟在实验中提出的。

实验具体内容是这样的：二人让实验助手到两个居民小区劝说小区内居民，使他们同意在他们的房屋前竖一块写有"小心驾驶"的大标语广告牌。

实验组在去第一个居民区的时候，直接向小区的住户提出了这个要求，结果遭到大多数居民的拒绝，接受率只有可怜的17％。

　　然而在第二个居民区，实验组先请求住户们在一份赞成美国人安全行驶的请愿书上签字，这是个很容易做到的举手之劳，几乎所有的被要求者都同意了。几周之后实验组的人员再次拜访同一个小区的住户，并且这次向这些居民提出了想要树立广告牌来提醒安全驾驶的要求，出乎意料的是这次的接受者竟占全部被要求住户的55％。

　　为什么同样都是提出竖立广告宣传牌的要求，却会产生如此截然不同的结果呢？

　　研究者认为，人们对于难以做到的要求或违反个人意愿的请求提出拒绝是很自然的行为，但一个人若是对于某个微不足道的小请求找不到拒绝的理由，就会倾向于同意他人的小请求；而当一个人参与进一个活动的一小部分以后，便会倾向于继续保持这种状态。因为如果他拒绝后来的更大要求，自己就会出现心理认知上的不协调。人类通常倾向于保持同一种状态，即使他内心有拒绝的理由，为了恢复协调的状态他也会找理由说服自己继续干下去，并使态度的改变成为持续的过程。

　　假使一个人同意了你的一个小请求，那么你们之前就可以称为成功地建立过一次亲善关系，任何人都会倾向于维持这个亲善的关系，除非你的要求的确令他难以忍受。

　　如果在日常生活中学会运用这样的技巧来与他人进行沟通，就可能更易于得到对方的配合与支持。

运用对方最熟悉的语言

　　不知道你有没有留意过，在与他人交流的过程中，人和人的说话速度和方式都是不一样的。有些人说话的速度非常快，而且说起话来眉飞色舞，表达得既形象又生动；而有一些人说话非常注意节奏，他的语气抑扬顿挫如同话剧演员一样动听；还有一些人，他说话的速度偏慢，而且常常陷入思考，因而在他们的谈话和交流中常常会引发冷场。这正是你需要了解的，每个人都有他熟悉的和他感兴趣的语言方式，使用他人最熟悉最感兴趣的语言，可以使你迅速和他人建立亲善的关系，在你与他人之间将很快形成一个和谐友好的气场。

人和人之间的区别是如此巨大，以至于你无法完全把每个人认清，但是人的行为模式和思考轨迹，还是有规律可循的。那就是：每个人都有他的语言模式，每个人都有他感知世界的模式，这些全体现在他的语言和表情运用中。

我们每个人感知世界，都会通过五种感官系统——眼睛、耳朵、鼻子、舌头以及我们的身体本身，去感觉和接收外来的信息，去看，去听，去闻，去尝试和感知。人体外在的感知器官很丰富，但是人体的大脑内部，处理信息的系统只有 3 个部分，那就是内视觉、内听觉和内感觉。它们共同处理着人类大脑对外部信息的思考，嗅觉、触觉和味觉在这 3 个不同的外感官所接收到的信息，在大脑内部统一属于内感觉处理系统来处理。

因此，人类的思考和发言类型可以分为 3 种：视觉型、听觉型和感觉型。

大多数时候，人们根本不知道自己是用哪种方式在进行沟通或者处理这些数据，因为这些行为都是在潜意识下自动运行的。看到这里，你可能会产生疑问：如果我是视觉型的，难道我的耳朵就没有起作用了吗？

答案当然是否定的。没有任何一个人只会采用一种方式而完全将另外两种方式所摒弃，我们的大脑会随着外界的刺激而自动地在 3 种方式中不断地转换。但人们都有一个"优先采用的系统"，那就是我们上面所说的视觉型、听觉型、感觉型 3 种方式之一，这就是人类的行为思考模式。当我们用这种方式来处理这些信息的时候，我们就会感到特别舒畅和愉悦。

有些人说话速度很快，而有些人说话又特别慢，假设你平时就是说话速度非常快、思维跳跃性较大的人，和说话慢条斯理且常常冷场的人打交道你会感到压抑和别扭。

而当你和与你采用相同思考行为模式的人交流时，你们语速和使用语言的模式都是比较接近的。你会觉得交流很轻松，也会乐意和他把交流进行下去。

因此，当你掌握了他人的思考行为模式，分析出他人的思考发言类型，是视觉型或是其他类型，你就会很容易地知道如何能和他人进行良好且有效的沟通。

使用和他人一样的语言模式，你将更容易赢得他人的好感，交流也将非常容易。

在成长过程中，所有人都不会例外：人人都会自觉不自觉地使用一种或者两种内感官，去判断和思考事物。一旦你掌握了他人使用内感官的差异，并且能够使用恰当的方式去与对方磨合，将对你的人际关系产生很大帮助。打个比方，在工作中，如果你习惯于先把工作埋头做好，然后再三言两语、简明扼要地把自己的工作情况向你的领导汇报，你一定是视觉型的人。如果不巧你的老板是一个听觉型的人，那就会对你做了什么事情视而不见，他会更加在乎你都向他汇报了什么——你只做事少汇报的方法显然不适合他——如果你了解了这些差异，就会明白，你可以多向他做口头汇报。

询问他最在行的那些事

奥地利有一位非常著名的心理学家，他写过一本书，书名叫作《生活对你的意义》，书中有一段话是这样的："一个不关心他人，对他人不感兴趣的人，这个人的生活必遭受重大的阻碍，同时他会给别人带来极大的损害和困扰，所有人类的失败，都是由于这些不关心他人的人才发生的。"

询问他人，了解他人，对他人产生兴趣，你会发现别人也对你产生了兴趣。这里有一个很好的切入点，就是在你和他人交流，或者在与他人初次见面的时候，多多询问他人那些他最在行的事情。事实上每个人都热衷谈论自己，尤其是自己的"当年勇"。

事实上每个人都只关心自己，他关心你一定是因为你与他有关。人们不但对你我不发生兴趣，对任何人也不会有兴趣，他们无论早晨、中午、晚上，所关心的只是他们自己。

纽约电话公司曾做过一项关于这方面的调查，他们研究在通电话时，人们最常用到的是什么字，这个答案非常简单，那就是我们最常见的"我"字。这项调查的结果是，在500次电话谈话中，人们加起来曾用了3990个"我"字。

你也是一样的，当你看到一张有你与他人的合影时，你先看的是谁？

每一个见过罗斯福并有幸和他交谈过的人，都会对他渊博的学识感到惊讶。有人曾经这样说过："无论是一个普通的牧童或骑士，或是政客或是外交家，罗斯福都知道应该跟他说些什么。"这是为什么呢？答案很简单，因为在接见来访的客人之前罗斯福都会对对方加以研究，会在对方来到之前准备好那位客人所喜爱说的话题，并且知道对方特别感兴趣的事。

罗斯福跟其他具有领袖才干的人一样，他知道这样一回事：深入人们心底的最佳途径，就是对那人讲他知道得最多的事情。

曾任耶鲁大学文学院教授"费尔浦司"这样描述罗斯福：

在我8岁的时候，某个周末的星期六，我去姑妈家度假。那天晚上有位中年人也去了我姑妈家，他跟姑妈寒暄过后，就注意到我身上。那时我对帆船有极大的兴趣，而那位客人谈到这个话题上时，似乎也很感兴趣，我们谈得非常投机。

他走了后，我对姑妈说："这人真好，他对帆船也极感兴趣。"

姑妈告诉我："那客人是位律师，照说他对帆船方面不会有兴趣的。"

我问："可是他又怎么一直说帆船的事呢？"

姑妈对我说："他是一位有修养的绅士，所以才找着你所感兴趣的话题，陪你谈论帆船。"

想要他人对你产生兴趣是很难的，但是你可以先关心他人，先对他人产生兴趣，这是你和他人成为朋友的最好方式。你已经知道人们对自己是多么看重，对自己的芝麻小事是多么关心，因此，你可以借由询问他最在行的事情，撬开他的话匣子。事实上，这无比简单。

心理学家认为，人类这种高等动物蕴涵着丰富的情感细胞，当外界的某些因素刺激这些情感细胞后，人的内心深处会出现一种感激之情和行为上的"报答"现象。尤其是当你让对方感受到你是真的在关心他时，他内心深处的感情负债感就会加重。在这种负债感的驱使下，他会心甘情愿地帮助你做很多事情。

在人际交往中，关心他人多一点，你的麻烦便会少一点。因为你的关心会让对方对你产生感谢、感激甚至感恩之情，以后当你有求于他时，即使他不喜欢或不愿意答应你提出的要求，最起码也不会成为你办事情的绊脚石，有时甚至会对你网开一面。

从相对论的角度讲，关心别人就是关心自己，因为只有你关心别人了，在你需要帮助的时候别人才会更好地关心你、回报你。这种因关心的互惠性产生的巨大影响，不仅体现在名人身上，日常生活中也随处可见。

心理学认为，人际关系是很复杂的事情，当你平时的关心、鼓励日渐汇聚在他人身上时，于对方而言，他的内心会产生一种不可言表的亏欠感，所以他会试图通过各种办法回报你。如果碰上一个能够回报你的机会，他们往往会毫不犹豫地行动起来。生活中的很多事情，都是如此。当别人感觉到亏欠你并真心诚意地想帮助你、支持你时，你想推都推不掉；当你与对方没什么交情，而你又想向对方索取他也想要的东西时，对方很难会将他喜欢的东西拱手相让，即使你用再多的物质或者金钱，也未必能如愿以偿。

怎样吸引他人来接近

每个人都需要朋友，正如我们每一个人都有一种强烈的归属需要，那就是要与他人建立持续而亲密的关系。当我们有归属时，感到被一种亲密的关系所支持时，我们会更加健康和快乐。反之，就会情绪低落，引起自卑感和失败感。

但是，人与人之间的关系是世上最复杂的东西，而中国人之间的关系更加微妙。你可能很可爱、很能干，但你不能确保自己有足够的吸引力——吸引他人来接近你。

为了得到这种快乐感和归属感，我们希望、喜欢别人来接近自己、亲近自己。而这些，都可以通过自身的做法来影响他人。

如果了解了人际吸引力的 NASCR 法则，并具备了这些吸引力，你就能轻松赢得他人的喜欢和接近。

1. 接近性吸引力（N=near）

接近性从某种程度上决定着两个人能否成为朋友进而保持良好的友谊关系。当然，不可否认接近也可能诱发敌意，但接近性更容易产生喜欢和吸引。社会学家已经证实，大多数人的婚姻对象是那些和他们居住在相同小区或在同一个公司工作或曾是同学关系的人。

2. 外表吸引力（A=appearance）

良好的外表形象能给人好感，比如，与一个长相一般的女孩相比较而言，一个漂亮的女子更容易吸引男人们的注意力，让人愿意接近。外表对人们的判断、行为产生着极大的影响，甚至给人留下难忘的印象，这就是心理学上所说的"美女效应"。

外表吸引力将会影响他人对我们的态度，是认可还是拒绝，是亲近还是疏远，对你自身的吸引力更是有着巨大的影响作用。需要提醒的是，我们长相可以平常，但我们可以通过整洁、大方、得体的着装来修饰、装点自己。

3. 相似性吸引力（S=similarity）

有一词语叫"志同道合"，兴趣相同的两个人容易产生吸引力。心理学家指出，这其实就是人的一种相似相惜心理。根据这种心理，在与朋友交往时，如果我们能找到共同点，投其所好，就能很容易把对方吸引过来，跟他们建立良好的交往关系。

你一定有过这样的经历：当你向对方诉说你和他共同的观念、立场或者发现相同的兴趣、爱好或有相似的经历时，两人的思想就很容易产生共鸣，碰撞出激烈的火花。

4. 互补性吸引力（C＝complementarity）

心理学家认为，两人相处，对双方都有助益（互补）或彼此都有友好的意愿（相悦）或彼此发现有类似的态度（相似）时，两人的交互关系就有继续维持的可能。也就是说，当双方的个性或需要及满足需要的途径正好成为互补关系时，就会产生强烈的吸引力。

在日常生活中我们经常可以看到这样的现象：脾气暴躁的人和温和而有耐心的人能友好相处；活泼健谈的人和沉默寡言的人能成为要好的朋友。

5. 关系回报吸引力（R＝return）

在人际交往中，一切关系的形成都被回报吸引力制约着，你期待什么样的朋友，你身边的朋友就是什么样；你希望朋友怎么接近你，他就能怎样接近你。所有的一切，全都由你的态度决定。因为感觉是相互的，你怎样对待别人，别人就会怎样对待你。

我们有责任在将来的某个时候回报曾经接受过的恩惠、礼物和邀请等。也就是说，人们往往愿意和那些喜欢他们的人打交道，并且努力在交往中回馈同等的喜欢。这就是关系回报吸引力的巨大作用。

心理学家的实验证明，即使在虚拟世界，被一个永远不可能见面的人拒绝交往，我们都会产生挫折感。因此，我们要想在人际交往中赢得主动，就学会使用人际吸引力的 NASCR 法则，让其更好地为我所用，从而搭建良好的人际关系网。

每个人都有好为人师的一面

每个人都有好为人师的本质，只因为人都有自我实现的欲望。人们渴望得到他人的认可和尊敬，希望自己在比他人更高一层的位置，特别是自认为经验丰富和取得了一些成就的人，他自我肯定以及想取得优越感的欲望会更大。当我们用"求教"的方式向对方提问题时，正是迎合了人的这种心理，很快，你就可以把心与心之间的距离拉得很近。当你怀着谦虚和真诚的态度去求教他人时，几乎很少有人会拒绝你。这时你们的关系已经从"陌生人"或者"其他人"的关系，变成了"向他求教的学生""他帮助过的人"，因此他会觉得和你更亲近，即使你有更多的目的或者想法，也往往会进行得很顺利。

日本推销大王原一平经人介绍，前去拜访某建筑企业的董事长渡边先生。可是渡边并不愿意理会原一平，见面就给他下了逐客令。原一平并没有退缩，而是问渡边先生："渡边先生，咱们的年龄差不多，但您为什么能如此成功呢？您能告诉我吗？"

原一平的提问方式非常诚恳，也把对方摆在了"老师"的位置，使他觉得自己有责任也乐意去教导别人。

每个人都有自己感兴趣的东西，比如有的人喜欢篮球，有的人喜欢军事，有的人喜欢音乐，还有的人对演艺圈的八卦新闻感兴趣，有的人对书法绘画感兴趣，有的人对烹调食物感兴趣，有的人对神秘现象着迷，等等。总之，每个人都有一项或是多项的兴趣，会说话的人就要在说服别人的过程中，懂得迎合别人的兴趣。

郑欣欣是一家大型建筑公司的助理，奉命聘请一位著名的建筑设计师为本公司的一个大型建筑项目做设计顾问。但这位设计师号称"水不进"，他退休在家多年，且性情清高孤傲，水都泼不进去，一般人很难请得动他。

为了博得这位"水不进"先生的欢心，郑欣欣事先做了一番调查，她了解到设计师平时喜欢作画，便花了几天时间读了几本中国美术方面的书籍。她来到"水不进"设计师家中，刚开始，"水不进"先生对她态度很冷淡，郑欣欣就装作不经意地发现设计师的画案上那幅刚画完的国画，边欣赏边赞叹道："这幅画真的很有意境啊，景象新奇，意境悠远，青山隐隐孤舟微……嗯……"一番话使"水不进"先生耳朵全竖起来了，油然升腾起愉悦感和自豪感，恨不得化身为录音机把欣欣的夸奖录下来。

　　接着，郑欣欣又说："老先生，您这幅画大有北宋名家董源的风骨啊。"这样，就进一步激发了设计师的谈话兴趣。果然，"水不进"先生的态度转变了，话也多了起来。接着，郑欣欣对所谈话题着意挖掘，环环相扣，使两人的友情越来越近。终于，郑欣欣说服了这位设计师，出任公司的设计顾问。

　　人与人之间，有一项非常重要的定律，如果你能够在人际交往中遵守这项定律，便很少会遇到冷遇和冷眼。

　　自我尊重需要，是人类天性中最渴求的事物之一。人类从内心深处，渴望得到他人的重视。如果人们在交往中忽视了他人自我尊重、自我实现的需要，认为他人并不在乎你对他的态度，认为他已经习惯了，你轻蔑他也没关系——这对你来说也许将是一个灾难。你永远也想象不到一个没有自尊的人将会对你做什么，你也想象不到一个得到你宝贵的重视的人能够给你带来什么——记住这条定律，慢慢你就会发现它给你带来的好处。

　　事实上每个人都是骄傲的，无论这个人表现得多么谦虚，其本质都认为自己是了不起的，在某个领域非常厉害的——这是条至理，越谦和的人越自认为有内涵，只等着人发现。因此，你就要学着去做那个人。学着去假装你是那个了解他的长处、懂得他的价值、仅次于他的人，你需要他，你懂得欣赏他，他会因此备感骄傲的。

让对方产生自己人的感觉

　　社会心理学家经过研究，得出一个结论：在正常情况下，大多数人都能根据对方和外界条件去决定自己究竟应该掏出多少心里话——特别是在面对还不十分了解，但又想要继续交往的人，既有一种自然的戒备感，又会想要把自己好的方面尽量展示出来，然后把自己的弱点和缺点尽量隐藏起来——这多层的防备和虚伪使双方难以沟通。在这种情况下最好的方法就是，展示你和他人的一致，消除他人的戒备心。

无论在生活中还是商场上，这都是一种有价值的方法。所以，如果你要使别人喜欢你，一定要谨记：就别人的兴趣谈论。当别人企图强行说服你的时候，你往往会觉得对方根本就不理解你，他只是想控制你，他不懂你的心情，不了解你的感受，也不懂得站在你的角度看问题——这些就是抵触心理，这时你往往无法接受对方的任何建议，因为他说什么你也懒得去听。

对于他人也是如此，当你企图说服别人，或者给别人提建议的时候，一定要让对方感觉到你是和他一样的，你是站在别人的角度去看问题，要让他人相信你，你就需要让他人觉得你是他的自己人。

一百多年前，美国总统林肯曾引用一句古老的格言："比起一加仑胆汁，一滴蜜能够捕到更多的苍蝇，对于人心也是如此。假如你想要别人同意你的原则，你就要先使他相信：你就是他的忠实朋友，你就是他的'自己人'。你要用一滴蜜去赢得他的心，这样才能使他走在理智的大道上。"让人感到你是自己人的最快方式，就是永远和他的"臭味"相投。表现出你和他的一致，酿造"自己人"的这"一滴蜜"。

大多数情况下，如果到了一个陌生的环境中，首先能获得你的好感的，往往是与你有共同点的人——那些与你长相、举止相似、说话相似，或者有共同爱好的人，甚至与你有相同出生地的人都能引起你的好感。这些与你有相同的生活习惯的人、相同经历的人，你会无意识地把他们看成"自己人"，从而不自觉就提高了对他们的信任度。

所谓"自己人"，就是指对方心目中，他把你与他归于同一类型的人。因为人们总是喜欢和与自己相似的人在一起，人们往往对"自己人"更加容易接受，对他所说的话更信赖。一旦你成了他人的"自己人"，那么你们之间的摩擦事件与心理冲突会大大减少，他对你更不会设防，你就更容易与他建立良好的人际关系。

与他人有共同点的人更容易获得他人好感，无论你说什么，都应该尽力让对方看来你是在为他说话，你是为他着想——使他人相信你就是他的自己人，从而使双方的心理距离拉近。

你还需要让他人觉得你所说的话是真实的，而不要让对方觉得，你是为了迎合他而故意编造谎言。在人际交往中，你需要注意技巧，话语必须使人感到你说得非常对，你说得中肯，有道理，这样才能增强你对他人信息传递的效力。

不要藐视对方

你认为你对他人什么态度，对他是否亲近，对他是否赞赏，这对他来说根本毫无关系，这种想法是完全错误的！人人都是渴望被别人尊重的，即使真是你平时很不在意的人，当你决定给他足够的尊重的时候，用一种和善的态度对待他、夸奖他、赞扬他，你会发现，这对他是非常重要的。

作家雷布利克在她的《我和梅脱林克的生活》一书中，曾说道：正是她的尊重，给一位低卑的比利时女佣带来了惊人的改变。

她这样写道："隔壁饭店里有个女佣每天替我送饭，别人都叫她'洗碗的玛丽'。她有这个绰号是因为她最早的工作，是厨房里的一个助理。她长得很奇怪，一对斜眼，两条弯弯的腿，身上瘦得皮包骨头，还经常是一副无精打采、迷迷糊糊的样子。

"一天，当她端着一盘面来送给我时，我诚实地对她这样说：'玛丽，你不知道你所拥有的财富？'

"玛丽平常似乎有克制自己感情的习惯，她做事总是小心翼翼，生怕会招来什么灾难，不敢做出一点高兴的样子。听了我的话后，她把面放到桌上，然后叹了口气说：'太太，我是从来没想过那些的。'她并没有露出怀疑之情，也没有问更多的问题，她只是转身回到厨房，反复思考我说的话，确信我不是在开她的玩笑。

"从那天以后，她就开始改变。在她自卑的心里，已经起了一种神奇的变化。她相信自己的财富是被人遗忘之宝，她开始在意她的面部和身体。她那原来凋零了的外表，渐渐散发出青春般的气息来。

233

"三个月后，我就快要离开那个地方时，玛丽突然告诉我，她即将和厨师的侄儿结婚。她又悄悄地告诉我：'我要去做别人家的太太了！'她向我表示感谢，因为我只用了简短的一句话，就改变了她的人生。"

雷布利克给了"洗碗的玛丽"一个珍贵的财富，而那个财富改变了"洗碗的玛丽"的人生。

当要马上陷入了顶撞式的很恼人的争辩漩涡时，最佳的方法是绕开它，避开它，不要去争论。针锋相对、咄咄逼人的争辩也只能屈人口，不能够服人心。那些被你的雄辩逼迫得无话可说的人，心里并不是完全服从了你。他们的肚子里常会生出满腹牢骚，只是一时服从你的言论，事实上仍然认为自己是对的。永远不要指望仅仅以口头之争，便可改变对方已有的思想和成见。如果你争强好斗，坚持争论到最后一句话，虽可暂时获得表演胜利的自我满足感，但并不可能真正令对方产生好感，争论是所有事情中最没有意义的事情。所以在交谈中，必须坚持"求同存异"的原则，去试着接受他人的观点，而不要把自己的观点强加于人。

不要在人前炫耀卖弄

当你主动与他人交往向他示好时，他肯定对你保持着戒备心理。这时如果你一开始就直入主题，没有经过良好的铺垫，就很难一下突破对方的心理防线。因此应先了解好对方的经历、爱好，用各种方式与对方建立良好关系，投其所好，务必使对方在思想感情上产生"共鸣"，然后再谈正题。先赢得他人好感，以温顺谦和的态度获得他人的肯定，就更容易进行下一步的行动。

孙标是天津一家矿泉水厂的推销员，多年来，他一直想把本厂的矿泉水卖给一家连锁百货公司，可那家公司却偏偏始终不肯买他的矿泉水，依然只是向市郊一家矿泉水厂购买。更让他咽不下这口气的是——每次运送矿泉水时，那家矿泉水厂又正好经过他办公室的门前。孙标为此在讲习班上大发牢骚，痛骂那家连锁百货公司。

孙标嘴上这样讲，可心里还是不甘心：为什么就劝不动那家公司跟他买矿泉水呢？

于是他们公司小组的人决定开展一次讨论，分成两组，从孙标的事情延伸展开一次辩论，主题就是——"连锁性的百货公司业务发展，对国家害多益少"。

孙标参加了反对的那一组，替那家公司辩护。接着，他决定去见那个一直不买他的矿泉水的百货公司负责人。

孙标见到那个负责人后，这样对他说："我不是来要求你买我的矿泉水的，我有另一件事想请你帮个忙……"把来意讲完后，孙标接着说："我找不到，除了你以外还有谁能提供我这项资料……我很想在辩论会中获胜，希望你能提供更多有关方面的资料。"

他们谈了两个小时。接着那个负责人打电话给另外一家连锁机构的高级职员，并且那位负责人还写信给全国连锁性联营百货公司公会，替孙标找来了不少有关这方面的辩论记录。

那位负责人觉得，他的公司其实已做到服务社会的宗旨，并且他对自己的工作感到满意而自豪。那位负责人在谈话的时候，两眼闪耀着热忱的光芒。

孙标要离开的时候，那位负责人亲自送孙标到门口，并预祝他在辩论会上获得胜利。最后，他还对孙标说："下个月的时候，你再来看我，我愿意订购你的矿泉水。"

这件事对孙标来说启发非常深刻：尽管他没有提到矿泉水，也未就此央求对方，对方却反过来主动提出要买他的矿泉水。

想要打动他人的心是有技巧的，与其炫耀自己，不如表现出谦虚。投其所好地进行交流，表现出你的谦虚，这些谦虚的话，要比自吹自擂好得多。一个真正懂得人际关系交往秘诀的人，是不会沉迷于自我吹嘘、自我炫耀这种低级把戏的，你所做出的努力、取得的成果，别人比你看得更清楚。

　　所有人都讨厌扬扬得意的人，这是一条至理名言。当你站低了的时候，不会因此矮人一截，而是因此和他人更亲近，但是你站高了，不仅与他人距离遥远，摔一下也往往会特别疼。

不贪图小利

　　占小便宜吃大亏，蝇头小利同样也会绊倒人。做事前要先权衡利弊，不要因为小利失去大节。

　　人们往往不在意细节，其实越是小的细节越应该引起人们的足够重视，因为也许你的一个不经意的举动就会被别人注意，成为人家的话柄。所以不要忽视小节，也不要贪图小利，因小失大的事情实际上每天都在发生。有时候人会受到诱惑，觉得自己贪图点小利不算什么，不会影响大局。殊不知，一步走错满盘皆输。

　　老赵在公司表现很好，于是便被委以重任，公司派他去沈阳的下属公司出差。老赵赴外地出差是代表着总公司，且负有重大的责任，但是老赵仍然觉得比起在公司里每天从早忙到晚，这是个轻松的肥差。老赵出差到了沈阳，当地的下属子公司知道"钦差大臣"要来，自然在事前做足了准备。

　　老赵一到，对方便以尽地主之谊为名拉着老赵在沈阳到处游玩。玩得差不多了他们才去了要视察的实际地点，老赵要检查的文字资料也都一应俱全。老赵象征性地履行了视察工作，公务便宣告结束。紧接着子公司又将老赵接到全市最高级的酒店用餐，各种珍馐美味尽皆收入口中。晚上，老赵便下榻于此了。就这样连着几天，老赵过得非常舒适，下属公司也是毫不吝啬，对老赵极尽殷勤照顾之举。转眼间，公差已毕。下属公司为表"孝心"给了老赵一大堆礼物及土特产让他带回去。老赵也不客气，推辞一下便尽收囊中。

　　"拿人家手短，吃人家嘴软。"盛情款待之下，老赵回到公司在出差报告中对下属公司的表现是极尽善言。公司是依据老赵的报告来进行评估并进行下一步的战略计划的，但老赵在报告中夸大其词，水分很多，公司的计划在当地根本行不通。老板大怒，经过调查，发现老赵在出差期间不仅没有认真工作，而且还收受"贿赂"，数额达万元。老赵甚是迷惑，自己仅是拿了些礼品和土特产，哪里收受现金万元？原来下属公司见老赵捅了娄子，于是便落井下石，倒打一耙。这样，老赵有口难辩，只得哑巴吃黄连。最终他在公司里待不下去，不得不辞职回家了。

老赵的问题就出在他爱贪小便宜身上。占便宜不说，而且还把工作置于脑后，结局自然是不言自明。

贪小便宜只能得到一时的利益，对长远发展来说实在是有百害而无一利。因为"若要人不知，除非己莫为"，贪小便宜很容易就会被别人知道，如果你被别人认为是爱小利的人，到时一传十、十传百，你的名声便毁在了这点蝇头小利上，真可谓是拾了芝麻丢了西瓜，实在是得不偿失的事情。要克制住自己的"贪欲"，不为小利失了大局，要让自己成为一位优秀的人。

生活中，大多数的人都在追求物质上的满足，表现在言行上便是为了小事斤斤计较，然后获得片刻的满足，但是满足后仍然会空虚。物质和金钱并不能带来长远的利益，与人争斗也不能带来美好的未来，真正的无价必定表现于无形，如同真正的艺术品，它的价值不在价格与实体上，而在于艺术家对作品付出的情感和精力，以及附着在作品上的生命感悟。

说话做事要统一

人的本质是非常立体的，但他人往往因为我们的外表、言语行为，或多或少只看到其中的一个侧面，就因此给我们下定论，于是立体的人就扁平了，人的优点和其他方面也会被抹杀。如果你被看扁，内心一定会强烈地充斥着一种不公平感，这时你该怎么做呢，是奋起反抗，还是隐忍不发？

汉代公孙弘曾经就被人看扁过，但是他很顺利地渡过了难关。秘诀就是：即使在被人污蔑的时候，也言行一致，保持自己的风度和涵养。

公孙弘年轻时家贫，后来他成为丞相，生活依然十分俭朴。他提倡廉洁简朴，并且自己保持言行一致，一顿饭只有一个荤菜，睡觉也只盖普通棉被。但是大臣汲黯向汉武帝参了一本，批评公孙弘位列三公，有相当可观的俸禄，却只盖普通棉被，实质上是装模作样、沽名钓誉，只是为了骗取"俭朴清廉"的美名。

于是汉武帝便问公孙弘："汲黯所说的都是事实吗？"

公孙弘回答说："汲黯说得一点没错。满朝大臣中，他与我交情最好，也最了解我。今天他当着众人的面指责我，正是切中了我的要害。我位列三公而只盖棉被，生活水准和普通百姓一样，确实是故意装得清廉以沽名钓誉。如果不是汲黯忠心耿耿，陛下怎么会听到对我的这种批评呢？"

汉武帝听了公孙弘的这一番话并没觉得他沽名钓誉，反倒觉得他为人谦让是个不沽名钓誉的人，就更加尊重他了。

公孙弘面对汲黯的指责和汉武帝的询问，没有违背自己一向保持的言行一致的美德。他一句也不辩解，并全都承认，这是一种何等的智慧呀！

因为汲黯指责他"使诈以沽名钓誉"，无论他如何辩解，旁观者都已先入为主地不相信他了，会认为他也许还在"使诈"：公孙弘深知这个指责的分量，采取了十分高明的一招——保持言行一致，不作任何辩解，大方地承认自己沽名钓誉。

这其实是向汉武帝表明，自己至少"现在没有使诈"。因为沽名钓誉的人绝不肯承认自己沽名钓誉，不沽名钓誉的人一定不会追着汉武帝解释洗清自己的名誉，并且还对指责自己的人大加赞扬，认为他是"忠心耿耿"——正是公孙弘言行一致的行为，给皇帝及他的同僚们这样的印象：公孙弘确实是"宰相肚里能撑船"。

公孙弘具有非常人的智慧，他用"严于律己，宽以待人"的苛刻标准来要求自己。因此面对他人的指责他只会坦然承认自己的不足，这是严于律己，哪怕他人是无根据的污蔑也不愤怒，这是宽以待人。这样即使是被人看扁和污蔑，公孙弘仍然赢得了良好的口碑和印象。

　　喜欢夸口、说大话、"吹牛皮"的人，常常是外强中干的，而且他们的目的只不过是想引起大家对他的关注，以满足自己的虚荣心。人与人相处，贵在讲信用。自己不能办到的事情，胡乱吹嘘，会有华而不实的印象。卖弄自己，显示自己多有才华，知识多渊博，对方会有相形见绌的难堪，这也不利于交往。

　　假设你被人看扁，你一定会感到沮丧并且气愤，但是想要不被他人看扁，首先自己要做个站得住的人——古人说："淑人君子，其仪一兮。"说的就是君子要言行一致，如果在乎他人对你的想法，就需要保持你的形象，虽然这也许很困难，但是这是赢得他人尊重的最好方法。如果你希望别人把你看成了不起的人，你就首先要做一个了不起的人。

　　"人靠衣裳马靠鞍"，我们常常会自觉不自觉地以貌取人，如果你希望得到更多的认可，就需要在外表上多多注意，特别是细节的处理上，越是精致越能够显示出你的品位。时刻都不要忽视自己的外表，这也是自我肯定、自我尊重的一种方式。

　　一个人被他人看扁的时候往往会感到自己自尊心受挫——这时如果消沉下去，只会越来越难受，但是如果能够打起精神来，不自怨自艾，告诉自己这没什么。就算是被看扁，自己还是很有潜力的，用自信和激情去让看扁你的人退下阵来，那么看扁这件事对你就没什么了。人生在世，让所有人都看得起你是很难的。即使你能够一直保持言行一致，也不能避免有的人价值尺度是歪的——告诉自己，做好自己就足够了，不要太在乎他人的看法，你会越来越强大的。

适时地以感情动人

　　在生活中我们往往能看到那些已经功成名就的影视明星或是企业家，虽然他们现在生活得非常富足风光但还是常常在舞台上含着热泪诉说着他们过去的艰苦生活。这种诉述充满了艰辛的因素，诸如自幼丧父、生活艰苦或者是到处漂泊，还要赡养生病的母亲等不幸的经历，说到动人处听者皆动容。这种以感情动人的方式博得人们的同情，能牢牢地抓住别人的心，让别人对他多出一分好感，也能在感情上加分。

历史上有非常多的谋略家，利用感情去感动他人、迷惑他人、博取他人的同情和怜悯。会攻心的人大部分都善于用此达到自己的目的。利用感情博取他人的同情，其法至柔，一定要放低自己的位置，使人产生同情。

越王勾践被吴王夫差打败之后，忍辱负重，顺从吴王夫差的要求，离开自己的国土，带着送给吴王的宫廷美女及金银财宝和自己的王妃虞妲，从此在吴国做了阶下囚。

勾践在吴国每日平静地养马放牧，除粪洒扫，辛勤地做一切低贱工作，看上去没有一丝怨恨之色。吴王逐渐相信了勾践已经没有异心，然而勾践并没有死心，他只是在谋划。勾践深深地知道，如果要复国报仇，必须先回到越国。想要回到越国，除了通过忍让消除夫差的警戒心之外，还要以卑微的面目和对夫差的爱戴之情，去博取夫差的同情和怜悯。

一天，夫差登上姑苏台瞭望，远远地就望见勾践和夫人穿着简陋的衣服，坐在马粪旁边，仍然保持端正的坐姿，看起来样貌非常可怜，夫差的同情和怜悯之心油然而生。

他对太宰伯嚭说："在这种艰苦肮脏的环境之下还能坚持下去，真是不容易啊！"

伯嚭说："不仅仅是可敬，更是可怜啊！"

夫差说："太宰你说的对啊，我实在不忍心了，假如他们可以改过自新的话，那么就赦免他们，让他们回到自己的国家吧！"

勾践听说吴王夫差有病，请求去探视，此时恰逢吴王要上厕所，勾践便说："臣在东海，曾经与医师学习过观察人的粪便，这样就可以知道人的病情。"一会儿，吴王出恭完毕，将桶拿到门外，勾践揭开桶盖，手取其粪，跪在地上尝了尝，左右都掩着鼻子。勾践又走到室内，跪下叩头说："囚臣敬贺大王，据臣的推测，您的病两三天就会完全好了。"

吴王夫差问："你是怎样知道的？"

勾践说："臣曾听医师说，夫粪者，谷味也，顺时气则生，逆时气则死。现在我尝大王之粪，味苦且酸，正应春夏发生之气，所以知道。"

夫差大受感动，说："你真是仁义啊！比我儿子对我还要真心。"

不久以后，夫差就下令送勾践回越国了。

忍辱负重，以情动人。忍耐只是它的形，而通过忍耐以获取所求之人的同情和怜悯才是其神。如果对方一开始没有被你打动，你所需要做的就是保持耐心，继续做出低姿态，不断让对方安心，因为也许对方只是在观察你，保持耐心，才能攻破对方的心理防线，对方才可能考虑你的要求。

如果想得到别人的帮助，有所求的人就要保持一定的耐心，进而使对方对你的行为和经历表示同情和怜悯，并由此生出好感，这样总有一天会攻克对方心中的堡垒，为你办一些事情。

最受欢迎的人都擅长用感情去发展人际关系，以令人感动的诚恳和深情去赢得爱戴。让人感到你是喜爱他的，他在你心中是最好的。即使他人并不够资格，也多多去赞许他人，他人出于感动和骄傲，也会尽力达到你所称赞的水准，这就是影响别人的奥妙所在。

在无形中给对方施加压力

如果你想要和比你强大的人对峙或者博弈，当正面出击有难度和风险时，旁敲侧击是一个很好的选择。如果说主动出击是刚烈激进的，旁敲侧击则是柔和的、毋庸置疑的。它的方式也更容易使人接受，即使不成功后果也不会很糟糕。

有的事情你明明占理，但是因为对方太过强势，或者你害怕引起对方反感而不敢提出来。比如你希望老板给你加薪，你觉得自己的能力、业绩都值得加薪。要想大胆提出来，这就需要注意你提出的方法。对于薪酬，大多数人都是含蓄的，即便对自己的工资不满意，觉得自己应该加薪，也不敢找老板提，害怕弄巧成拙的话，自己即使不被扫地出门也会被"另眼相看"。这时，你只要运用旁敲侧击的方法，善开"金口"，就会发现向老板提出加薪也远没你想象得那么可怕。

小白到一家 IT 企业打工，每天兢兢业业地工作，业绩很好，老板也很喜欢他。只是三个月过去了，本来谈好过了一个月试用期就给转正，工资也会涨，但是小白只是第一个月转正了，薪水到第三个月都没涨。小白决定跟老板说说，但是怎么说呢？

一次工作总结后，小白趁着送工作记录的机会和老板说："老板，我现在是正式职工，转正都两个月了，我的工资还是试用期的工资，是不是人事那里还有手续没办妥啊？回头您能帮我问问人事主管吗？"

其实，小白知道人事部门已经给他办齐了手续。

老板听后十分平静，没有很特别的反应，还认真地回答小白说要帮他问问。

第二天下班，老板就找到小白，对小白说："小白啊，那个事我问了，人事那里这两个月比较忙，你的工资上个月就应该加上去了，但是财务上一时没办好手续，这个月就给你按正式的结算了，你要继续努力工作哦。"

有时候你该得到某些东西，却迟迟没有得到，这时不管是因为他人的疏忽还是故意，你都不妨为他人找一个台阶，提醒他的同时也让他下来。

古人说："将死战，臣死谏。"将军死在战场上，文臣死在劝谏皇帝上，都是为国捐躯，是很体面的死法。但是这种"臣死谏"的做法很明显已经不再适用于现代社会的交往了，如何正确"进谏"又能保全自己，这也是一门学问，使用旁敲侧击的方法，既给了他人改过的机会，也给他人留了面子。

心理学表明，人的本性带有受暗示性这种特性。这是人类特质中一种无意识的自我保护能力，也是人的本能。在影响对方决策的过程中，暗示他人一条路走不通，也是一种很有效地旁敲侧击的手段。当他人成功接收到"那条路不行"的暗示时，他自然会回来走"你给出的路"。

就是要故意激怒对方

不是所有达到目的的途径都是一条路向前的，也不是所有行路方式都是温文尔雅的。有时，在那些温和礼貌的手段无法达到目的时，反其道行之，故意激怒对方，也是一个曲径通幽的好方式。

王小川是一家小广告公司的经理，主要负责为客户制作广告以及在电视台预约播出。一天，一位难缠的客户与王小川讨论广告费的问题，他的广告即将插播在一档将要上演的儿童剧中。在讨论价格的过程中这位客户显得很不耐烦，故意激怒王小川，说王小川的公司根本没有真正的开销，只是与电视台牵线的中间人而已，压根就不需要那么多的广告费。王小川非常生气，觉得客户的指责很没有道理，但仍耐着性子详细说明了公司的日常开销，与客户明明白白地算了一次账。在他费劲唇舌的一番介绍之后，这个客户愿意出的费用还是仅高出了广告公司日常开销的一点点，并且强调"一个子儿也不会多给"。最后王小川不得不以这个价钱签下了合同。

这个客户的激将法是相当成功的，他充分利用了王小川的好胜心去激怒他，使他说出不该说的话，最终成功地获知了该公司的运营成本，从而只付出了很少的广告费用。从这个客户的角度来说，既然对方公司的运行只需要王小川说的这些费用，他只要让王小川有赚头就好。只要有利益的存在，双方的合作就可以继续。而王小川非常愚蠢地被激怒了，上了这位客户的当，将原本属于商业秘密的制作成本原原本本地告知了对方。

有一次，美国的幽默作家马克·吐温先生在教堂听牧师演讲。一开始，他觉得牧师讲得很好，使人感动，他准备捐款。但是过了 10 分钟，牧师还没有讲完，马克·吐温有些不耐烦了，他决定只捐一些零钱。然而又过了 10 分钟，牧师还没有讲完，他不胜其烦，于是他决定 1 分钱也不捐。许久以后牧师终于结束了冗长的演讲。开始募捐时，马克·吐温由于忍耐太久，气愤得不仅未捐钱，还从盘子里偷了 2 元钱。

这种刺激过多、过强，以及作用时间过久而引起人们反抗心理的心理现象，叫作"超限效应"。

超限效应在家庭教育中出现得最频繁。如：当一个孩子不用心而没考好时，父母会一次、两次、三次地重复对他的成绩作同样的批评——刚开始孩子还是内疚的，慢慢他就习惯了，最后他开始反抗了——这就是被逼急了的反应。

了解这一定律，当你不希望他人怎样的时候，你可以反着来，一定要他人怎样——直到他人被你逼急了，起了逆反心理，你的目的也就达到了。

亚当和夏娃的故事就是超限效应的有力体现，本来上帝如果只是随意说说不许吃那个果子也就算了，如果一再强调，反复强调渲染，反而会引起他们的好奇心——上帝的心思是复杂难测的，人心也是如此。

故意激怒对方可以使他失去理智，也可以使他"反其道行之"，但是注意凡事有度，不然后果是很难预料的。

改变对方的心意——但是这些只是手段，你真正需要的，是在生活中磨炼你自己。这些手段可以帮助你达到暂时的成功，但是只有真心才能换来真正的朋友，这本书可以让你变成"聪明人"和"所有人都喜爱的人"，而你自己的努力，将使你变成"内心强大的人"和"拥有真正朋友的人"。

第十三章

以强大的内心面对世界

是不是有信心，当你遇到大的困难的时候，当你有很强大阻力或强大敌人、竞争对手的时候，是否还会坚持，当你有很多诱惑的时候，是否会改变自己的想法，这些因素在人生成长过程中，每个人都会遇到。

——李彦宏

天才不是天生的

一般认为，智商在 80～120 叫作正常，其中 110～120 属于较聪明，达到 130 叫作超常，超过 160 叫天才。所以，天才也就是具有卓越想象力、创造力和突出的聪明才智的人。

其实，几乎每个时代的心理学家都在不断探索一个问题，这个问题便是：是不是真有先天的才能？天才是不是天生？

有一些心理学家研究，有一部分 1 月出生的人，最后都成了职业联赛球手——他们拥有这方面的天赋。但是，这个研究也说明了，并不是每一个在 1 月生的人都会成为职业联赛球手，这或许和后天的环境有关，却无法证明先天的天赋是否有其作用。所以，心理学家也提出了，一个人的成就是天赋与后天储备结合后的产物。然而，当心理学家越是深究这个问题去考察天才们的人生经历时，才越是发现，在成就成功的过程中，天赋的作用越来越小，而后天储备的作用却越来越明显。

这个结果正如心理学家迈克尔·豪在他的著作《解读天才》里面提到过的一样：

在成长为作曲家之前，早期莫扎特并不让人觉得超凡脱俗。他早期的作品都是在父亲的帮助下完成，在父亲的指导下取得进步。莫扎特小时候的许多作品，几乎都是在其他作曲家帮助下完成的。当然这些协奏曲只是莫扎特音乐生涯的起点，直到21岁左右，莫扎特才创作了被世人公认为杰作的作品。从这时开始，莫扎特开始了协奏曲作曲家生涯。

从莫扎特的案例里我们可以看出，所谓的天才固然有天赋异禀的成分，但是，更多的还是要仰赖他的后天环境——在别人帮助下及自身的刻苦钻研。

20世纪90年代，心理学家K.安德斯·埃里克森和他的两个同事在柏林的顶级音乐学院做了这样一个试验：

他们把学习小提琴的学生分为了3组。第一组是学生中的明星人物，具有成为世界级小提琴演奏家的潜力；第二组的学生只被大家认为比较优秀；第三组学生的小提琴演奏水平被认为永远不可能达到专业水准，他们将来的目标只是成为一名公立学校的音乐教师。

在分组完毕后，所有的组员被问到同一个问题——从拿起小提琴开始，你练习过多少个小时？

最后得出的统计答案为：几乎每个学生都是从5岁的时候开始练习小提琴。在这期间，差不多都是每周大约2~3个小时。但是到8岁左右，差别开始显现出来。一个班级最为出色的学生练习的时间开始多于其他学生：9岁的时候每周6小时，12岁的时候每周8小时，14岁的时候每周16小时，这样一步一步增加练习时间，一直到20岁的时候，他们还在不断练习——他们的练习具有明确的目的和个人的思想，从而表演得更为出色——这样的练习每周超过30个小时。按照这样的练习时间，其实到这些第一组中的小提琴卓越者20岁的时候，他们差不多已经练习演奏了几乎 10000 个小时。与之相比较，那些水平低一些的第二组优秀者的练习时间则是 8000 个小时，而第三组普通者的时间则为 4000 个小时。

实验者之后又将专业钢琴演奏家和业余钢琴演奏家进行了对比，竟然得出了相同的结论。与那些业余钢琴演奏者比起来，专业钢琴家在 20 岁左右的时候，练习时间就已经达到了 10000 个小时。

从这个实验中我们可以得出这样一个结论：一定程度的紧张练习对那些能够肩负重要使命的卓越者而言是必不可少的——他们需要一遍一遍研习专业技能。事实上，研究者们都认为，卓有成效的练习时间必须达到 10000 个小时，这显然是很不可思议的事，但它是一个事实。

但是，无论是从事怎样的职业或者将来有什么样的成就，这 10000 个小时的练习量并不是轻而易举就可以得到的，而是需要一定的条件和环境。否则，在没有很好的家庭氛围的环境下，多数人是无法静下心来钻研某个领域。因为，我们很有可能没有办法得到父母的支持，这将成为我们的一道障碍；同时，如果经济条件不允许，我们就可能要分出一部分时间打工赚钱，这也就瓜分了我们练习所需的 10000 个小时。而且，这 10000 个小时如果不是从很小并且坚持不断地努力，也是不可能达成的。想想看，人们会管一个快到 90 岁才小有成就的人叫天才吗？

选择积极心态生活

PMA 黄金定律是积极心态 Positive Mental Attitude 的缩写。它是成功学大师拿破仑·希尔数十年研究中最重要的发现之一，他认为造成人与人之间之所以存在成功与失败的巨大反差，心态起了很大的作用。积极的心态是人人可以学到的，无论他原来的处境、气质与智力怎样。

拿破仑·希尔还认为，我们每个人都佩戴着隐形护身符，护身符的一面刻着 PMA（积极心态），一面刻着 NMA（消极心态）。PMA 可以创造成功、快乐，使人到达辉煌的人生顶峰；而 NMA 使人终生陷在悲观沮丧的谷底，即使爬到巅峰，也会被它拖下来。因为这个世界上没有人能够改变你，只有你能改变你自己；没有人能够打败你，能打败你的也只有你自己。

很多人都把自己的境况归于外界的因素，认为是环境决定了他们的人生位置。但是，我们的境况不是周围环境造成的。说到底，如何看待人生，由我们自己决定。纳粹德国某集中营的一位幸存者维克托·弗兰克尔说过："在任何特定的环境中，人们还有一种最后的自由，就是选择自己的态度。"

只要人活在这个世界上，各种问题、矛盾和困难就不可能避免，拥有积极心态的人能以乐观进取的精神去积极应对，而被消极心态支配的人悲观颓废。

对于 PMA 的阐述，拿破仑·希尔是这样认为的：

1. 言行举止像希望成为的人

许多人总是要等到自己有了一种积极的感受再去付诸行动，这些人是本末倒置。心态是紧跟行动的，如果一个人以一种消极的心态开始，等待着感觉把自己带向行动，那他永远也成不了他想做的积极心态者。

2. 要心怀必胜、积极的想法

谁想收获成功的人生，谁就要当个好"农民"。我们绝不能播下几粒积极乐观的种子，然后指望不劳而获，我们必须不断给这些种子浇水，给幼苗培土施肥。要是疏忽这些，消极心态的野草就会丛生，夺去土壤的养分，甚至让庄稼枯死。

3. 用美好的感觉、信心和目标去影响别人

随着你的行动与心态日渐积极，你就会慢慢获得一种美满人生的感觉，信心日增，人生的目标也越来越清晰。紧接着，别人会被你吸引，因为人们总是喜欢和积极乐观者在一起。

4. 使你遇到的每一个人都感到自己很重要、被需要

每一个人都有一种欲望，即感觉到自己的重要性以及别人对他的需要与感激，这是普通人的自我意识的核心。如果你能满足别人心中的这一欲望，他们就会对自己也对你抱有积极的态度，一种"你好我好大家好"的局面就形成了。

5. 心存感激

如果你常流泪，你就看不到星光，对人生、对大自然的一切美好的东西，我们要心存感激，人生就会美好许多。

6. 学会称赞别人

在人与人的交往中，适当地赞美对方，会使人产生和谐、温暖和美好的感情。你存在的价值也就会被肯定，使你有一种成就感。

7. 学会微笑

面对一个微笑的人，你会感到他的自信、友好，同时这种自信和友好也会感染你，使你的自信和友好也油然而生，使你和对方亲近起来。

8. 到处寻找最佳新观念

有些人认为，只有天才才会有好主意。事实上，要找到好主意，靠的是态度，而不全是能力。一个思想开放、有创造性的人，哪里有好主意就往哪里去。

9. 放弃鸡毛蒜皮的小事

有积极心态的人不把时间和精力花在鸡毛蒜皮的小事上，因为鸡毛蒜皮的小事使他们偏离主要目标和重要事项。

10. 培养一种奉献精神

曾任通用面粉公司董事长的哈里·布利斯这样忠告属下："谁尽力帮助其他人活得更愉快、更潇洒，谁就达到了推销术的最高境界。"

11. 自信能做好想做的事

永远也不要消极地认定什么事情是不可能的，首先你要认为你能做到，再去尝试，不断尝试，最后你就会发现你确实能做到。

或许你无法选择出身、天赋、环境，但你可以选择态度，用积极的心态去面对自己的人生，面对这个纷繁复杂的世界。

现实生活中最常见同时也是代价最高的一个错误，是认为成功有赖于某种天才、某种魔力、某些我们不具备的东西。其实并非如此，成功的要素其实掌握在我们自己手中。成功是运用积极心态的结果。一个人能飞多高，是由他自己的心态所制约的。

当然，有了积极心态并不能保证事事成功，但运用积极心态可以改善我们的日常生活。在积极心态的帮助下，我们能够给自己创造一个良好的心灵空间，走向成功；而一味沉浸于消极心态的人一定不能成功。拿破仑·希尔说，从来没有见过持消极心态的人能够取得持续的成功。即使碰运气能取得暂时的成功，那也是昙花一现、转瞬即逝的。

激情鞭策成功

激情是鞭策和鼓励我们奋进向上的不竭的动力，只有对工作充满激情，才能使自己对现实中所有的困难和阻碍毫无畏惧。激情，是一种能把全身的每一个细胞都调动起来的力量。在所有伟大成就的取得过程中，激情是最具有活力的因素。每一项改变人类生活的发明、每一幅精美的书画、每一尊震撼人心的雕塑、每一首伟大的诗篇以及每一部让世人惊叹的小说，无不是激情之人创造出来的奇迹。最好的劳动成果总是由头脑聪明并富有工作激情的人完成的。如果在工作上总是这山望着那山高，容易丧失上进的动力和兴趣，从而阻碍自己的发展。其实工作的成就感绝不只是靠金钱得到的，把收入看淡一点，从工作中发现兴趣，远比盲目地另找一份工作要实际。

美国著名人寿保险推销员弗兰克·帕克就是凭借着对工作的激情，创造了一个又一个奇迹。当帕克先生刚开始成为一个职业棒球运动员时，就遭受到了一次很大的打击，他被球队开除了，原因是动作无力，没有激情。球队经理对帕克说："你这样对职业没有热情，不配做一名棒球职业运动员。无论你到哪里做任何事情，若不能打起精神来，你永远都不可能有出路。"

后来，帕克先生的一个朋友给他介绍了一个新的球队。在到达新球队的第一天，帕克先生做出了一生最重大的转变，他决定要做美国最有热情的职业棒球运动员。

结果证明，他的转变对他具有决定性的意义。帕克先生在球场上就像身上装了马达一样，强力地击出高球，接球手的手臂都被震麻木了。有一次，帕克先生像坦克一样高速冲入三垒，对方的三垒手被帕克先生的气势给镇住了，竟然忘记了去接球，帕克先生赢得了胜利。激情给帕克先生带来了意想不到的结果，他的球技好得出乎所有人的想象。更重要的是，由于帕克先生的激情感染了其他的队员，大家也变得激情四溢。最终，球队取得了前所未有的佳绩。当地的报纸对帕克先生大加赞扬："那位新加入进来的球员，无疑是一个霹雳球手，全队的人受到他的影响，都充满了活力，他们不但赢了，而且他们的比赛成为本赛季最精彩的一场比赛。"

而帕克先生呢？由于对工作和球队的激情，他的薪水由刚入队的 500 美元提高到约 5000 美元，是原来的 10 倍。在以后的几年里，凭着这一股热情，帕克先生的薪水又增加了约 50 倍。

你一定会为帕克先生的激情所折服，但故事到此并没有结束。后来由于腿部受伤，帕克先生离开了心爱的棒球队，来到一家著名的人寿保险公司当保险助理，但整整一年都没有一点业绩。帕克先生又迸发了像当年打棒球一样的工作激情，很快他就成了人寿保险界的推销至尊。他深有感触地说："我从事推销工作 30 年了，见到过许多人，由于对工作始终充满激情，他们的收效成倍地增加；我也见过另一些人，由于缺乏激情而走投无路。我深信在工作中投入激情是成功推销的最重要因素。"

在职场上，这种激情创造成功的范例还有许多许多。我们的生命一半是给工作的，如果我们缺乏对工作的激情，工作就会变成无休无止的苦役，这是一件非常可怕的事情。正如加缪描写的古希腊神话中的西西弗的境遇：他不停地把一块巨石推上山顶，而石头由于自身的重量又滚下山去，再也没有比进行这种无效无望的劳动更严厉的惩罚了。然而，倘若我们真的处在这样的命运摆布之中，尽管可以找到怨天尤人的理由，但是，有一点必须注意的是，我们自己应对困境负主要的责任。我们往往把工作当成赚钱的手段，很少把它与实现快乐的途径联系在一起，而对待工作的态度是以金钱的多少为转移的。

对自己的工作充满激情的人，不论工作有多少困难，或需要多少的努力，始终会用不急不躁的态度去进行，而且一定能够出色地完成任务。

美国的《管理世界》杂志曾进行过一项调查，他们分别采访了两组人，第一组是公司在职的高水平的人事经理和高级管理人员，第二组是商业学校的毕业生。他们询问这两组人，什么品质最能帮助一个人获得成功，两组人的共同回答是"激情"。

激情对于事业，就像火柴对于汽油。一桶再纯的汽油，如果没有一根小小的火柴将它点燃，无论它质量再怎么好，也不会发出半点光和热。而激情就像火柴，它能把你具备的多项能力和优势充分地发挥出来，给你的事业带来巨大的动力。

人生目标贯穿于整个生命，你在工作中所持的态度，使你与周围的人区别开来。

成功是激情投入的产物，有些人热爱工作几乎达到了废寝忘食的地步，因为工作给其以成就感，工作令其兴奋、令其感到生命的充实。也正是因为这样，他们才能在工作中不断扩展自我、获取新知，达到成功的新境界。

兴趣是成功的推动力

有一位哲人这样说：快乐的秘诀，就是时时刻刻做自己喜欢的事。什么样的工作才能让我们发挥自身的优势，创造出令人羡慕的财富呢？那就是自己喜欢的工作。如果现在做的工作使你不开心，那就要考虑这项工作是否适合自己。不妨问一下自己下面几个问题：是不是感觉一天8小时的工作时间很长，度日如年，总在看表？工作的时候不想和同事说话，看到同事工作心里就烦躁？下班以后是不是总有一种悲观的情绪？是否感到很烦躁？

如果对于上面几个问题我们的回答都是肯定的，说明现在的工作不适合我们，我们不用在这个让我们如此心烦的工作上耗费自己的时间和精力了。

在职场上，我们还有很多选择。找一份自己热爱并擅长的工作，就好比和自己爱的人谈恋爱，我们在他或她面前才会展现出最精彩的自我，这样的工作才会给我们的事业增添光，而且做自己熟悉、热爱的工作，能把自身的优势全部发挥出来，并积累更多的财富。

小余原本是一名汽车维修工，因为他当初学的是汽车维修专业，但是他却并不喜欢这份工作，所以人总是懒懒散散的。后来他接触到了电脑，没想到刚一接触时就很感兴趣，于是花900元买了台二手电脑回家，自己摸索起来。慢慢地，在别人眼里很无趣的硬件及软件，都让他觉得很有趣。后来，他越专越精，直到现在他开了一家自己的电脑维修店。由于他维修电脑的技术很好，已经在附近小有名气，许多网吧、小公司都找他去做电脑的维护工作，每个月都有很好的效益。

兴趣是我们最好的导师，做我们感兴趣的工作、想做的事业，我们才更有可能成功；做我们想成为的人，我们才可能享受到人生的美好。当我们不知所措的时候，请静下心来听一听我们内心的声音，成功必在不远处等着我们。

所谓兴趣，是指一个人力求认识某种事物或爱好某种活动的心理倾向，这种心理倾向是和一定的情感联系着的。"我喜欢做什么？我最擅长什么？"一个人如果能根据自己的兴趣去设定事业的目标，他的积极性将会得到充分发挥，即使在工作中尝尽了艰辛，也总是兴致勃勃、心情愉快；即使困难重重也绝不灰心丧气，而能想尽一切办法，百折不挠地去克服它，甚至废寝忘食、如痴如醉。

可见，兴趣是我们职业的最好的老师。就像罗素说过，他的人生目标就是使"我之所爱为我天职"。也就是说，他要把生活中最感兴趣的事作为其终身职业，这的确是个值得效仿的好方法。所以，要确定我们的事业奋斗目标，首先要问问我们自己的兴趣究竟在哪里。

怎样才能选择一份和我们的兴趣对口的工作，从而发挥我们的力量呢？以下一些可以作为我们的职业选择参考：

愿意与人接触——喜欢同人交往，结交朋友，对销售、公共关系、采访、信息传递一类活动感兴趣。相应的职业如推销员、公关人员、记者、咨询人员、教师、导游、服务员等。

喜欢同具体事物打交道——喜欢操作具体事物，默默无闻，埋头苦干。相应的职业诸如制图、地质勘探、建筑设计、机械制造、计算机操作、会计、出纳等。

喜欢从事帮助人的工作——乐于助人，试图改善他人状况，帮助他人排忧解难。相应的职业如福利工作、慈善事业、医生、律师、保险员、护士、警察等。

喜欢干规律性工作——喜欢常规性、重复的、有规则的活动，习惯在预先安排好的程序下工作。相应的职业如图书管理员、文秘、统计、打字、公务员、邮递员、档案管理员等。

喜欢研究人的行为——对人的行为举止和心理状态感兴趣，喜欢谈论人的问题。相应的职业如社会学、心理学、人类学、组织行为学、教育学、政治学等方面的研究和调查分析。

愿做领导和组织工作——喜欢掌管一些事情，希望受人尊敬并获得声望，在活动中时常起骨干作用。相应的职业如政治家、企业家、社会活动家、行政管理、学校辅导员等。

喜欢抽象的和创造性工作——对需要想象力和创造力的工作感兴趣，喜欢独立工作，乐于解决抽象问题，具有探索精神。相应的职业如哲学研究、科技发明、经济分析、文学创作、数理研究等。

喜欢钻研科学技术——对分析的、推理的、测试的活动感兴趣，长于理论分析，喜欢独立工作并解决问题，也喜欢通过试验有所发现。相应的职业如气象学、生物学、天文学、物理学、化学、地质学等研究和实验。

喜欢具体的工作——希望能很快看到自己的劳动成果，愿从事制作有形产品的工作。相应的职业如室内装饰、时装设计、摄影师、雕刻家、画家、美容美发、烹饪、机械维修、手工制作、证券经纪人等。

喜欢表现和变化的工作——对表演、运动、惊险、刺激的事情感兴趣，喜欢经常变动、无规律的但具挑战性的工作。相应的职业如演员、运动员、作曲家、旅行家、探险家、特技人员、海员、职业军人、警察等。

喜欢操作机械——对运用一定技术、操作各种机械去创造产品或完成任务感兴趣，喜欢使用工具，尤其是大型的马力强的先进机械。相应的职业如飞机、火车、轮船、汽车驾驶，机械装卸，建筑施工，石油、煤炭的开采等。

不必忧思过度

受一些思维的影响，原本单纯的孩子们早早地背负了"世界比你想象的还要复杂"的重壳，还未出校门就对社会产生了巨大的畏惧感，害怕自己无法适应这个复杂的社会。于是在师长们的"谆谆教导"下，心怀不安地开始钻研众多书籍，知道了对所处的环境要"眼观六路，耳听八方"，对朋友、对同事要"逢人且说三分话，未可全抛一片心"，对谋事要"三思而行"等道理。于是做事处处设防，处处怕被人算计，整日小心谨慎地生活；刻意地与人拉开距离，有时甚至会感觉自己孤独无依，也不敢依。同时也让我们有限的生命加大了时间成本，事业上加大了信誉成本，使我们的生命质量大打折扣。

事实上，我们并不需要如此忧思过度，也不需要活得这么累。真实的潜规则也并非那么刻意和复杂。世界上的真理永远都是朴素的、自然的、简单的，仔细研究一下现代成功人士的道路，我们会发现，他们之中最为聚焦的共同点就是：简单行事、复杂读书且极具思想。其实，细析人生的诸多难题，实在不难体会到"天下本无事，庸人自扰之"的现实生存状态。生命本应该是一件简单质朴的东西。在为人处世过程中，能够做到随时、随性、随遇、随缘、随喜，不盲从，不消极，积极地顺应事物发展的自然规律，也是一种难得的自在。

有一位老领导，将他一生中所有的经验教训总结为简单的四句话，告诉了他即将步入社会的女儿。

第一句话："压抑自己没必要，奉承巴结也没必要。"相对于趾高气扬的人，你再怎么尊重他，他也不会平等对你；你再怎么奉承、巴结，他也永远不会因为同情而施舍你。不管出身低微还是处境艰难，都不要寄希望于他人礼遇。当说时就说，当做时就做，只要别心虚和畏首畏尾，就不会让人轻易看不起，而你也将赢得更多平等的机会和尊重。

第二句话："不要盘算太多，要顺其自然。"做人不要盘算太多，只要自身努力够了，就不要拼命去求人，有时想得越多，心越急就越得不到回报；等你不想的时候，它反而会意想不到地属于你。有些潜规则与不能把握的东西还是顺其自然。该是你的东西终归是你的，不要太强求。

第三句话："相信自己比依赖别人重要。"一个人，必须要有思想，有社会责任感，相信自己比依赖别人重要。不同的人做事肯定不一样，上司一般都会看出来的。只要尽心尽力做事，就不会被埋没，除非你对自己的能力有怀疑。关键是要摆正心态，有机会时就为社会多做点儿什么，没机会时要记住"为自己打工"，积累更多的有形无形资本。为自己做再多的事情也不过分，不论人生际遇如何，及时努力都不会错。

第四句话："不要对谁特别好，也不要对谁特别不好。"物以类聚，人以群分。任何单位，任何群体，人际关系结构都离不开"三三制"，具体到个人身上就是1/3的人对你一般，1/3的人对你不"感冒"，1/3的人对你好。这与我们常说的"1/3的人在干，1/3的人在看，1/3的人在捣蛋"同理。所以，必须因人而异，好的要保持，中立的要争取，敌意的要宽容。永远不要被少数人所利用。

很多时候，很多东西，非要亲身经历了，才更贴近于真实，才会发现，真的没有必要太刻意地复杂。有些东西并不是万金油，并非用在哪里都能起作用。生搬硬套相反倒是容易给人邯郸学步的感觉，徒增了不少尴尬。

价值观决定"值不值"

很多人每天都有苦恼和矛盾的时候，在值得与不值得之间做着艰难选择。"值得"与"不值得"，距离有多远，就在于我们的内心如何衡量。正如心理学中"不值得定律"所阐述，一个人如果在做一份自认为不值得做的事情，即使成功，也不觉得有多大的成就感；如果在做自认为值得做的事情，则会认为每一个进展都很有意义。

努力工作暂时先把儿女私情放在一边，因为这份工作值得；我要上网玩游戏或者网聊到底，因为这份工作不值得我放弃这些娱乐……我们常会有这样的想法。

那么，我们又是怎么来定义"值不值"呢？

李嘉诚当初为了开创自己的大事业，离开舅舅的钟表公司独自闯荡。然而，他并没有像很多年轻人那样浮躁，而是从很多年轻人都不屑的小事做起，在打工中循序渐进，一点一点地开创事业的新局面，终于成就一代富豪的庞大产业。

还有，美国通用电气公司前总裁杰克·韦尔奇曾说过："一旦你产生了一个简单而坚定的想法，只要你不停地重复它，终会将之变为现实。"我们中的许多人天生有些心高气傲，认为自己从一开始工作就应该得到重用，就应该得到丰厚的报酬，往往会对手头上的琐碎工作不满，动不动就兴起"拂袖而去"的念头。一位先知说过："无知和好高骛远是年轻人最容易犯的错误，也是导致频繁失败的主要原因。"其实，小事也好，大事也好，都是我们内心价值观的一种判断，我们不妨听听比尔·盖茨的劝告："年轻人，从小事做起吧，不要在日复一日的幻想中浪费年华。"

我们渴望在工作中证明自己的优秀，但往往不屑于简单小事，从而失去了很多展示自己价值的机会和走向成功的契机。

那么，究竟哪些事值得做呢？通常，这要取决于三个因素。

第一，价值观。一般来说，只有符合我们价值观的事，我们才会满怀热情去做。

第二，现实的处境。同样一份工作，在不同的处境下去做，给我们的感受也是不同的。例如，在一家大公司，如果你最初做的是打杂跑腿的工作，你很可能认为是不值得的。可是，一旦你被提升为领班或部门经理，你就不会这样认为了。

第三，个性和气质。比如，在企业中，让成就欲较强的员工单独或牵头完成具有一定风险和难度的工作，并在其完成时给予及时的肯定和赞扬；让依赖性较强的员工更多地参加到某个团体中共同工作；让权力欲较强的员工担任一个与之能力相适应的主管之职。同时要加强员工对企业目标的认同感，让员工感觉到自己所做的工作是值得的，这样才能激发员工的热情。

明白了这个道理，做事或作选择时，我们就要理性地对待内心的"值得"与"不值得"。

吸引的回报理论

不管你承认与否，我们在与某个人成为朋友之前，这个人对于你来说总有或多或少的吸引力。也许因为对方知识渊博，或者是乐观自信，抑或是他可爱、热情、聪明等。

同样，当他人主动与我们做朋友时，我们身上的某个优点也吸引了他们。至少我们让他们感觉到我们身上有他们喜欢或令其满意的地方。毫无疑问，我们都乐意跟那些能带来报偿的人交往。

从心理学的角度看，这种现象叫吸引的回报理论。因为爱是相互的，你对别人的热情和真心对待，会换来你对他的吸引。在友谊中，双方的长处和优势得以互换。所以，只要你善意、真诚地去对待别人、欣赏别人，定会有意想不到的收获。

在中国这个重人情的大环境下，良好的人际关系可以为我们的工作和生活带来极大的方便。为此，我们要重视人际交往，而从关系回报中提升他人与我们交往的兴趣，是织就关系网的一个有效途径。具体做法可参考以下几个方面：

1. 保持关系中的及时回报

俗话说："种瓜得瓜，种豆得豆。"种下仁惠、真诚的热情，得到的也将是对方的真心与热情。在人际关系的过程中，我们要想保持关系常鲜，首先注意到的就是及时的回报。

2. 主动提供帮助

没有哪一个人会永远顺利的。当朋友遇到困难时应及时安慰或帮助他们。当他们落入低谷时，打电话给他们。不论你的关系网中谁遇到麻烦，立即与他通话，并主动提供帮助，这是表现支持的最好方式。

患难见真情，这时的帮助与安慰更易感动朋友，同时也体现出我们的人格魅力。

3. 表现出经常需要他

在交往中不能总做接受者。如果你仅仅是个接受者，无论什么关系网络都会疏远你。搭建关系网络时，要做得好像你的职业生涯和个人生活都离不开它似的，让对方感觉到自己被重视，表现出对他人的尊重是吸引人最为有效的方式之一。

4. 形成互动

在谈话和交往中，要及时回馈对方，这样会增加对方的兴趣，加强互动的频率，有助于形成密切、融洽的氛围。在做出反应时，一定要自然，不能做作，夸张的动作反应和尖声大叫等都会弄巧成拙，甚至滑稽可笑。作为积极的反应，还应包括富于响应力的对话。

5. 诱发对方愉快的情感

依据理论家伯恩和科罗尔等人的理论：人们通过条件反射形成了对那

些与回报性时间有关的人的积极感受。比如，在一周的紧张工作之后，当我们围坐在篝火前，享受着可口的食物、醇香的美酒和美妙的音乐时，我们就会觉得一切都那么温暖。因为我们喜欢那些回报我们或与我们得到的回报有关的人。意思是我们不仅乐于跟那些能带来报偿的人交往，我们还喜欢与那些能让我们心情愉悦的人交往。

如果我们在人际交往中做到以上几个方面，相信会有越来越多的人愿意与我们成为朋友，我们在社会交往中将行走自如，生活和工作会变得更加美好。

运气可以自己培养

有的人好像天生受幸运之神青睐，做什么事都顺心合意，甚至好机会都不求自来。而有的人却处处碰壁，倒霉事接二连三。运气是不是真的是天生的，人们能不能改变自己的运气呢？

苏珊是一名34岁的看护助理，来自英国的布莱克普尔。在感情的道路上，苏珊一直走得磕磕绊绊。有一次她被安排与一名男子相亲，对方不小心撞到玻璃门上，把自己的鼻梁给撞断了。下一个相亲对象骑着摩托车赶赴约好的碰面地点，却在路上发生了车祸，他的两条腿都摔断了。几年以后，她终于准备踏入婚礼的殿堂，可就在结婚的前一天，他们所选的教堂被人一把火给烧了。除此之外，苏珊还遭遇过一系列令人跌破眼镜的意外。其中有一次在一段不到50英里的旅程中，她就遭遇了8次车祸，真可谓是厄运缠身。

这个例子可以说是坏运气的极致体现了。那么，人的运气好坏真的只是人生历程中的偶然事件吗？有心理学家设计了一系列的实验来研究人的运气。

心理学家给那些志愿者每人发了一张报纸，请他们仔细看过后告诉他里面共有几张照片。其实，在报纸的中间部位，他用半版的篇幅和超大的字体写了这么一句话："如果你告诉研究人员看到了这句话，就能为自己赢得 100 英镑！"这是心理学家特别为他们准备的一个赚钱的机会，不过他并没有提前告诉他们。那些幸运儿显得非常放松，所以看到了报纸中间的大字，从而为自己赢得了 100 英镑。与此相反，那些运气不佳的人完全把心思花在了清点照片的数量上，所以并没有发现这个赚钱的机会。这个简单的实验表明，幸运的人总能够把握意想不到的机会，从而为自己带来好运；而不幸的人则可能因为给自己太多限制，而错失良机。

瑞典于默奥大学医学院的捷安堤·乔泰教授的大部分研究工作都是在探讨人们的出生日期跟其心理和生理健康之间的关系。在其中的一项研究中，他要求大约 2000 人完成一份调查问卷，借此来衡量他们自认为喜欢追求刺激的程度，然后查看问卷的得分是否跟人们的出生日期相关。喜欢寻求刺激的人无法容忍他们此前已经看过的电影，喜欢与捉摸不透的人相处，容易被登山和蹦极等具有较高风险的运动吸引。与此相反，不爱寻求刺激的人喜欢一遍又一遍地看同一部电影，感觉跟自己非常熟悉的老朋友相处非常舒服，而且不喜欢去他们从来没有去过的地方。追求新奇和刺激是我们人性的一个基本方面。捷安堤的研究结果显示，喜欢寻求刺激的人通常是在夏天出生的，而那些喜欢熟悉事物的人则更可能出生在冬季。

受捷安堤教授的启发，心理学家在想"天生幸运儿"是否也跟时间心理学有关。时间心理学的相关研究显示，出生月份的确会对人们的行为方式产生细微的影响。不过，也有一些研究人员研究过两者之间另外一种完全相反的效应。也就是说，人们的行为会如何影响他们对自己和他人真实生日的阐述。

这些实验结果告诉我们，那些志愿者的运气好坏在很多情况下是由他们的思想和行为所决定的。幸运的人通常乐观开朗，而且充满活力，所以容易接受新的机遇和经验。相反，不幸的人性格相对孤僻，而且反应不够敏捷，所以常常对人生感到不安，不太愿意充分利用摆在面前的大好机会。

　　由此看来，你经常得到幸运之神的垂青，还是常因运气不佳而扼腕叹息，其实很大方面与天生无关，而更可能是你给自己的暗示，以及你心态和行为造成的。积极乐观的心态会为你带来好时运，而消极抱怨则可能让厄运不断。

第十四章

管理要懂一点心理学

心理学研究的方向、领域很宽广，比化学、物理都要宽广。比如我们可以做脑科学，做跟大脑有关的神经机制，跟生命科学做的事情一样多。但是我们也可以做人力资源，做人才选拔，跟管理学院，跟其他行业做的一样多。

——周晓林

为什么会对领导的决断有抵触

领导与下属是社会关系中常见的一种。领导者对下属实施领导，并按照一定的目标、任务、标准、程序等要求下属做什么、怎么做，并规范下属的行为。二者之间有时难免会发生冲突。

在职场中，为什么下属会对领导的决断产生抵触呢？所谓抵触心理是对事物的压力变化产生的一种抵触心态，使情绪变得非常的暴躁和极度的不稳定。比如你想尽快地完成工作，领导却给你设置了重重障碍，致使你产生抵触心理。

抵触情绪常常以下列三种形式出现：

其一，条件限制。某些人不能支持或同意你的提议，是由于某种无法妥协的原因（例如：公司政策、法律原因、合同义务）。

其二，找借口。人们会找借口或拖延，是因为不相信你的主意会使他

263

们受益。此时你能做的就是消除他们的疑虑。

其三，真正的反对。这种情况是由于缺乏资金或资源，受时间限制等原因造成的。

对领导决断的抵触，其实就是对领导能力以及决断的怀疑。当你在职场碰到能力不如你的领导，心里或多或少会有些不服，对领导的话也不怎么放在心上，对于领导的决策也持反对意见，更不愿意去执行。觉得领导的各种决策都是错的或者觉得领导是在自作聪明，这种肤浅的决策作为下属的你动动脑筋就能做出判断；甚至你觉得这决策很不可思议，对此感觉很无奈。

产生矛盾后，若身边再有人挑唆，下属就会觉得自己的努力领导根本就不会放在眼里，因而做事变得不积极；而领导会觉得，我给他做规划都是为了他可以尽快晋升，他还不领情。双方有了矛盾一般不会当场发作，但会对对方产生不满的心理。

出现抵触心理时，我们应该怎么做呢？

先来了解令下属不满的领导类型：

暴躁型：这类上司经常为一点小事发脾气，性格急躁，容易将个人情绪带进办公室；

优柔寡断型：你的上司总是朝令夕改，令你措手不及；

摆款型：此类上司自恃清高，喜欢摆架子，而且心胸狭窄；

管家婆型：这类上司事无巨细，什么都管，表面上他似乎相当开明，鼓励人尽其才，实际上他只是将他下属当工具，他的意见就是命令，你很难获得成就感；

不体谅下属型：此类上司做事缺乏责任心，不懂得体谅下属，这一类型也是下属最抵触的。

对于以上几种类型的领导，我们能做的就是熟悉领导的心理特征，与之多沟通交流。不熟悉领导的心理特征，就不能与之进行良好的交流，无法与领导取得共鸣。

即使你受到了极大的委屈，也不要把这些情绪带到工作中，因为这会影响你的工作。

领导和下属要学会换位思考，站到对方的立场去想问题，这样双方的合作就会十分愉快。一旦你真正消除了抵触心理，你就会觉得你们更像是伙伴而不像是上下级。作为伙伴，领导会委托给你更多更重的任务，使你有更广阔的发展空间。

让你的员工拥有归属感

根据马斯洛的需要层次理论，人们在满足较低层次的需要之后，就会追求较高层次的需要。当人们生理和安全的需要得到满足之后，就会有归属和爱的需要。正常的人都有归属需要，而且绝大多数人都希望自己归属于多个群体或组织。人们大多希望自己能组织家庭，有情感寄托，能享受天伦之乐。人们还希望自己归属于某个群体，有朋友，能社交。人们还希望自己有单位、有组织，一来可施展才华和抱负，满足成就感；二来可从组织中获得支持和帮助，得到力量感、温暖感和归属感。一个人对某个组织的归属感越强，他就越热爱这个组织，工作中的积极性也就越高。

所谓归属感，是指由于物质和精神两方面的共同作用，使某一个体对某一整体产生高度的信任和深深的眷恋，从而使该个体在潜意识里将自己融入整体中去，并将该整体利益作为自己行事的出发点和归结点。员工的归属感对企业的发展尤为重要，能否使员工产生归属感，是赢得员工忠诚、增强企业凝聚力和竞争力的根本所在。

归属感是一个外延广泛、内涵丰富的概念。从表层而言，归属感体现为一种满意度，简单来说就是指一个人对他所从事的工作的态度。工作满意度高的员工会对工作保持积极的态度，表现为工作高度投入、主动性强、工作效率较高；对工作不满的员工则会对工作持消极的态度，如推卸责任、逃避承担更多工作。适度挑战性的工作、公平的报酬、支持性的工作环境、融洽的同事关系都是工作满意度高的决定因素。

深层挖掘归属感的内涵，可以看出它不仅仅是一种满意度，更表现为一种团队意识、创新精神的发挥以及主人翁意识、个人能动性的体现，是员工价值观和企业价值观的高度统一。只有当员工的个人价值观和企业的价值观得到了某种程度的统一，员工感到自己的理想能与企业的实际结合起来，才会有事业成就感，有与企业一起发展的渴望，才有理由相信自己的价值会在企业的运营中得到实现，才有决心将自己融入企业中去，以企业的利益为自己行为的导向，从而使归属感随之产生。

员工的归属感是企业凝聚力的核心。那种被企业需要、尊重的感觉会不断激发员工的创新意识。当企业有经营困难时，有归属感的员工更能不离不弃，与企业共渡难关。一旦员工对企业产生了"依恋心""归属感"，就会撂不下手中的工作，离不开合作的团队，舍不得未完的事业。如果员工对企业不信任，欠缺对团队的归属感，他们就不可能会以在团队中工作为傲，工作的热情和实力也不会被完全激发，他们只是为"工作"而工作，只会"做完"工作而不是"做好"工作。

而一旦如此，为了确保竞争和发展，另一种情况就会随之产生，那就是企业的流动性会相对增大，这样企业的稳定和长期发展就得不到保障。

企业需要员工的"归属"来积聚向心力，同样对于员工来说，他们也需要这种"归属感"来满足自身对"安全感"的追求。人总有一种安全的需要，他需要加入到某一个集体当中去，通过群体成员之间的相互作用，被这个集体的其他成员所认同，进而产生一种被社会认同的感觉。人在这种情况下才可以消除无助感和孤独感，减少自我怀疑，觉得自己更有力量，面对复杂的社会生活能够感觉到是安全的、有依托的、被他人信任的。人们在安全感的基础上，更能够满足地位感的需要、自尊的需要、实现目标的需要，从而产生更加强烈的对该群体的归属感。

那么，在组织管理活动中如何才能满足员工的归属感呢？

1. 增加员工之间相互交流的机会，让大家彼此增进认同感

成员之间多交流、多沟通，才能相互了解，达成共识，消除误会，增进认同感，从而增加归属感。比如说，多组织大家开展一些娱乐活动，对一些问题开展讨论等。

2. 让员工有安全感和温暖感

"哪里最安全、最温暖?"当有人问这样的问题的时候,相信绝大部分的人会回答"家"。也正因如此,每个人才都想营造一个温馨的家,并为家庭的建设奋斗终生。

一个好的公司应给员工以家庭般的温暖感、安全感。其中,最重要的一条就是不轻易解雇员工,且让他们在工作中、生活中遇到困难时能及时得到帮助,在公司中能够得到家庭般的温暖。

3. 安排员工感兴趣的工作

兴趣是最好的老师。心理学研究表明,一个人干他所感兴趣的事比干他不感兴趣的事的效率能高出若干倍,干自己感兴趣的工作往往容易出成果,且长期从事自己感兴趣的工作有利于身体健康;反之则不然。因此作为管理者,要善于观察、分析每位员工的兴趣差异,因人而异地安排工作。如果每位员工所干的都是自己感兴趣的工作,他们就会热爱各自的岗位,工作就会对他有吸引力。

4. 让员工有成就感

作为管理者,要经常宣传本组织工作的意义,让员工觉得自己是在做有意义的工作。还要对干出了成绩的员工不失时机地进行表扬,尤其要给成就欲望强、抱负大的员工安排能充分施展其才华的岗位,且委以重任,让他们能从事业中获得极大的乐趣。

5. 让员工觉得自己很重要

作为管理者,要掌握每一个员工的情况,以便既可以量才而用,又能够给下属一种"我在上司心目中有位置"的感觉,以增强他对工作的责任心。通常情况下,员工都愿意让上司知道自己的名字,愿意在上司面前表现自己,以引起上司的关注。管理者一定要了解员工的这一心理,并满足他们的需求,以激发、鼓励他们的工作热情。你对员工越关注、越了解,他就越高兴,工作热情也会越高,对公司的贡献也会越大。

面试官为什么喜欢拉家常

面试一直是很多大学生的难题。因为大学生刚毕业，社会经验不够，而面试官却不是和他们探讨学业上的问题，也不像在学校写论文时有章可循，他们总喜欢和大学生们拉家常，面对面试官那些天南地北的问题，大学生总是不知所措，不知道应该怎样应付，所以很多都铩羽而归了。

面试官为什么喜欢和面试者拉家常，为什么总是说一些看似和主题无关的问题？其实，这里大有深意。既然面试，就是要达到效果——录用合适的人，所以不要以为面试官的问题都是随口而出的。之所以要给应聘者这样的假象，是因为面试官知道应聘者都是有备而来，虽然心情有点紧张，但是对设想的问题都已经想好了一些对策，在这种情况下问问题，面试官得不到自己想要的效果。于是，要问些看似不着边际的问题，以分散应聘者的注意力，再把真正有杀伤力的问题隐藏其中，这时候，就能看出应聘者的真水平了，只是大多数应聘者在面试官漫无边际的聊天中放松了注意力，无法回答到点子上，结果导致面试失利。

面试官之所以要跟面试者拉家常正是应用了心理学上的"鲶鱼效应"。什么是"鲶鱼效应"，这一效应有什么作用呢？

鲶鱼效应最大的影响力是能够引发人们的应激心理，应激心理是机体遭到侵害而产生紧张的反应状态。后来心理学家将该效应引起的应激心理总结为：在受到外界的巨大压力时，人们会处在高度紧张、亢奋的精神状态中，这能够激发人们内在的无限潜能，从而使人们爆发出超常的能量。

虽然与生俱来的能量和无限潜力每个人都具有，但人们的惰性属于天生的弱点，当人们每天让自己处在一个相对宽松、安逸的环境中时，自己的惰性会被潜意识不断地强化，在这种状态下，就会导致贪图享受的出现。这种状态在动物群体中也适用，比如曾经在澳大利亚的牧场草原上，野狼吞噬羔羊的情况经常出现，在政府和军队的多方帮助下牧民将狼群赶尽杀绝。虽然没了狼，但是羊群的数量依然逐年下降。这是因为随着狼的被消灭，羊群的紧迫感、危机感也没有了，它们也同时失去了激发内在繁殖、生活的动力。

医学界认为，当人们处在一个适度的忙碌、紧张状态中时，对来自外界的各种信息刺激，有着高度的敏感性，从肾上腺源源不断地分泌出大量的激素，人们会产生前所未有的能量和生存力。

"生于忧患，死于安乐"是中国的古训。事实上，每个人在现实生活中获得成功与辉煌的比例都是相等的。而之所以绝大部分人平庸，最主要的原因是周围的环境带给了人们太多的安逸感觉，从而满足现状、放松自己、固守平庸；相反，有着杰出贡献的那些人，他们无时无刻不把自己放在一个适度的忙碌状态中，固有的忙碌带给他们紧迫感、危机感，而他们正是被这些特有的紧张、压力激发出前所未有的能量，从而获得成功。

作为一名普通的推销员，在最初刚做推销行业时，小刘并没有出色的成绩，每个月的工资都不够自己的生活费。为了更好地提高自己的推销业绩，他整天虚心地学习那些出色的推销员的方法，后来他总结出来了一套自己的推销秘诀，凭借这个方法他连续3年拿到了推销业绩的第一名。这是什么样的方法呢？他推销前、推销中、推销后的行为是这样的：无论推销对象是什么样的客户，他都会准备好推销时可能用到的一切用具并提前预测客户可能提出的问题，然后防患于未然，他会一一列出这些问题的答案。见到客户后，他除了认真介绍自己的产品，还会仔细且认真地倾听客户的意见、观点、问题等，客户言谈举止中的每个细节他都时刻注意。无论此次推销是否成功，推销结束后，他都会总结推销过程中的经验和心得。然后把推销过程中客户拒绝自己的原因以及自己没有解决的问题纷纷列出来，并一一地寻找最佳答案，这样就会避免同样的事情在下次推销的时候发生。这种时刻让自己处在紧张中的努力正是让小刘在销售领域获得成功的原因。

让自己时刻处在适度的紧张状态中，人们究竟该如何做呢？人们在工作时要做到细心、精心，遇事多想一点，多做一点，可以在感到累的时候适当地放松自己，但要有个放松时间的规定；也可以打破内心原本的安逸惰性，为自己找一个竞争对手，这样能够让自己立刻投入到残酷的竞争压力中，能够快速调整身体中的每一根神经到紧张的状态中。

面试是一场心理博弈，这是一场应聘者与面试官之间没有硝烟的战斗。面试官和应聘者都要揣摩对方想什么，那么，谁揣摩的正确，谁就先攻破了对方的心理防线，谁就是胜利者。有些问题面试官虽然只是随便问问，但是却能看出应聘者的人品和为人处世的方法。看似简单的问题，如果应聘者回答得很随意，面试官自然不满意，毕竟，公司不是学校，口无遮拦是不利的。应聘者如果想胜出，就不能在拉家常中丧失了注意力，你要时刻保持适度的紧张，在整个面试过程中，除了保持谈吐谦虚谨慎，举止文雅大方，态度积极热情之外，谈话时，不要显得漫不经心，眼睛不要东张西望，要适时地注意对方；也不要眼皮下看，那样会显得缺乏自信。与用人单位激动地争辩某个问题也是不明智的举动，保持不卑不亢的冷静风度是有益的。确认提问内容，切忌答非所问。回答问题简洁明了，条理清楚，把握重点，有理有据。向面试官展现你是一个认真、严谨、忠诚、勤奋的人，这样才能达到面试官的要求，才有可能胜出。

罗素·康威尔说："成功的秘诀没有什么特别的，就是凡事都自我要求达到极致的表现而已。"事实上，达到极致表现的方法之一就是让自己适度的紧张，所以，那些在生活中保持适度紧张的人，可以在提高工作和学习效率的同时增添生活情趣，使身心健康、事业辉煌。

为什么要公布工作计划

有一些公司会在每年年初要求每个部门以及每个人制订出本年的工作计划，并且要求工作任务要超去年的20％。公司管理部门会将这些计划公布在公司的网站上，每个员工都能看到。对这样的做法，有的员工很不理解甚至很不满，认为这样会让自己感到压力，万一完成不了，到时候会很没面子。那么，公司为什么要这样做呢，是一时心血来潮么？

在心理学中有个词叫作"成就动机"，是指个体追求自认为有价值的重要的工作，并使之达到完美状态的动机，而这个动机是推动人们前进的内部动力。成就动机经常被运用在生活中，只是人们给其定义的名字不一样，有人将其称为希望、梦想，也有人将其称作目标、心愿、计划等。只要人们内心具有一个成功的信念，这即是一种内在的驱动力，会使自己用高标准的姿态要求自己，从而获得成功。

著名的心理学家斯考沃茨博士曾做过一个深度的调研，在调查中发现，无论是生活贫苦的平民百姓，还是出身高贵的富家子弟，虽然他们的经历截然不同，工作也千差万别，但是在赢得成功方面他们有着共同的特点，即一个怀抱梦想或者拥有某种意念的人最终会成功；而那些根本就没有过强烈的梦想或者愿望的人，以及绝大部分曾怀揣梦想，但在面对现实的时候放弃了最终梦想的人，基本上都是平庸无奇或者虚度生命。

人们可以通过这个调研结果了解这样一个道理：源于一个梦想或者意念的内在动机促成了世界上所有的成功。在这种内在动机的驱使下，个人的潜能会不断地被激发，人们在一次次的自我完善中坚持着打造完美，最终获得成功。美国财政部部长在南卡罗来纳州的一个学院做演讲时告诉学生们：一个人能否获得成功，不取决于生下来的状况，也不取决于运气、环境。我们可以想办法改变不如意的情况，你只需在改变这种不幸的境况时明确地告诉自己：我希望变成什么样的情况，然后不停地以此作为意念，采取行动，全身心地投入，向理想的目标前进。

公司把每个员工的工作计划公布出来，就是为了让员工们给自己装一个促使自己完成任务的"发动机"，使自己全身心地投入，克服各种困难阻力，朝着既定目标前进。生活中人与人之间的差别原本很微小，但为什么造成了巨大的差异，其原因在于其是否摆正了心态，获得成功的内在驱动力是否充满内心深处，而世上的一切财富、成功，都源于人的意念，正如詹姆斯·艾伦所说：无论在物质世界还是精神世界里，对目标的坚定是所有努力的根源。

具体而言，就是能够正视所遇到的挫折和失败，在工作或者做事情的时候，要有克服障碍和困难的心态，要有不达目的决不罢休的坚韧意志，要表现出极大的韧性和毅力。此外，还要不断地要求自己，提高自己，逐步分层次地完善自己。如果一个人朝着梦想的方向充满自信地前进，用破釜沉舟的勇气争取他梦想的生活，在他意想不到的时候成功就会突然降临。

正所谓：气魄大方可成就大，起点高才能功名高。有人认为天才或成功是先天注定的，但是，实际上成就天才事业的人远没有世上被称为天才的人多。为什么许多人一事无成，因为他们缺少排除万难、雄心勃勃、奔向成功的动力，因为他们不敢为自己制定一个高远的奋斗目标。如果缺少一个认定的高远目标，不管一个人有多么超群的能力，他都将一事无成。设定一个高目标，就等于达到了目标的一部分，这就是心理学中所说的吉格勒定理。这也是为何公司要让员工制订比去年高很多的工作计划的原因，这才能促使员工完成和超过心中的既定计划。

齐瓦勃是美国伯利恒钢铁公司的建立者，他出生在美国的一个乡村，受的学校教育非常少。虽然如此，齐瓦勃却雄心勃勃，每时每刻都在寻找着发展的机遇，他坚信自己一定能做成大事。

18岁的齐瓦勃来到钢铁大王卡内基所属的一个建筑工地打工。在他踏进建筑工地的那一天，他就下决心要做同事中最优秀的人。

每天晚上，同伴们都会在一起闲聊。只有齐瓦勃躲在角落里读书。一天，到工地检查工作的公司经理恰巧看到了这一情景，问道："你为什么学那些东西？"齐瓦勃说："我想公司并不缺少打工者，但缺少的是既有工作经验，又有专业知识的管理者或技术人员，不是吗？我不仅在为老板打工，也不单纯为了赚钱，我是在为自己的远大前途打工，为自己的梦想打工。"

齐瓦勃抱着这样的信念，一步步成为总工程师、总经理，最后被卡内基任命为钢铁公司的董事长。后来，齐瓦勃终于建立了自己的大型伯利恒钢铁公司，并创下了非凡业绩。正是因为齐瓦勃从一开始就为自己制订了一个高远的目标，才完成了从打工者到创业者的飞跃。

心中一开始就怀有一个高远的目标，意味着你从开始就知道目的地在哪里，以及自己现在在哪里。至少可以肯定，朝着自己的目标前进，每一步迈出的方向都是正确的。心中一开始就怀有最终目标，会让你逐渐形成一种良好的工作方法，养成一种理性的工作习惯和判断法则。

有了一个高的奋斗目标，你的人生也就成功了一半。如果格调低下、思想苍白，生活质量就会趋于低劣；反之，生活则多姿多彩。

请员工吃饭有什么作用

李开复喜欢请人吃饭是出了名的，许多人不明白他为什么那么热衷请人吃饭？其实很简单，"拿人手短，吃人嘴软"。吃饭不仅可以互相增进了解，增进感情，而且吃了别人的饭，理应帮别人做事，或提供力所能及的帮助。这就是请吃饭的奥妙，吃饭是在打心理战。

在生活中人们经常会以相同的方式回报他人为自己所付出的一切，正所谓你想别人怎样对待你，你就要怎样对待别人。在别人给予他人好处后，人们心中会有负债感，总希望能够通过同一方式偿还这份人情。这就是心理学上所说的"互惠原则"，是指受人恩惠就要回报。互惠原则认为，人是三分理智、七分感情的动物，友善会孕育友善，付出会孕育付出。

如果你想成为一个成功者，就要利用好这种互惠心理。也就是说，在你想得到他人帮助之前不妨先向对方提供帮助，这等于提前在人际关系的银行中存下了丰厚的资金，你可以在需要时随时支取，甚至透支使用。俗话说"鸦有反哺之义，羊知跪乳之恩"，动物尚且如此，更何况人呢？所以，如果你想让对方心服口服地跟着你走，就要给人好处，让人对你有负债感。

1985年，墨西哥发生里氏8.1级地震，地震造成了重大损失。当时埃塞俄比亚红十字会为了帮助墨西哥地震中的受难者，向墨西哥捐出了

5000万美元，很多人为此感到震惊。不过对于那些知情人士而言，这又是情理之中的事情。据知情者透露，墨西哥在1935年埃塞俄比亚抗击意大利侵略时，曾给埃塞俄比亚提供过巨大的帮助，所以50年后，当墨西哥发生地震后，埃塞俄比亚会立即做出这样的回报举动。

爱默生说过："人生最美丽的补偿之一，就是人们真诚地帮助别人的同时也帮助了自己。"墨西哥与埃塞俄比亚的这种互帮互助的现象，增进了彼此的友好关系，拉近了两国间的距离。心理学认为，任何人做任何事情都会受到互惠心理的影响。负债感会督促人们通过同一方式或者其他方式偿还这份债务。

首先友善地对待对方，就能有效地影响对方。对方在接受了这份友善后，心里会产生亏欠感，而事情的主动权，也会因此掌握在主动施人以友善的人手中。日本商人说："施恩是回报率最高的长线投资。"确实如此，当你为了事业奔波劳碌时，当你在生活的道路上摸爬滚打时，当你为了得到他人的支持而煞费心思时，不妨学会先给予对方所需，然后再向其索取你想要的东西，这时往往会有事半功倍的效果。

生活中的每个人，都会不同程度地受到互惠心理的影响，因此当别人给予自己帮助时，会自然地想着回报对方；当别人对自己好时，自己会想尽办法对别人更好。所以，如果人们能在平时及时、适当地施恩于他人，那么他人就会心甘情愿地成为你成功路上的帮手。

关心别人就是关心自己，这是相对论的角度。你只有关心别人了，在你需要帮助的时候别人才会更好地回报你、关心你。关爱别人其实就是在关爱我们自己，这是从互惠原则上讲。在你关爱对方的同时，对方也会借助其他的方式关爱你。这能拉近人们之间的距离，促使人们成为亲密的朋友。戴尔·卡耐基曾说过："一个真正关心别人的人，在两个月内所交到的朋友，比一个总想让别人关心他的人，在两年内交到的朋友还要多。"所以生活中不妨学会多爱护人、多关心人、多体贴人，这样会使你做起事来得心应手、事半功倍。

也许有人会说，自己懂得这个道理，可与他人交往中应当如何主动关心、帮助别人呢？其实方法很简单：如果你每天奔波于外面的业务，可以利用在外面跑的机会，多联系曾经被你疏远的朋友，比如一起吃个饭，喝杯咖啡等；如果你每天待在办公室中，那就利用吃饭和休息的时间，和朋友、同事多交流沟通；如果你经常出差，在每次出差回来时不妨给同事带些当地的特产或者其他特色小礼物等。

虽然看上去事情小之又小，但坚持做下去却对拉近彼此间的关系具有重要作用。当你有求于对方时，即使他们对你提出的事情无能为力，也会想尽办法帮助你，因为他们感到自己必须帮助你。对于那些平时不关心、不联络他人的人，事到临头才来抱佛脚，那肯定会碰壁。

在心理的负债感面前任何人都会显得软弱无力，这就是互惠原则中亏欠心理所带来的威慑力。心理学认为，无论在什么样的情况下，即使是一个我们不熟悉的陌生人，如果你先给他点小恩小惠，再请求他为你办事，会大大提高对方答应或者接受你请求的可能性，有时甚至可以进一步给你提供方便，这就是亏欠所带来的互惠影响力。

为什么要男女搭配

吴霖是一家广告公司的设计师，自从他上班以来，他所在的办公室就只有清一色的男士。吴霖是一位非常勤奋的人，他喜欢不断地工作、不断地产生新的设计思想。然而，最近这两年以来，他发现自己在办公室待得太久之后，经常会莫名其妙地产生一种无聊感、空虚感，而且白天很容易疲劳，创作与设计方面的灵感也似乎逐渐枯竭了。然而，一个月之前，吴霖所在的公司为吴霖的设计室聘来了一位年轻貌美的美术学院毕业的女大学生。吴霖发现，只要有这位女大学生在办公室，他工作起来就特别有劲儿，设计东西也特别有灵感，而且他还会莫名其妙地产生一种欣喜感和兴奋感。

吴霖在女大学生来了之后所产生的这种心理正是我们平时所说的"男女搭配，干活不累"。像吴霖一样，其实我们每个人都会有这样的亲身体验：和异性在一起工作总是会感到轻松愉快，不知疲倦。但这并不能说明我们是好色之徒，这其中包含着科学和心理学的原理。

心理学家发现，"男女搭配，干活不累"的心理效应在男性身上表现得往往会更为明显一些。这主要是因为男性比女性更喜欢通过视觉获得有关异性的信息，异性的容貌、发型、肤色、身段等外部特征都易引起他们的极大兴趣，并会对他们的感觉器官产生某种程度的冲击作用，使他们感到愉悦不已。另外，心理学家还发现，男性在女性面前的表演欲望要比女性在男性面前的表演欲望强烈得多，而表演欲望和表演行为本身会刺激人体产生更多的神经传导物质多巴胺。多巴胺是一种能引起人兴奋并能够增强人的动机的神经传导物质，人体内多巴胺水平的正常增高会使人感到活力无限和兴奋不已。

同样的道理，女性在男性面前也会有这种表演欲，只是没有男性在女性面前的表演欲强烈而已。女性的这种表演欲也能在她们体内引起多巴胺水平的变化，从而使她们的兴奋度提高、工作的活力增强。除了以上两个方面的原因以外，还有一个原因是不能忽视的，那就是男女在性格等诸多方面具有互补性，男女在一起工作会更充分地表现出这种互补性。假如女人和女人在一起工作或男人和男人在一起工作，就不能体现这种性格方面的互补性，工作的效率也肯定会受到一定的影响。

科学家发现，人体向外释放的外激素非常容易被周围的异性接收到，并对他们的行为产生影响。除了心理和精神方面的因素以外，研究人员还提出了另外一种解释"男女搭配，干活不累"的理由。20 世纪 70 年代后期，科学家对外激素的研究兴趣日益增强，并发现了外激素活动对人及动物行为的影响规律。外激素是通过分布在人或动物皮肤或外部器官上的腺体向外释放的激素。

"男女搭配，干活不累"可归结为"同性相斥，异性相吸"的"异性定律"。

在宇航员、野外考察人员或男性工种较单一的职业中，时间长了，其工作人员会产生一种莫名其妙的头晕、恶心和浑身不适感。这种状况用药物治疗往往无效，但在与异性接触后，却会很快得到缓解。原来，这种"病症"是性比例严重失调、异性气体极度匮乏的结果。所以，目前一些国家在派往南极的考察队员中，往往有意识地安排一些女性介入，是有其良苦用心的。

在一个群体中，有男有女和只有单独一种性别有一些微妙的差别。无论男性或女性，长时间从事某一单调工作时，都会感到寂寞、疲劳、工作效率低下等。而增添了异性后，这种情况马上会得到缓解，时间也感觉过得很快，工作也感到轻松多了，而且效率特别高。

在社会生活中，如果一些企业、单位能对异性定律进行合理的利用，就可以让许多事情达到事半功倍的效果。异性在一起工作，往往有以下好处：

1. 取长补短，完善个性

男人一般性格开朗、勇敢刚强、果断机智、不拘泥于小节、不计较得失、行为主动，而女人往往文静怯懦、优柔寡断、感情细腻丰富、举止文雅、灵活、委婉、性格比较被动。男女在一起，能够进行优势互补，同时容易促使双方发现自己的缺点，并完善自己。

2. 增强推动力和约束力

人总是想在异性面前表现自己最好的形象，因为得到异性青睐是我们的巨大动力。这样，男女在一起就容易激发出各自最好的表现，各显其能，发挥出最大的能力，同时有一种内在的心理约束力来规范自己的言行。

3. 增强凝聚力

男女搭配，可以使一个群体的成员增强感情依托、荣誉感和凝聚力，从而提高工作效率。不过"异性定律"也不能滥用。女性外表漂亮，讨人喜欢，如果再加上交往得当，在异性面前办事容易，这是正常的。但是，如果为达到某一目的而用色相去引诱别人，就不道德了。男性对异性，尤其是对年轻漂亮的异性热情些、客气些也无可非议，但把异性当作刺激，想入非非，让人感到"色迷迷"的，就超过限度了。

因此，在与异性交往的时候要掌握好一定的"度"。在这个"度"之内，异性定律会给我们带来诸多好处，而一旦超过了这个"度"，就得不偿失了。

管理从尊重员工开始

汉高祖刘邦得到天下后，有一次与群臣讨论他打败项羽、取得天下的原因。他说："论在后方出谋划策、决胜千里之外，我不如子房；镇国安邦，治理百姓，筹办粮饷，我不如萧何；带兵百万，战无不胜，攻无不克，我不如韩信。这三个人都是杰出的人才，我能够用他们，而项羽只有个谋士范增还不能用，所以我能打败他并取得天下。"

刘邦之所以成功，是因为他了解人、尊重人，使下属的才能充分发挥了出来。而项羽呢？尽管"力拔山兮气盖世"，却唯我独尊，不懂得承认和尊重别人，所以导致了最后的失败。心理学家认为，尊重是每一个人的心理需要。不管先天条件如何、财富有多少、地位是高是低，任何人都需要别人的尊重。

美国心理学家曾做过一个实验，证明了尊重对人产生的巨大影响。为了调查研究各种工作条件对生产率的影响，美国西方电器公司霍桑工厂一个大车间的6名女工被选为实验的被试者，这些女工的工作是装配电话机中的继电器。实验持续了1年多。

第1个时期，让她们在一个一般的车间里工作2星期，测出她们的正常生产率。第2个时期，把她们安排到一个特殊的测量室工作5星期，这里除了可以测量每个女工的生产情况外，其他条件都与一般车间相同，即工作条件没有变化。接着进入第3个时期，工厂这时改变了对女工们支付工资的方法。以前女工的薪水依赖于整个车间工人的生产量，现在只依赖于她们6个人的生产量。第4个时期，在工作中安排女工上午、下午各一次5分钟的工间休息。第5个时期，把工间休息延长为10分钟。第6个时期，建立了 6 个 5 分钟休息时间制度。第 7 个时期，公司为女工提供一顿简单的午餐。在随后的 3 个时期，每天让女工提前半小时下班。第 11 个时期，建立了每周工作 5 天的制度。最后一个时期，原来的一切工作条件又全恢复了，重新回到第 1 个时期。老板是想通过这一实验来寻找一种提高工人们生产率的生产方式。的确，工作效率会受到工作条件的影响，然而，出乎意料的是不管条件怎么改变，如增加或减少工间休息、延长或缩短工作日，每一个实验时期的生产率都比前一个时期要高，女工们的工作越来越努力，效率越来越高，而且她们根本就没关注过生产条件的变化。

这是为什么呢？之所以会这样，一个重要的原因就是女工们感到自己是特殊人物，受到了尊重，引起了人们极大的关注，因而她们感到愉快，于是便遵照老板想要她们做的那样去做。正是因为受到了重视和尊重，所以，她们工作越来越努力，每一次的改变都刺激着她们去提高生产效率。

是的，每个人都需要尊重。尊重的需要是人的一种高级需要。人与人有差异，人与人在财富、地位、学识、能力、肤色、性别等许多方面各有不同，但在人格上是平等的。维护自己的自尊是人类心中最强烈的愿望，因此，满足尊重的需要对人来说十分重要。很多时候，人们为了获得尊重，会通过追求流行、讲究时髦、用高档商品、买名牌服装等手段来体现自己的价值。

马斯洛说："尊重需要的满足，能够使人对自己充满信心，对社会满腔热情，体会到自己生活在世界上的用处和价值。"而尊重的需要一旦受到挫折，就会使人产生自卑感、软弱感、无能感，从而对生活失去基本信心。

既然尊重的需要对人如此重要，那么作为管理者，就一定不能忽视对员工的尊重需要的满足。一旦员工的尊重需要得到了满足，它就会产生巨大的、不可估量的作用。那么，如何尊重员工呢？这里提几点建议，与大家共同探讨：

1. 不要对员工颐指气使

有些管理者使用起员工来非常随意，对员工吆五喝六："小张，给我打壶水来。""小刘，去给我买包烟。"在日常生活中，有不少管理者就是这样随意使唤自己的员工。他们扩大了员工的概念，把员工与保姆等同。这时，员工心里会怎么想呢？他们心中肯定充满了不满的情绪，觉得自己被侮辱了，从而对企业管理者有了抵触情绪，这样一来他们还怎么可能会把百分之百的精力投入到工作当中呢？正所谓"爱屋及乌"，如果员工对企业管理者抱有一种否定的态度，他们又怎么可能努力去完成上司指派的工作呢？

2. 要多使用礼貌用语

当你将一项工作计划交给员工时，请不要用发号施令的口气，真诚恳切的口吻才是你的上上之选。对于员工出色的工作，一句"谢谢"不会花费你的钱，却能让你得到丰厚的回报。

3. 慎重对待员工的建议

当你倾听员工的建议时，要专心致志，确定你真的了解他们在说什么，让他们觉得自己受到了尊重与重视。千万不要立即拒绝员工的建议，即使你觉得这个建议一文不值。拒绝员工建议时，一定要将理由说清楚，措辞要委婉，并且要感谢他提出意见。

4. 对员工要一视同仁

在管理中不要被个人感情和其他关系所左右，不要在一个员工面前把他与另一个员工相比较，也不要在分配任务和利益时有远近亲疏之分。

5. 聆听员工的心声

在日常工作中，注意聆听员工的心声是尊重员工、团结员工、调动员工工作积极性的最有效的方法，也是成功管理者的一个十分明智的做法。实际上，一个人由于知识的局限性和看法的片面性，会忽视很多具体的问题。有些情况也许你并不重视，但它却可能会对实际工作产生重大的影响。只有广泛地聆听员工的意见、看法，并认真加以分析，才能避免工作中由于疏漏造成的失误。对于犯错误的员工，好的管理者同样会采用聆听的办法，不是一味地去责怪他们，而是给他们解释的机会，让他们认为自己很尊重他。这样，处理问题就方便得多，员工也会口服心服地接受。

针对员工实际需要进行激励

张毅经营着一家小型公司，该公司共有15名员工。近几年，公司效益稳步上升。张毅知道，公司取得今天的成就，是员工们努力的结果，其中，张明与赵富国尤为突出。

由于公司业务量的扩大，张毅感到，里里外外靠自己一个人已经应付不过来了。他迫切需要一名助手，张明与赵富国自然都在其考虑中。平心而论，张明与赵富国无论人品还是工作能力都旗鼓相当，很难分出高下，但助手只需要一名，如果两名都做助手肯定是一种浪费。于是他私下决定：提拔一名当助手，给另一位加薪。但是提谁当助手，给谁加薪呢？张毅还是左右为难。这时，他想起了在某大学教管理心理学的好朋友陈胜阳教授，于是他决定向陈教授请教。

陈胜阳教授告诉张毅："你要对他们做出选择，不妨先了解他们需要什么。"这令张毅茅塞顿开。

回去后，张毅立即分别找两人谈话。结果发现，赵富国家并不富有，他上有双亲，下有一个小女儿，妻子多病且没有工作，生活比较艰苦。所以，就目前来说，钱对赵富国来说更为重要。因此，张毅毫不犹豫地做出了决定。

上面的故事告诉我们，当决定采取某项措施去激励员工时，要看我们给予员工的是不是员工所迫切需要的。只有当员工所得最能满足他的需要时，激励的效果才能达到最佳。张毅遇到的事，所有的企业管理者都会遇到。只有那些不断研究并发现员工需要和愿望、努力调整自己的激励方式、激发员工付出最大努力的管理者，才是成功的管理者。

现代社会，许多企业主要利用提高工资待遇来激励员工，因为每个员工都希望自己能从工作中获得满足，而工资待遇是满足其生存需要的重要手段。工资收入不仅是生活的保障，而且还是社会地位、角色扮演和个人成就的象征，对员工具有重要的心理意义。

但是工资收入对员工的激励作用还取决于动机层次的高低，尤其是取决于一个人的成就动机。一般来说，低成就动机的员工比较容易为工资等物质激励所激动，而成就动机高的员工更关心的则是他的工作岗位、环境能否提供心理满足。在这个前提下会出现两种情况：一种是如果工作岗位、环境和其心理需求相一致，则较少的工资他也会接受；另一种是如果工作岗位、环境无助于自我实现，他就会要求更高的工资待遇来抵偿失去平衡的心理。所以，如果工作安排能使高成就动机的人感到在工作岗位、环境方面更多的心理满足，他就会全力工作而不计较工资待遇；而低成就动机的人，他们的工作积极性则随工资待遇的增加而增长，一旦因为某种原因取消或降低了工资待遇，其工作积极性就会随之下降。因而，作为管理者，必须了解员工的需要，只有这样才能对员工进行有效激励。

此外，工资激励必须贯彻劳绩挂钩、奖勤罚懒的原则。工资水平与劳动成果挂钩，使升了级的人满足、升不了级的人服气。当然，工资激励在激发员工积极性方面的作用还取决于该员工的经济背景。如果他已经拥有相当可观的存款和相当齐备的家庭设施，或是出生在相当富裕的家里，一般来说，工资对他的激励作用不会很大。

作为管理者，对员工进行物质激励的同时，也不能忽视对员工进行情感激励。人在满足较低层次的需要之后，会产生较高层次的需要，因而管理者要适时地给予情感激励，以激发员工工作的积极性，使其发挥最大的潜能。

在日本的一些企业中，经营管理人员就十分注重对其下属的情感投资。东芝公司董事长士光敏夫被人们称为"最有人情味的先生"。他上任之后，经常不带秘书，一个人前往各工厂听取工人的意见，跟工人聊天。他还常常提一瓶清酒去慰劳员工，跟他们共饮。他不摆架子，慈祥关切的姿态得到了员工的好感。一位工人说："士光敏夫董事长和蔼可亲，亲自询问我们的困难。我觉得董事长这么有人情味，我们应好好地努力，竭力为他效忠。"

为了增进感情，日本企业非常注重关心员工生活。有些企业对员工结婚、生孩子、过生日等情况，都能及时了解并派人前去送礼祝贺。员工家办丧事，企业也派人去吊唁。除了经常举行联欢会，有些企业还在年终举行忘年会、年终聚餐等，并邀请员工家属参加。有的企业在新年时还给员工每家送一份礼品。有的企业的体育和文化娱乐设施，则对员工家属一律开放。更有甚者，三菱集团、芙蓉集团等许多公司还成立了婚姻介绍所，帮助单身员工成家。

日本三洋公司拯救美国费里斯特市电视机厂的案例便是感情激励的一个典型。日方管理人员在整个过程中先后办了三件事：一是邀请全厂员工聚餐，之后又赠给每位员工一台半导体收音机，随后又带头粉刷厂房；二是工厂的生产状况有所改善后，厂方需要增加工人，而日方管理人员一反招聘员工的惯例，不去社会上招聘青年工人，而是聘用以前在工厂工作过而眼下失业的工人；三是三洋公司总裁亲自赴美与工会代表会面，希望与之携手合作。采取这三招后，全厂员工齐心协力，终于使电视机厂起死回生。

可以说，日本企业在运用感情激励法调动工人劳动积极性方面的确取得了很大成功。作为管理者，要在工作中自觉地运用感情激励法，在工作中诚心诚意地关心人、尊重人，了解员工行为的原委，体察他们的情感，帮助他们排忧解难，给他们以感情上的抚慰，这样就会在调动员工工作积极性方面取得更大的成功。

此外，创造良好的奖励的心理氛围对激励员工也是十分重要的。

某研究所有两位助理研究员经过多年刻苦钻研，对一项生产工艺进行了重大改革，为研究所节省了一笔相当可观的资金，因而获得了科技发明二等奖。消息传来，全所同志奔走相告，两位研究人员心情激动万分，家属也为之兴高采烈，人们都期待着正式颁奖这一天的到来。但谁也没有想到，一天，研究所的领导手里拿着获奖的证书，对两位研究人员说："证书已经发下来了，你们自己把名字和题目填上吧。"这两位研究人员接过空白但印制得相当考究的证书，心里有一种说不出的滋味。

从心理学来说，这是因为他们俩有一种需要没有得到满足，即对于他们在事业上所获得的成就，领导应予以重视和尊重，并给予一定荣誉的心理需要。可是，这位领导非但不如此，还把一张非常庄严的证书连姓名都不填写就冷冷地交给了他们，更不要说举行什么颁奖仪式来教育大家和鞭策获奖人了。由此可见，对员工进行精神激励，创造良好的奖励的心理气氛是十分重要的，而这个问题往往被人们忽视。现在有不少单位把奖金随着工资一起发，没有奖励的心理气氛，因而也很难产生奖励的心理效应。当然，奖励的心理气氛隆重程度应与奖励的程度相当，即奖励的规格越高，奖励的心理气氛应越浓。

作为管理者，要了解员工的需要，要学会通过不同的激励方法来激励员工。

第十五章

如何在谈判中战胜对手

因为它（通过对方表情读心）是通过自己的日常生活经验总结出来的，知道面部表情跟内部心理互动，跟你的动机、意图的关系，这是个人经验的一种总结。

——周晓林

了解你的谈判对手

在谈判中，了解对手是十分重要的，因为这关系到谈判的成败。但是不同的对手有不同的心理特点，我们必须清楚地了解他们的心理特征才有助于谈判的成功。

根据心理的不同，有关专家将对手分为 14 种类型。在与这 14 种类型的对手进行谈判时，你必须清楚地了解他们的心理特征，据此采取不同的对策。要极力避免触犯对手心中的禁忌，不要伤害他们的感情。

1. 以自我为中心的对手

这种对手的心理表现为：你的嗜好和我不一样。这种对手想获得优越感，并且寻求自我满足。这种心理的形成，大概和他的性格、经历有很大的关系。可是，这并不是说和他对你的印象完全无关。如果他对你没有好

285

感，就会强烈地产生出"差别"的感情。

对于有点装模作样的对手，你要把他当作很高贵的人对待，不要轻易深入他的内心世界，而应以巧妙的维护其自尊心的方式——越谈越亲热的方式与他结交。

同这种对手洽谈的禁忌：不尊重他，伤害他的自尊心，轻易深入他的内心世界。

2. 倔强固执的对手

这种对手的心理表现为：无论如何也要固执到底，拘泥于形式，很想多听听别人的意见。顽固的对手一旦决定了，是无论如何也不想退后一步的。有些人面对这样的对手，仍要苦口婆心地说服他。可是，越想说服他，他就越会固执地抵抗，结果不但不能达成协议，反而会造成不愉快。

对于这种对手，你不要奢望说服他，最好先做一位忠实的听众。这样一来，对手就会以为你已经接受了他的想法，下次就会有"应该多听对方说"的心理。再顽固的对手，心理上也会有接受别人意见的愿望，所以，你必须有耐心，等到对方愿意听你的话为止。

同这类对手洽谈的禁忌：毫不顾忌地驳斥他的观点，企图压服他；缺乏耐心。

3. 犹豫不决的对手

这种对手的心理表现为：希望一切由自己做主决定，不让对方看透自己。这类对手无论做什么事，都喜欢自己决定，不要借助他人之力，他们总是想一切根据自己的意志、凭自己的感觉来决定。他们的头脑很好使，一旦对某事感兴趣就会考虑很多，其结果就是更加裹足不前。

对这种类型的对手，必须采取和蔼可亲的方法和他接触，绝不可以诉诸强迫；必须观察他的反应（特别是非语言的），并掌握当时的气氛，与他保持一定的距离（心理上的、身体上的）；少说话，以行动来取胜。

同这种对手洽谈的禁忌：企图说服他，强迫他接受你的观点；在心理上和身体上过分地接近他。

4. 言行不一的对手

这种对手的心理表现为：不想树敌，言行不一致。

这一类型的人很受欢迎，因为他们情绪好，能轻易地使买卖成功；而且他们脾气好，不买也不会拒绝谈判。所以，谈判人员一开始就可以殷切地介绍产品。对于过分热心的对手，应看穿他们，了解他们热心的真实度，然后采取措施。

同这类对手洽谈的禁忌：轻信他们的热心，缺乏热情。

5. 风云突变的对手

这类对手的心理表现为：任性。人的任性，和人天生的个性和成长环境有关。也就是说，这个问题的根源在于人们在幼年时期接受的教育导致他不像个大人，而是表现出幼稚的行为。对于这种对手，先了解他的"生活步调"，然后洞察此人今天的心情，他心情舒畅便步步紧逼，他心情烦闷就尽量避免和他做正面的接触，否则不管你费多少口舌和工夫，都可能一事无成。

同这类对手洽谈的禁忌：不了解他的生活规律，不善察言观色，抓不住出手的机会。

6. 不愿见面的对手

这种对手的心理表现为：不想和谈判人员有任何瓜葛，因为不买，所以没必要见面。这种对手认为，谈判人员凭着三寸不烂之舌同自己讲话，自己可能不知不觉地买下东西，因而有种被害的感觉。如果曾有不想要的东西被强迫买下的经历，他更会产生不和谈判人员来往的心理，因为他觉得和谈判人员见面必会遭遇强买强卖，这使他内心充满不信任感。所以，谈判时应避免使对手产生这种感觉，而应采取比较温和的谈判方式。

同这种对手洽谈的禁忌：态度生硬或过分热情，没有足够的耐心。

7. 感情脆弱的对手

这类对手的心理表现为：自尊心强，对事情确信不移，认为一切都是自己好。自尊心强的人，会拼命为维护自尊心而努力。自尊心一旦受到伤害，他就会非常不满。特别是敏感的人，往往为一些小事耿耿于怀。对于感情脆弱易受伤的对手，应注意聆听他说的话，避免使用让他误会的语言，不要让他产生被忽视感。

同这类对手洽谈的禁忌：不维护其自尊心，不听他的谈话，使用易引起误会的词语，忽视他的地位。

8. 胡侃瞎扯的对手

这类对手的心理表现为：不喋喋不休就无法心安理得，因把对方驳倒而感到愉快。喜欢说话的人，大多数是自我显示欲强的人。爱说"我如何如何"，而且，说到最后也说不出个所以然，更糟的就是边嚷边离开现场。其实，具有这种强烈自我意识的人内心都有不堪一击之处，因此总是拼命地想用说话来弥补这个弱点。这种心理，会煽动起他们不停说话的冲动。这种对手没有多少心机，他只要把自己想说的话全部说出来，心情就会开朗。所以，绝对不可因为对方啰唆个没完就胆怯起来。索性顺着他的话题，慢慢地引导他进入你预设的阵地，以顺利地实现你的目的。

同这类对手洽谈的禁忌：对对手说的话表现出不耐烦甚至因厌烦而开溜。

9. 不懂装懂的对手

这种对手的心理表现为：虽然不晓得自己是否真的什么都知道，却要装出一副无所不知的样子。这类对手认为：承认"不知道"就会被对方看出弱点，有可能上当受骗。在其内心，他存有"我才不那么轻易地被骗"的意识或"我什么都知道"的自信，以及"我比你能干"的优越感。

对于这种对手，绝对不能拿道理和他辩论，因为即使你在嘴巴上胜过他，结果也无法尽如人意。最好静静地听他尽情地发泄，以使他感到满足。总之，最重要的是，你要切实采用接受性的对话和随声附和的方式。而对于他的质问，只需要简明地给予答复。

同这类对手洽谈的禁忌：有问必答，拿道理和他辩论，一较高低。

10. 沉默寡言的对手

这类对手的心理表现为："不好应付"的意识很强，想用态度来表示想法。任何人都有不擅长于某一事物的缺陷。人类本来是很喜欢说话的，因此不善于说话的人常常闷闷不乐。他拙于言辞，生怕被别人误解或小看。这种想法已形成了他的支配观念，增加了他对谈判的不安和恐惧感，尤其是增强了他无法说出内心所想的事所产生的焦急愤怒，使得他保持沉默的意识更强。

对于这种类型的对手，很难从他所说的话中探知他的欲望。此时你要仔细留意他的任何一个小动作，而且还要弄明白在他的动作后面究竟隐藏着什么要求。

同这类对手洽谈的禁忌：不善察言观色，以寡言对沉默。

11. 初来乍到的对手

这种对手的心理表现为：没自信，想逃避，希望给予照顾。怯场的对手当中，多是没自信的人。如果谈判人员和对手特别不投机，则另当别论。但对于抱有"要为人做些事"的想法的对手，则不管其态度如何也不要畏惧，而应以真诚的态度来沟通，结果，你会发现他是个热心人，他会照顾你。

同这类对手洽谈的禁忌：强与之接触，因对手的态度而畏惧。

12. 似懂非懂的对手

这种对手的心理表现为：讨厌麻烦的事，自信，不愿拘泥。对事，他总感情用事地说："真麻烦！"他凭感觉处事，一接触事物就下判断。这种人或许会博得对方一时的好感，但是，其轻率的行动会留下后遗症。这时，对这笔买卖的细节，谈判人员要尽量利用资料卡来加以说明，以让对手理解。

同这类对手洽谈的禁忌：对产品不详细解说，急于求成。

13. 容易冲动的对手

这种对手的心理表现为：好奇心强，易激动，热得快也冷得快。他们喜欢新产品，特别是最新产品，由于是第一次见到，他们想拥有产品的欲望很容易被激起。对付易冲动的对手，你要先紧抓住他的心，了解他对什么感兴趣。如果他们对谈判人员的"诚实"有兴趣，你就要在诚实方面表现出吸引力，在心理上征服对手。

同这类对手洽谈的禁忌：抓不住他的兴趣，打持久战，丧失成交机会。

14. 编造谎言的对手

这种对手的心理表现为：不希望别人识破自己的本意，非常注意保护自己；不想对第三者吐露真意，因为他们害怕吐露心事会被对方看穿。这种对手如果有受骗的感觉，将会感到不安。这种个性的对手大多感情丰富，所以你不能刺激其心灵，扰乱他心理上的平衡。要尊重对方的立场，冷静地和对方洽谈。

同这类对手洽谈的禁忌：刺激他的心灵，打破他的心理平衡，不尊重他的立场，甚至谴责他。

如何洞察对手的心理

在谈判中，你的对手是怀着什么心理而坐到谈判桌边的，这一点是至关重要的。如果能够洞察谈判对手的心理，然后有针对性地采取谈判策略，就会在谈判中牢牢地把握主动权。"人心如面，各不相同。"

人的心理状态是千差万别的，很难一目了然。洞察对手的心理，大致可以通过以下几种方法：

1. 察言观色

虽然人的心理状态是隐秘的，但总会通过一定的形式表现出来。一个人的一举一动、一言一行，都从某一个侧面反映了他的性格与心理。以握手而言，一般来说，松弛的握手表示从礼节上敷衍对方，紧紧的握手则表示真诚与高兴，主动热情的握手可表示友好的愿望，漫不经心的握手则表示对对方不感兴趣。视握手为例行公事的人一般缺少诚意，做事草率，不值得信赖；握手时掌心出汗的人易冲动，常处于紧张和不安之中；在公众场合频繁与陌生人握手的人自我表现欲很强。再以走路的姿态或坐姿为例，一般而言，昂首挺胸、脚步坚定、目光深邃，说明此人坚毅而充满自信，敢于承担责任。这种人在谈判中不太容易做出让步，但当双方目标接近时，又往往能果断拍板，从而达成协议。相反，脑袋低垂、精神恍惚、眼睛东张西望、目光狐疑、手足无措，则说明此人信心不足、意志薄弱、缺乏开拓精神。这种人在谈判中总是疑心多虑、犹豫不决、喜欢说"不"。此外，从衣着打扮、面部表情也能了解到对手心理的一些蛛丝马迹。

2. 投石问路

仅仅从外表上观察到的心理表现，往往是肤浅的，很可能靠不住。尤其是那些深藏不露的老手，你很难从外部表现洞察到他的内心世界。这时，你不妨投石问路，诱使对手暴露他的心理、性格或意图。你可提出一些早就了如指掌的问题，让对方回答，这叫"明知故问"，看看你的对手是如何回答这些问题的；或者首先请对手发言，这叫"引蛇出洞"，你可从他的发言中了解其心理与性格。

3. 以静制动

在谈判开始时，你最好不动声色，先看看对方的姿态；或者故意拒绝对方的某些建议，或者对其建议不冷不热，看看对方又有什么反应。通过体察对方的反应来清楚地了解对手的心理。

当然，洞察对手心理的方法不止这些，也并不拘泥于这些，这就需要你在实践中积累经验，摸索其他的方法。

用眼神传递答案

眼神能反映一个人的心理活动，特别是在商务交往和谈判中，眼神的巧妙运用会让谈判取得意想不到的良好效果。

2005年夏，海天集团的经理郭刚带着几位得力助手去广西与商业伙伴谈判。当谈判进行到一半时，突然陷入僵局。会议室中的气氛变得紧张起来，对方代表团虽仍有人表现得漫不经心，但大家都在用眼神较劲。

对方代表团希望郭刚对谈判条件做一些让步，然而这与郭刚的预期相去甚远。于是有将近 5 分钟的时间，没有人开口说话，会议室里一片死寂。突然，郭刚抬起头，眼神从对方所有人的脸上扫过，最后落在主要对手的脸上，紧紧地盯着对方的眼睛。对方一开始露出深沉的微笑，但是，1 秒钟、2 秒钟……随着时间的流逝，对方终于沉不住气了，说道："老郭，看你的眼神如此坚定，我想今天我再说什么也是徒劳。这样吧，我答应你们的条件，咱们先签一份合同，然后我请大家吃饭。老郭，你这个朋友我交定了！"

在谈判中，如果你想处于主动地位，那么就需要像郭刚一样善用眼神的力量。在谈判中，运用眼神的技巧主要有：

（1）如果你希望给对方留下较深的印象，就要凝视他的目光久一些，以表自信。

（2）如果你想在和对方的争辩中获胜，就不要把目光移开，以示坚定。

（3）如果你不知道别人为什么看你，你就要稍微留意一下他的面部表情和目光，以便于应对。

（4）如果你和别人四目相对，觉得不自在，你就要把目光移开，减少不快。

（5）如果你和对方谈话时，他漫不经心且出现闭眼姿势，你就要知趣地暂停；你若还想做有效的沟通，那就要主动地随机应变。

（6）如果你想和别人建立良好的默契，应该用 60%～70% 的时间注视对方，注视的部位是两眼和嘴之间的三角区域，这样信息的传递会被正确而有效地理解。

（7）如果你想在交往中，特别是在和陌生人的交往中获取成功，那就要以期待的目光注视对方，不卑不亢，只带浅淡的微笑，不时以目光接触，这是常用的温和而有效的方式。

在不同的场所运用不同的眼神，才可能在商场上立于不败之地。

在谈判中除了要巧妙地运用眼神外，还需要仔细观察对方的眼睛，对方的眼神会告诉你他（她）在想什么。

爱默生曾对眼睛做过这样的描述："人的眼睛和舌头所说的话一样多，不需要词典，却能够从眼睛的语言中了解整个世界，这是它的好处。"眼睛被誉为"心灵的窗户"，这表明它具有反映人的深层心理的功能，其动作、神情、状态是情感最明确的表现。

眼睛的动作及其传达出的信息主要有：

（1）与人交谈时，视线接触对方脸部的时间在正常情况下应占全部谈话时间的30％～60％。如超过这一平均值，可认为被测者对谈话对象本人比对谈话内容更感兴趣，比如一对情侣在讲话时总是互相凝视对方的脸部；若低于此平均值，则表示被测者对谈话内容和谈话者本人都不怎么感兴趣。

（2）倾听对方说话时，几乎不看对方，那是企图掩饰什么的表现。据说，海关的检查人员在检查已填好的报关表格时，他通常会再问一句："还有没有什么东西要呈报？"这时多数检查人员的眼睛不是看着报关表格或其他什么东西，而是盯着你的眼睛。如果你不敢坦然正视检查人员的眼睛，那就表明你在某些方面不够老实。

（3）眼睛闪烁不定是一种反常的举动，通常被视为用来掩饰的手段或性格上不诚实。一个做事虚伪或者当场撒谎的人，其眼睛常常闪烁不定。

（4）在1秒钟之内连续眨眼几次，这是神情活跃、对某事件感兴趣的表现；有时也可理解为由于个性怯懦或羞涩不敢正眼直视。在正常情况下，一般人每分钟眨眼5～8次，每次眨眼不超过1秒钟。时间超过1秒钟的眨眼表示厌烦、不感兴趣，或显示自己比对方优越，有藐视对方和不屑一顾的意思。

（5）瞪大眼睛看着对方是表示对对方有很大兴趣。

（6）当人处于兴奋状态时，往往是双目生辉、炯炯有神的，此时瞳孔就会放大；而消极、戒备或愤怒时，人会愁眉紧锁、目光无神、神情呆滞，此时瞳孔就会缩小。实验表明，瞳孔所传达的信息是无法用意志来控制的。所以，现代的企业家、政治家以及职业赌徒为了不使对方觉察到自己瞳孔的变化，往往喜欢戴上有色眼镜。

当然，眼神传递的信息远不止这些，有许多只能意会而难以言传，这就需要我们在实践中用心观察、积累经验、努力把握。

通过察言观色看穿对手

在谈判中，我们不仅要听其言，还要观其行。广东民谚说：当一个人笑的时候腹部不动就要提防他了。伯明翰大学的艾文·格兰特博士说："要留心椭圆形的笑容。"这是因为这种笑不是发自内心的笑，即皮笑肉不笑。因此在谈判过程中，察言观色是很重要的，它能使我们获得更多信息。这里的"察""观"就是指在谈判过程中对对方的观察，具体一点说是对对方的姿态、动作的观察。

对人的了解，除了可以通过有声的语言获得信息外，还可以通过姿势、动作这种无声的语言来获得信息，有时后者可以传递前者所不能传递或无法传递的信息。有声语言和姿态、动作等无声语言都可以传递信息，但这两种传递信息的方式在信息的发送者与接收者如何控制与利用信息这一方面是有区别的。通过有声的语言来传递信息这种方式，对信息发出者来说是可以控制的。而通过无声语言（姿态和动作）来传递信息这种方式，信息的发出者有时是难以控制的。这是因为语言本身是人们有目的、有意识地发出的，而对于姿态和动作，虽然人们也可以有意识地去加以控制，但它们更多时候却是在人们无意识之中或是下意识之中进行的。

人们的某些习惯动作是他们内心意识的外在表现。比如，你刚才与老板在办公室就某个问题进行了探讨，并且交换了看法。假如现在有人问你刚才说了些什么，你一定能够很快地、八九不离十地把内容讲出来。如果那人再进一步问你在讲话时或者在讲某几句话时做过什么动作，你很可能就描述不出来了。这就是因为你说过的话是经过你的大脑有意识地思考的，所以你会有记忆；而你所做的动作除了某些特别的动作，如接了一个电话你会有印象外，其他一般性的动作，如摸鼻子、扶眼镜、搔头发等你是记不起来的。

因此，动作和姿态语言传递的信息往往要比有声语言所传递的信息更真实、更可信。据一位曾在第二次世界大战期间服役于德国情报局的人讲，当时他在内部抓到许多美国的情报人员，其依据是这些人在吃东西时采用并非欧洲人用叉子的方式。此外，他们在坐着的时候，两腿交叉的姿势是美国式的而不是欧洲式的。有经验的警察能在一伙小偷中很快地辨认出他们的首领，其依据是他们的眼神与手势有着细微的差别：一般的小偷对小偷首领在眼神中都会显现出某种敬重之色，而小偷首领在眼神、手势等方面则会显露出某种权威。因此，在谈判过程中对谈判对手姿势和动作的观察、分析，是我们获得谈判信息、了解对手的一个极为重要的方法和手段。

有时，我们要判断对手通过有声的语言传递的信息是否可信、可信度有多大，以免由于误断而引起不必要的紧张。举个例子，在法庭上，一个法官对他面前的律师或原告人、被告人眨一眨眼睛或皱一皱眉头，都会使对方神经高度紧张。他们的大脑会立刻高速运转，对法官用动作和姿态传递的信息做出分析、判断和解释。而实际上这位法官大人眨一眨眼睛、皱一皱眉头，很可能是因为风将一粒沙子吹进了眼睛或者是他在审案时有这么一个眨眼睛或者皱眉头的习惯，而并不代表什么意思，也没想向对方传递什么信息。

总而言之，通过有效的察言观色，我们可以更好地了解对手的心理状态，为后面的工作打好基础。

看懂对方的体态语

在谈判的过程中，了解对手的心理是很难的，因为"知人知面不知心"。但是，我们还是可以从对手的体态语中洞察对手的心理。

1. 嘴

嘴是人类最重要的器官之一，它是说话的工具，同时也是摄取食物和呼吸的器官。它的咬、吮、舐等多种功能都决定了它的表现力，而这些往往反映出人的心理状态。

（1）紧紧地抿住嘴，往往表示意志坚决。

（2）噘起嘴是不满意和准备攻击对方的表示。

（3）遭到失败时，咬嘴唇被视为是一种自我惩罚的动作，有时也可解释为自嘲或内疚的心情。

（4）注意倾听对方谈话时，嘴角会稍稍往后拉或往上拉。

（5）不满和固执时往往嘴角向下。

2. 吸烟的姿态

（1）吸烟时爱咬烟头，或用唾液润湿嘴唇，让烟卷叼在嘴唇上：这是"回归心理"或不成熟的幼儿心理的反映。

（2）没抽几口就把烟掐掉：表明想尽快结束谈话或已下决心要干某一件事情，或者正是火气冲天之时。

（3）吸烟时不停地磕打烟灰，甚至吸一口磕一次烟灰：表明内心有冲突，忧虑不安。

（4）让烟燃着拿在手里，但很少抽：表明在紧张思考或等待紧张心绪的平息。

（5）烟将吸尽而犹依依不舍：说明此人一定很注意节俭或者是很小气。

（6）吸烟时口中喷烟，使烟浮动而以为乐者：一定是一个不喜欢多动的人。

（7）吸烟时向上吐烟者，多是积极、自信、骄傲、有主见、地位优越的表现，朝下吐烟则多是情绪消极、意气消沉、心有疑虑、信心不足或企图遮掩某件事情的表现。

（8）吸烟时向上吐烟的速度越快，说明他的优越感和自信心越强，向下吐烟的速度越快，则越显示他六神无主，或表明他低沉、沮丧的心情非常强烈。

(9)吸烟时不向前吐烟，而将烟从嘴角吐出者：给人一种诡秘感，显示其积极和消极两种思想情绪的极端状态。当然，有时也可能是出于礼貌，因怕把烟吐到别人脸上而从嘴角吐出。

(10)吸烟时从鼻孔里喷烟：这往往会给人一种自负的感觉，这样向上喷的烟越高，表明其自信、优越感或得意的心情越强烈。但如果吸烟者总是低着头由鼻孔喷烟，则表现出一种忧虑、愁苦的心理状态。

3. 上肢的动作

通过观察对方上肢的动作或者自己与对方手与手的接触，我们可以据此判断、分析出对方的心理活动或心理状态，也可以借此把自己的意思传达给对手。

(1)握拳表现出向对方挑战或自我紧张的情绪。握拳的同时使手指关节发出响声或以拳击掌，都是向对方表示无言的威吓或发出攻击的信号。握拳使人肌肉紧张、能量集中，通常只有在遇到外部的威胁和挑战而准备进行抵抗时才会产生这种动作。

(2)用手指或铅笔敲打桌面，或在纸上乱涂乱画，这表示对对方的话题不感兴趣、不同意或不耐烦。这样做的目的一是打发时间，二是暗示和提醒对方。

(3)吸手指或咬指甲。这类动作是婴儿行为的延续，成年人做出这样的动作是个性不成熟的表现，即所谓"乳臭未干"。

(4)两手手指并拢并置于胸的前上方呈尖塔状，表明充满信心。这种动作多见于西方人，尤其是会议主持人、领导者、教师在主持会议或上课时，用这个动作来表示独断或高傲，以起到震慑学生或与会者的作用。

(5)手与手交叉放在胸腹部的位置，是谦逊、矜持或略带不安心情的反映。歌唱家和获奖者在等待被人介绍时常有这样的姿势。

(6)两臂交叉于胸前，表示防卫或保守的态度；两臂交叉于胸前并握拳，则表示怀有敌意。

4. 坐姿

通过观察对方的坐姿也可以识别对方的性格与心理状态。

（1）经常正襟危坐、目不斜视者，是力求完美、办事周密而讲究实际的人。这种人只做那些有把握的事，从不冒险行事，但他们往往缺乏创新与灵活性。

（2）爱侧身坐在椅子上的人，他们心里感觉舒畅，觉得没有必要给他人留下什么更好的印象。他们往往是感情外露、不拘小节者。

（3）把身体尽力蜷缩一起、双手夹在大腿中而坐的人，往往自卑感较重，谦逊而缺乏自信，大多属服从型性格。敞开手脚而坐的人，可能具有主管一切的偏好，有指挥者的资质或支配性的性格，也可能是性格外向、不知天高地厚、不拘小节的表现。

（4）将一只脚别在另一条腿后而坐的人，一般是害羞、忸怩、胆怯和缺乏自信心的女性。

（5）踝部交叉而坐：当男人显示这种姿态时，他们通常还将握起的双拳放在膝盖上，或用双手紧紧抓住椅子的扶手；而女性采用这种姿势时，通常在双脚相别的同时，双手会自然地放在膝盖上或将一只手压在另一只手上。大量研究表明，这是一种控制消极思维外流、控制感情、控制紧张情绪和恐惧心理、表示警惕或防范的人体姿势。

（6）将椅子转过来、跨骑而坐的人，这是当人们面临语言威胁、对他人的讲话感到厌烦或想压下别人在谈话中的优势而做出的一种防护行为。有这种习惯的人，一般总想唯我独尊、称王称霸。

（7）在他人面前猛然而坐的人，表面上是一种随随便便、不大礼貌或不拘小节的样子，其实此人内心隐藏着不安，或有心事不愿告人，因此不自觉地用这个动作来掩饰自己的抑制心理。

（8）坐在椅子上摇摆或抖动腿部或用脚尖拍打地板的人，说明其内心焦躁、不安、不耐烦，或为了摆脱某种紧张感而为之。

（9）和你坐在一起而有意识挪动身体的人，说明他在心理上想要与你保持一定距离。

（10）并排坐的两个人要比对坐的两个人在心理上更有共同感。

（11）喜欢对坐的人比喜欢并排坐的人更希望自己能被对方理解。

（12）直挺着腰而坐的人，可能是表示对对方的恭顺，也可能表示被对方的言谈激起浓厚的兴趣，或者是欲向对方表示心理上的优势。

总之，我们可以通过观察对方的体态语来识别其心理。

如何才能识破对方的谎言

在初次见面的时候，对方说的"久仰大名，如雷贯耳""你的这条领带真漂亮"就可能是一种"正性谎言"或"中性谎言"。当然，对于这些不会影响到谈判实质内容的东西，我们大可不必在意。

然而，当在谈判桌上谈到正题的时候，又该如何判断对方的话哪句是真，哪句是假呢？心理学家可以借你一双慧眼。

人在说谎时容易假笑，而假笑是由于情感的缺乏。纯粹从形式上看，它甚至不能算是欺骗。由于缺乏感情，人微笑时神情显得有些茫然，嘴角上扬，一副愉快的病态假象，就好像在说：这绝非是我的真实感受。

假笑的识别也许比其他的面部表情更为困难，而下面的 6 种面部表情会将一个人的真心暴露无遗：

（1）笑时只运用大颧骨部位的肌肉，只是嘴动了动。眼睛周围的轮匝肌和面颊拉长，这就是假笑。因此假笑时面颊的肌肉松弛，眼睛不会眯起。狡猾的撒谎者将大颧骨部位的肌肉层层皱起来以补偿这些缺憾，这一动作会影响到眼轮匝肌和松弛的面颊并能使眼睛眯起，从而使假笑看起来更加真实可信。

（2）假笑保持的时间特别长。真实的微笑持续的时间只能在 2/3～4 秒之间，其时间长短主要取决于感情的强烈程度。而假笑则不同，它就像宴会后仍不肯离去的客人一样让人感到别扭。这主要是因为假笑缺乏真实情感的内在激励，所以我们不知道其将何时结束。其实，任何一种表情如果持续的时间超过 5 秒钟或 10 秒钟，大部分都可能是假的。

（3）对于绝大部分表情来说，突然的开始和结束就表明是在有意识地运用这种表情。而只有惊奇例外，它一闪即过，从开始、保持到停止，总的时间不会超过1秒，如果持续时间更长，他的惊奇就是装出来的。很多人能模仿惊奇的表情动作——眼眉上挑、嘴巴张大，但很少人能模仿惊奇的突然开始和结束。

（4）假笑时，面孔两边的表情常常会有些许的不对称。习惯于用右手的人，假笑时左嘴角挑得更高；习惯于用左手的人，右嘴角挑得更高。

（5）笑容来得太早或太迟都可能表明是一个欺骗的表情。例如，如果一个人先说："我不是已经和你说过这件事了吗？"然后才勃然大怒，这多半是装的，他的表情是矫揉造作的。面部表情和身体姿势应该同时发生，而不是在其之后才发生。又如，一个人在摔完东西之后才表现出愤怒的样子，这实际上是装腔作势，是在演戏。

（6）当一个人悲哀、苦恼、痛苦和有负罪感时，他的眉毛的内角会挑起，前额会向中间皱起。只有不到15％的人能假装出这种表情。而要装出恐惧和难过的表情甚至更难，这些表情为：眉毛挑起，双眉皱在一起。其极易将秘密泄露，并且只有10％的人能装出这种表情。

在谈判中，我们一定要注意观察对方的面部表情，因为他的表情会告诉你他是否在说谎。

小动作泄露行动目的

人人都会说谎，但世界上没有不能被看穿的谎言。行为心理学家认为，我们不仅可以从一个人的面部表情识别其话语的真实性，更可以通过其肢体动作看出其话语的真实性。因为说谎是一种复杂的行为，要做到让人相信，需要动员全身的器官共同"演戏"。

一般来说，无论一个人的说谎技术如何高明，为了掩盖谎言，他都会无意中做出一些小动作，因此，善于观察的人，光看一个人的动作就可以断定对方是不是在说谎。

在谈判桌上，当发现对方有以下任一动作时，你就需要长个心眼，综合各种已知信息判断对方是否在说谎。

1. 遮掩嘴部

行为心理学家戴斯蒙·莫里斯博士做过这样一个实验：他让研究人员把护士作为测验对象，要她们有意地对病人谎报病情。通过录像观察，这些护士在说谎话时，比平常实话实说时使用了更多的用手掩饰嘴部的动作。由此他得出结论：手遮嘴的动作有说谎的嫌疑。

当有人在与你说话时，不自觉地时常出现用手捂嘴的动作；当说到与之相关的关键点时，他甚至有意假咳嗽以便用手来遮嘴，这时就要对这人说话的真实性多加留意，因为这时候也许他在说谎。结合前后的交往，你就不难做出准确判断。

如果说话者用手遮嘴，那么他就有"心口不一"的嫌疑。反过来，在你说话的过程中，如果对方用手遮嘴，且是一对一的交谈，你最好是暂停下来，问一问他是否有不同的意见；如果是一对众的演讲，台下的听众很多人出现了交叉双臂或者用手遮挡嘴部的动作，那么他们向你传递的信息是你说的不符合实际或你说的他们不感兴趣，这时你就要斟酌一下演讲内容，调整一下演讲的风格和角度，尽可能扭转这种不愉快的局面。如果你置这种负面氛围于不顾，坚持讲下去，那就不会有什么好效果，甚至会引起对方的质疑。

2. 摸鼻子

行为心理学家研究表明，一个人在说谎时，鼻子的神经末梢就会被刺痛，摩擦鼻子能够缓解这种不舒服的感觉。另一种说法认为，当比较坏的想法进入大脑之后，人就会下意识地指示手去遮住嘴，但又怕表现得太明显，因此会就势在鼻子上触摸一下。一般而言，摸鼻子的动作对说话者来说表示欺骗，对听话者来说则表示对说话者的怀疑。

当然，有的人在说谎的时候也不一定摸鼻子或捏鼻子，只是轻轻地在鼻子下方擦几下。由于动作幅度较小，很多时候几乎察觉不到。如果在交流的过程中对方有这种动作，那么你就要分析对方的言下之意乃至语言的真实性了。对于一些不惯于撒谎的人来说，撒谎时鼻子会产生一种几乎不为人所知觉的瘙痒感，为掩饰内心的混乱，他的手就会很自然地挪到鼻子上，摸它、揉它、捏它，从而缓解个人情绪。

3. 摸耳朵

有的人在撒谎时，通常会下意识地抚摸自己的耳朵，就如孩童双手掩着两耳的姿势一样。除了摸耳朵之外，也有人会揉耳背、拉耳垂或把整只耳朵拗向前面掩住耳孔。当然这种动作也常常能反映说话者的害羞或紧张情绪。

4. 揉眼睛

眼睛是心灵的窗口，人的许多秘密都会通过这个窗口流露出来。因此许多说谎的人会采用这种姿势来掩饰眼前的欺诈、怀疑和谎言。男人在说谎时常常会用力揉眼睛，假如是撒个弥天大谎，心中有一些忐忑，他还会把视线转往别处，通常是望着地面。女人在说谎时则喜欢在眼睑下方轻轻摸一下。

5. 搔脖子

有研究表明，人们在说谎时，面部和颈部组织往往会有刺痛感，而且必须用揉或抓来缓解。还有研究表明，说谎的人在感到被对方怀疑时，脖子往往会冒汗。尤其当某人的话与事实严重不符时，这种表现会特别明显。其实只要通过仔细观察，我们就可以发现这样一个规律：人们由于内心的躁动，会用手去搔脖子，每次大约搔 5 下，很少有超过或少于 5 下的。搔脖子表明行为者对所面对的事情有所怀疑或不肯定。

当有人同你说"我能够理解你的想法"之类的话时，却用一只手的食指搔抓耳部下方或脖子的一侧，那么他此时内心的真实想法就是：不敢苟同。换句话说，虽然他口头上向你传递的是一种正面信息，但是他的体态语言则传递着一种负面信息，这种负面信息多表示怀疑或者不肯定。这时你就要避免轻信他的话。

6. 用手拉衣领

在谈判的过程中，如果你看到对方下意识地拉了一下衣领，你就需要长点心眼，以没有听清为由，让他再重复一遍对你说过的话。如果对方之前说的是谎言，在接下来的重复回答中就会出现支支吾吾、前言不搭后语的现象。这时，你再进而注意观察对方的神态，那么对方是不是在撒谎你便能判断个八九不离十了。

当然，一个人在愤怒或沮丧时也会拉一拉衣领，好让脖子透透气。如果你看到对方使用此动作，可能意味着他对你的表现和举动并不满意。如果你及时与他沟通，对方会感觉你善解人意，同时还会帮他缓解一下负面的情绪。

虽然我们能通过小动作去判断一般人是否说谎，但高明的说谎者也会利用有意识的小动作来误导和迷惑对方，因此我们要学会观察，仔细辨别，避免上当。

请对方先亮出底牌

不知道对方的底牌时，可以保持沉默，让对方先开口，亮出底牌，最后再采取策略。

理赔员："先生，我知道你是交涉专家，一向都是针对巨额款项谈判，恐怕我无法承受你的要价。我们公司若是只付100美元的赔偿金，你觉得如何？"

谈判专家表情严肃，沉默不语。

理赔员（果然沉不住气）："抱歉，请勿介意我刚才的提议，再加一些，200美元如何？"

谈判专家（又是一阵长久的沉默）："抱歉，这个价钱令人无法接受。"

理赔员："好吧，那么300美元如何？"

谈判专家沉思良久。

理赔员（有点慌乱）："好吧，400美元。"

谈判专家（又是踌躇了好一阵子，才慢慢地说）："400美元？……喔，我不知道。"

理赔员（痛心疾首）："就赔 500 美元吧。"

谈判专家仍在沉思中。

理赔员（无奈）："600 美元是最高期限了。"

谈判专家（慢慢地）："可它好像并不是我想要的那个数。"

理赔员："如果说 750 美元还不是你想要的，那我也没有办法了。"

谈判专家（沉思一会儿后）："看来咱们的谈判无法进行下去了。"

理赔员："800，只能到 800，否则咱们真的谈不下去了。"

谈判专家："好吧，我也不想为此事花更多的时间。"

谈判专家只是重复着他良久的沉默，重复着他严肃的表情，重复着说不厌的那句老话。最后，谈判的结果是这件理赔案终于在 800 美元的条件下达成协议，而谈判专家原来只准备获得 300 美元的赔偿金。

当我们不知道对方的底牌时，保持沉默是一个不错的主意！

爱迪生在做某公司电气技师时，他的一项发明获得了专利。一天，公司经理派人把他叫到办公室，表示愿意购买爱迪生的专利，并让爱迪生出个价。

爱迪生想了想，回答道："我的发明对公司有怎样的价值，我不知道，请您先开个价吧。""那好吧，我出 40 万美元，怎么样？"经理爽快地先报了价，谈判顺利结束了。

事后，爱迪生满面喜悦地说："我原来只想把专利卖 500 美元，因为以后的实验还要用很多钱，所以再便宜些我也是肯卖的。"

让对方先开口，使爱迪生多获得了 30 多万美元的收益。经理的开价与他预期的价格简直是天壤之别。在这次谈判中，事先未有任何准备、对其发明对公司的价值一无所知的爱迪生如果先报价，肯定会遭受巨大的损失。在这种情况下，最佳的选择就是把报价的主动权让给对方，通过对方的报价，来探查对方的目的、动机，摸清对方的虚实，然后及时调整自己的谈判计划，重新确定报价。

警惕谈判中的心理战

在商务谈判中，经常会遇到心理战。心理战是以折磨对手的心理为目的，类似于"不战而屈人之兵"，通过心理战使对手心里不舒服，从而把对手击垮，使对手潜意识里希望尽快完成谈判协议，并由此做出退让。

要摆脱这种束缚，必须做到：

1. 慎重选择谈判环境

你一定听过很多由于谈判环境引起心理压力而导致谈判失败的案例。对于一些很平常的问题，例如谈判是在你的或对方的或中立的地方举行，你应该保持警觉。在对方的地盘或势力范围内谈判，有时候于对方有利，他们比较容易对付你；但有时候又反而对你有利，因为这或许会使对方感到安适，从而更加乐意接受你的建议，而且一旦有必要，你也很容易离开谈判桌。如果你已经允许对方选择谈判的地点和环境，那你一定得意识到自己会受何种心理影响，并做好心理准备。

首先要问问自己是不是感到紧张，如果是，应探究一下原因。如果房内太吵，如果温度太高或太低，如果没有可以私下跟自己一方的人协商的场所，那么你就必须意识到，这是为了促使你让步和迅速作决定而刻意安排的不利环境。

此刻切勿犹豫，应尽快说出来。你可以建议调换座位、休息一会儿，或是干脆休会，改个时间和地点再谈。在任何情况下，你都要确认问题之所在，并将它提出来，然后根据客观环境和原则，与对方交涉安排新的谈判环境。

2. 谨慎对待对手的人身攻击

除了操纵环境之外，对方还可以利用语言或非语言的方式使你觉得不舒服。他们可能会对你的衣着或外表评头论足一番："你看起来好像一夜没睡，是不是办公室里的工作不顺利？"他们可能让你久候，或是中止谈判而去与别人谈事情，以此来贬低你的地位；他们可能暗示你的无知；他们可能故意不听你说话，然后让你重说一遍；他们可能故意不正眼看你……不论在任何情况下，只要能识破对方的伎俩，就能使之失效。而明白地指出其伎俩，则能阻止其"故伎重施"。

3. 警惕黑脸白脸的迷惑

两个警察为了获得更多的线索审讯 1 个犯人。其中 1 个警察恐吓、威胁要对他进行多项罪行的控诉，并把他置于强光底下逼问，但是自始至终犯人都没有开口。这时另 1 个警察进来后关掉强烈的灯光，并端给犯人 1 杯水，递给犯人 1 根香烟，还关切地询问犯人的家人是否安好，并宣称他是站在犯人这一方的，而且保证犯人不会再受到第 1 个警察的威胁。经过一段时间的交流沟通，犯人被其善意打动，主动交代了罪行。

在谈判中，同样也会出现这种骗局，同一方的两人也会扮演不同的角色。其中一位态度强硬："这台电脑值 5800 元，少 1 分钱我也不干！"而他的同伴则表现出有点难过和尴尬，最后插嘴说："小王，你似乎有点不近情理。这台电脑虽然没怎么用，看上去挺新的，但毕竟是一年前买的，配置已不是主流配置了。"接着，他会转过头来很亲切地问你，"你愿意付5400 元吗？"这个让步并不大，但听起来好像他是在帮你的忙似的。

"白脸与黑脸的把戏"是一种心理操纵的伎俩。只要你能识破它，就不会上当。当那个"好人"讨好你、替你说话时，你只需用问过"坏人"的问题去问他："我很感激你要设法合理化的美意，但我们想知道你为何认为那是一个合理的价格？你依据的原则是什么？你如果能使我相信5400 元是个公道的价格，我就愿意按这个价钱买下来。"

4. 别被威胁吓住

威胁是谈判中经常被使用的伎俩之一，这似乎很容易，比提个建议容易得多。威胁只需说几句话，如果它起作用的话，就不必当真采取行动了。可是，威胁也会导致对方的反威胁，会扰乱谈判程序，甚至会危及双方关系。

威胁常会通过施加压力来实现。施加压力常常会导致适得其反的结果。它不是会使对方更容易作决定，而是会使之更难作决定。威胁会使一个工会、一个委员会、一家公司或一个政府更紧密地团结起来，以抵抗外来的压力。温和分子和鹰派分子会手拉手，心连心，一起抵抗企图威胁他们的人。这时，问题就从"我们应该作这项决定吗"转变为"我们应该屈服于外界压力吗"。

高明的谈判者很少会诉诸威胁。他们不需要这样做，因为还有其他方法可以传递同样的信息。

把对方的所作所为将会产生的后果列出来，似乎比较适宜。你应该列出那些不受你的意志左右的后果，而不要列出你能施加影响的事项。"警告"要比"威胁"更具合法性，并且不会招致对方的威胁，例如："如果我们不能达成协议，新闻界就会坚持把整个事件的肮脏内幕刊登出来。到了那个地步，我不知道怎样才能合法地把新闻压制下来。对此，你有何高见？"

为了使对方的威胁失效，有时候你可以干扰其传达威胁的过程。你可以故意不理会对方的威胁，只将它视为未经授权的、匆忙说出的或与你不相干的信息。你也可以向对方传达这种危险负有风险。对付心理战的办法，首先是让自己有良好的心理素质，只有这样，你才能在心理战中节节胜利！

谈判中让步的艺术

一家公司的主管与工会针对薪资进行谈判。工会要求加薪 4%，但是公司只肯加薪 1%，双方多次谈判都僵持不下。后来公司的主管考虑到谈判已经耗费了许多时间和精力，因此决定再上谈判桌时要将加薪幅度提高到 2.5%，也就是双方要求的中间点，如此一来谈判应该能够顺利落幕。

在谈判时，主管从刚开始就表现出很大的诚意，诚实地告诉工会代表，公司愿意提高薪酬以结束纷争，最大的极限是提高 3%。然而，此时工会代表却还是没有接受。他们认为，公司一开始就愿意提高到 3%，那么继续谈下去应该能够要求到更多。但由于工会的期望最后提高到了不合实际的程度，谈判终以破裂收场。

上面这个例子说明，谈判时让步往往是必要的，但是很多人却没有谨慎让步，以致得不到对方的善意响应。

让步在谈判中可以说是一种妥协，但更是一种策略和计谋。英国著名外交家萨道义在其著作《外交实践指南》一书中说，谈判"不仅需要运用策略和智慧，还需要有能屈能伸的精神"。一般说来，成功的谈判都需要互谅互让。在贸易谈判中，如果你是卖主，那么谈判开始时你提出的价格要相对高一些，然后在谈判中适当、适时地做出某些让步，这样有利于谈判协议的达成。但这绝不意味着开价越高越好，而应该使对方觉得你的开价虽高，但还不是那么苛刻，有讨价还价的余地。如提出不切实际的过高要求，使对方觉得荒诞离奇，不仅不能收到良好的效果，反而无益于谈判的顺利进行。

德国某公司销售经理率团来华推销焊接设备，其圆滑熟练的谈判技巧很值得借鉴。谈判时，德方的一套焊接设备先报价 40 万美元，并声明这是考虑到初次交易为赢得信誉而出的优惠价。经我方代表反复讨价还价，德方将报价逐步降到 27 万美元。德方经理做了个夸张的仰头喝药的动作，开玩笑地说："27 万卖给贵方，我是蚀老本了，回去怕要服毒自杀了。"结果终于以 27 万美元成交。

其实，据我方所知，该公司的这种设备以往也曾以 20 几万美元的价格多次出售，他们报价 40 万不过是给自己留出让步的余地罢了。

不过，即使留有充裕的余地，让步的幅度和次数也不能过于频繁，那样的话就过早地让对方知道了自己的底线。

有一次某外商向我方购买香料油，出价 41 美元/千克，我方开口便要价 48 美元。外商一听急了，连连摆手说："不，不，你怎么能指望我出 45 美元以上来买呢？"这外商无意中露了底。我方即抓住时机，逼问说："那么我们就以 45 美元成交吧。"

外商一时语塞，最后只好以 45 美元/千克的价格成交。外商失去了讨价还价的机会，还给对方留下了经商能力不佳的印象。

可见，在谈判中让步也得讲求策略。

1. 把握好让步时机

过早的让步往往导致己方的后悔；而该让步时不让步，则容易导致谈判破裂。那么，该什么时候让步呢？一般情况下，当对方已经让步到了最后阶段，我们在保证谈判"标的"原则前提下，让步时机已经成熟。如果不做出适度的让步，对方也决不让步，谈判就将无法顺利进行，也就达不到使双方都满意的结果。

2. 巧用试探性语言

在让步之前作假设性提议，可以试探对方的灵活性。"如果"在下列问题中是一个重要的词语，它不会让你受到任何约束，还能帮助你识别哪些事情重要。例如，"如果我把价格降低 5%，您能确定和我们签约吗?""如果我给您 90 天的赊账期限，而不是 60 天，您能先把以前的利息付清吗?"

3. 运用分期付款式的让步

一个人走在路上捡到 2000 元，与一个人走在路上捡到 1000 元，走着走着又捡到 1000 元相比，后者的情况更令人高兴。虽然金额同样是 2000 元，但是后者却有中奖两次的加倍快乐的感受。

同样的道理，如果在谈判时将让步份额分成若干份，有分寸地让步，一份一份抛出，这样不仅能鼓动对方，还能起到迷惑对方的作用。尽量不要让对方了解你的底细，要让对方觉得每一次你都是无可奈何的，让对方感到来之不易。这样一来，对方也会以自己的让步来作为回报。由少到多的让步也能有效地让对方认为你的让步是有限的，再做出让步是希望不大的。这种让步方式也是常用的。

在谈判中让步可以表现出谈判者的高明之处。如何隐藏自己的弱点，击中对方的要害，是每一位谈判者在谈判前都要认真考虑分析的。让步只是一种计谋，运用不当不仅达不到自己的目的，还会搬起石头砸自己的脚。因此，策略性让步尤为重要。即：

在做出让步时仍坚持自己的原则。在重大问题上让步时，要小心谨慎，认真分析当时的情况，不该让步时一定不让，态度执着，据理力争；在细小的问题上可先让步，显示自己的大度，也让对方感觉到他们很幸运，成功地打了一次"擦边球"。

不管你在谈判中使用什么样的方式，谈判的最终目的是在对双方都有利的基础上做成生意，皆大欢喜。在谈判结束时还可以说一些诸如对方多么精明、多么厉害之类的话语，为下一次的谈判打下基础。